国家社会科学基金青年项目"地方举债融资的经济效应与风险预警机制研究"(15CJY077)资助

地方举债融资的经济效应与风险预警机制

朱 军 李建强 ◎ 著

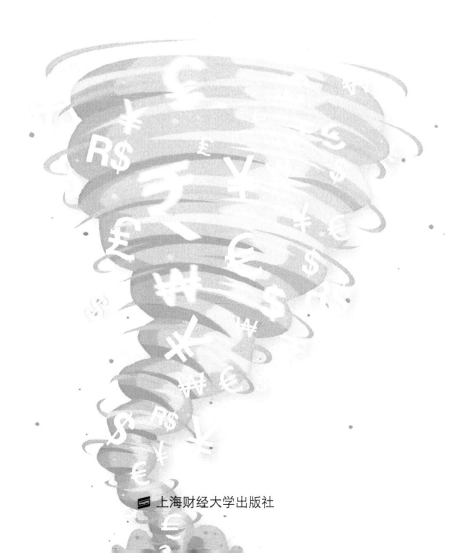

上海财经大学出版社

图书在版编目(CIP)数据

地方举债融资的经济效应与风险预警机制/朱军,李建强著 . 一上海:上海财经大学出版社,2020.4
ISBN 978-7-5642-3507-9/F·3507

Ⅰ.①地⋯ Ⅱ.①朱⋯②李⋯ Ⅲ.①地方政府-债务管理-风险管理-研究-中国②地产政府-融资-风险管理-研究-中国 Ⅳ.①F812.7

中国版本图书馆 CIP 数据核字(2020)第 057733 号

□ 策划编辑　徐　超
□ 责任编辑　杨　娟
□ 封面设计　贺加贝

地方举债融资的经济效应与风险预警机制

朱　军　李建强　著

上海财经大学出版社出版发行
(上海市中山北一路 369 号　邮编 200083)
网　　址:http://www.sufep.com
电子邮箱:webmaster@sufep.com
全国新华书店经销
江苏凤凰数码印务有限公司印刷装订
2020 年 4 月第 1 版　2020 年 4 月第 1 次印刷

710mm×1000mm　1/16　15.5 印张(插页:2)　312 千字
定价:68.00 元

序　言

目前，我国进入全面建成小康社会的关键时期，中华人民共和国的地方政府债务管理也走过了 71 年的曲折发展历程。随着经济发展步入新常态、新型城镇化速度进一步加快，实现地区发展平衡、推动"供给侧"综合改革任务繁重，再加上社会发展领域累积的各种矛盾，使得地方经济社会发展面临一系列挑战，也形成了对地方政府债务资金的特殊需求。如何"控制风险、提高绩效"成为地方政府债务资金管理的迫切需要。对此，党的十九大报告对地方政府性债务风险治理进行了战略部署，提出了明确的要求。不断规范和完善地方政府债券市场，治理地方政府各类债务风险，是以习近平新时代中国特色社会主义思想为指导，建设和发展我国社会市场体系的需要，也是当前中国经济社会发展进程中的重要任务。

在我国上述新时代大背景下，中国地方政府债务的发展走势和未来改革完善的路径，越来越关系到国家治理体系和国家治理能力建设的诸多重要方面。社会各界对于地方政府性债务问题的夸大，或是低估的认识，都有可能使得市场做出"非理性"的反应。如果对此问题认识不清、研究不透，对中国在现阶段充分利用地方政府债务政策工具，调控经济运行周期，推动供给侧改革，改善民生，摆脱经济下行困境，是十分不利的。因此，研究提高地方债务透明度，积极完善地方债务的信息披露机制，前瞻地方政府性债务的发展战略，意义深远。

在政府债务管理实践中，中国的地方政府债务问题也一直是国内外关注的焦点问题之一。目前，对地方政府债务的内涵、外延认识还不统一，争论还比较多；且在 2015 年后，财政、审计等业务主管部门并没有公开发布更细的统计数据。但基于地方政府投融资平台等债务主体的城投债数据、统计分析纳入预算管理的政府债务数据，估计地方政府总体债务规模数据，特别是隐性债务，可以判断，地方政府性债务总规模仍呈上升的趋势，成为现阶段中国财政、金融部门亟须共同治理的重要对象。

为此，南京财经大学财政与税务学院朱军教授基于自己多年的理论基础和实践调研，撰写了《地方举债融资的经济效应与风险预警机制》这本专著，着重进行了地方政府债务风险预警研究，其对政府的数据统计、分区域分析，对于改革和完善中国的政府债务管理具有重要的借鉴和参考价值。

作为国家社科基金项目的结项成果，《地方举债融资的经济效应与风险预警机制》这本书不仅特色鲜明，而且体系完整。该著作既注重理论研究和实践调研，又注重国外地方政府债务管理的经验借鉴。相关结论和观点对今后的地方财政教学、研究都具有重要的理论价值和参考价值。

朱军教授是我国财政学界的后起之秀。最后，衷心祝愿朱军教授在未来的教学、科研、育人之路上不断强化自身的理论基础，扎根中国地方财政、地方政府债务问题研究，多出精品、多出优秀成果，贡献社会。

中央财经大学财政税务学院教授、博士生导师
中财—中证鹏元地方财政投融资研究所执行所长　温来成

2020 年 3 月

目　录

序　言 ⋯⋯⋯⋯⋯⋯⋯⋯⋯⋯⋯⋯⋯⋯⋯⋯⋯⋯⋯⋯⋯⋯⋯⋯⋯⋯⋯ 1

第一章　地方政府债务问题概述 ⋯⋯⋯⋯⋯⋯⋯⋯⋯⋯⋯⋯⋯⋯⋯⋯ 1
　第一节　中国地方政府债务法律法规的演进历程 ⋯⋯⋯⋯⋯⋯ 1
　第二节　中国地方政府债务与国外的不同之处 ⋯⋯⋯⋯⋯⋯⋯ 12
　第三节　地方政府债务的风险类型与产生的主因 ⋯⋯⋯⋯⋯⋯ 26

第二章　中国地方省级及地级政府债务数据的搜集
　　　　——基于中国 2014—2017 年 31 个省份与全部地级行政区的地方
　　　　　政府债务余额数据 ⋯⋯⋯⋯⋯⋯⋯⋯⋯⋯⋯⋯⋯⋯⋯⋯ 33
　第一节　纳入预算管理的地方政府债务数据的采集 ⋯⋯⋯⋯⋯ 33
　第二节　省级层面的数据分析 ⋯⋯⋯⋯⋯⋯⋯⋯⋯⋯⋯⋯⋯⋯ 36
　第三节　地级层面的数据分析 ⋯⋯⋯⋯⋯⋯⋯⋯⋯⋯⋯⋯⋯⋯ 42

第三章　地方政府债务的经济增长效应
　　　　——基于省级层面的实证思考 ⋯⋯⋯⋯⋯⋯⋯⋯⋯⋯⋯⋯ 73
　第一节　现有文献的概述 ⋯⋯⋯⋯⋯⋯⋯⋯⋯⋯⋯⋯⋯⋯⋯⋯ 74
　第二节　模型的设定与估计方法 ⋯⋯⋯⋯⋯⋯⋯⋯⋯⋯⋯⋯⋯ 77
　第三节　实证分析 ⋯⋯⋯⋯⋯⋯⋯⋯⋯⋯⋯⋯⋯⋯⋯⋯⋯⋯⋯ 80

第四章　地方政府债务置换的理论分析 ⋯⋯⋯⋯⋯⋯⋯⋯⋯⋯⋯⋯ 94
　第一节　债务置换问题概述 ⋯⋯⋯⋯⋯⋯⋯⋯⋯⋯⋯⋯⋯⋯⋯ 94
　第二节　相关文献综述 ⋯⋯⋯⋯⋯⋯⋯⋯⋯⋯⋯⋯⋯⋯⋯⋯⋯ 97
　第三节　理论模型 ⋯⋯⋯⋯⋯⋯⋯⋯⋯⋯⋯⋯⋯⋯⋯⋯⋯⋯⋯ 99

第四节　参数校准与脉冲效应 ··· 106

第五节　债务因素变化的"反事实"模拟 ································ 113

第六节　小结 ··· 129

第七节　技术附录 ··· 130

第五章　关于地方政府债务的风险预警机制研究 ················ 157

第一节　债务风险预警现状 ··· 157

第二节　地方政府债务风险预警方法的比较 ································ 160

第三节　全新视角的地方政府债务风险预警模型的设计与应用 ····· 163

第四节　2015—2017 年我国各地级行政区债务风险预警结果 ······· 177

第五节　结果总概 ··· 188

第六章　国外地方政府债务管理的经验借鉴 ······················· 190

第一节　国外地方政府债务的法律监管 ·· 190

第二节　国外地方政府债务的透明度要求 ···································· 196

第三节　国外地方政府债务的预警机制分析 ································ 201

第四节　国外地方政府债务的危机化解 ·· 206

第五节　经验启示 ··· 211

第七章　总结与改革建议 ·· 216

第一节　结论与总结 ··· 216

第二节　政策建议 ··· 218

附录 1　风险预警模型的具体操作和软件应用 ······················· 224

附录 2　本次国家项目的部分实践调研情况 ··························· 230

附录 3　召开地方债的小型研讨会情况 ··································· 232

参考文献 ·· 233

后记 ·· 241

第一章

地方政府债务问题概述

第一节　中国地方政府债务法律法规的演进历程

一、债务相关概念

(一)债务

"债务"是"债权"的对称性表达。"债务"是指债务人在经济法律关系中依法应该履行的义务,具体就是依法对债权人所承担的为一定行为或不为一定行为的义务。

从经济的角度来看,"债务"是指必须要归还的资金。除了借入的资金,如果发行债券,那么债券的本金和利息(本金＋利息)也必须到期归还。这些债券也被称为"债务"。如果不能偿还债务,则被称为不履行债务,经济关系不正常。

从会计的角度来看,"债务"是指单位或者个人因过去发生的交易和事件而形成的、由单位或者个人承担的、预计会导致经济利益损失的各种借款、应付款项、预收款项等当期债务。有时"债务"亦指所欠的债务,指依据财政制度记录下的应该偿还的经济责任。

(二)政府债务

政府债务(又称公债)是指政府在国内外发行的债券或从外国政府和银行的借款。具体来说,政府债务是政府依靠其主权或是政治信誉,按照偿还原则来筹集资金的一种方式。政府债券是进行国家宏观调控的一种特殊分配方式,其发行可以调节社会总需求、改善经济结构,或是达到政府的某种特殊目的。政府债务也具备金融因素和金融特征,因而有时也成为财政—货币政策协调的工具手段之一,成为财政—金融直接联系的纽带。

政府债务可以分为中央政府债务(券)(亦称为"国债")以及地方政府债务(券)(亦称为"地方公债")。具体"国债"主要是指用于实现中央政府经济调控职能,并且由中央政府承担偿付责任的债务;而"地方公债"主要是由地方政府发行并负有偿还责任的债务。地方政府债务收入列入地方政府预算(进入一般公共预算或政府基金预算),由地方政府使用,本息由地方政府承担。地方政府债券的发行一般不限于本地区。

(三)地方政府债务

地方政府债务是地方财政的一种融资形式,地方政府的债务收入被认为属于政府预算的一部分。这其中,一般政府债务被归纳在一般公共预算收支科目中,而专项债务则属于政府基金预算收支科目的范畴。地方政府债券用途主要是地方公共设施建设,例如公共交通、医疗卫生、通信服务、教育、排污系统、垃圾处理系统等。地方政府债券是辖区地方政府依据一定的信用规则进行资金的筹集,并且需要承担偿还责任的一种债务责任。另外,地方政府发行债券要以地方政府的税收能力作为还本付息的担保;对于地方的专项政府债务,则有部分基金收入作为保障。

以上讨论的债务项目都包含在政府预算管理之中,但是,在实际政府工作运行中,一些政府部门还会形成其他形式的隐性债务。因而在2015年之后,中国地方政府债务的大致组成见图1—1。

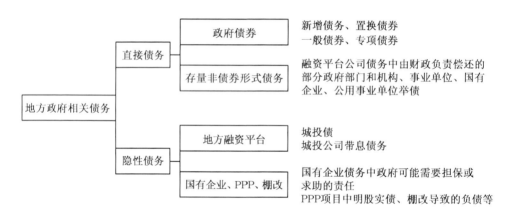

图1—1　2015年后中国地方政府债务的大致构成

(四)地方政府性债务

地方政府性债务指地方事业单位和地方政府为提供基础设施和公益服务而专门形成的、未纳入预算管理的债务。这又主要分为四种来源:第一,类似于国有企业的地方政府融资平台形成的各类债务,包括其城投债、担保或是非担保贷款形成的各种隐性债务;第二,地方各个部门的在建工程项目的待付款,在未来预期形成的债务;第三,地方政府养老金、绩效工资兑现等,预期"缺口"要在未来兑现形成的债务;第四,地方国有企业形成的各种债务。但由于国内数据分散、各省份不连通、省份内不公开,导致目前国内讨论很少。总体上,地方政府性债务主要由需偿还的地方政府债务、担保债务等债务组成,尤其是地方融资平台公司、未来养老金"缺口"形成的债务。

（五）地方政府债务与"城投债"的差异

本书所述的地方政府债务是地方政府的一种融资方式，是包含在政府预算管理中的债务。据此，本项目建立了2014—2018年城市层面的中国地方政府债务余额数据库——纳入预算管理的政府负有直接偿还责任的债务，分为全市、市本级及其细分的一般政府债务和专项政府债务，这是理论上的地方政府债务。对于城投债，其属于政府性债务之一。所有的城投债（财预〔2016〕152号文件中为企业债券类债务）、银行贷款、BT类债务、信托类债务和个人借款类债务，再加上地方政府债务，综合形成了地方政府性债务。对此，毛捷和徐军伟（2019）还专门讨论了地方政府债务的统计口径问题。而根据现有的规定，"城投债"与地方政府债务的关系如图1—2所示。

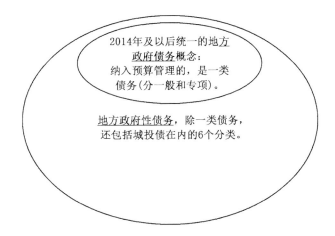

2014年及以后统一的地方政府债务概念：
纳入预算管理的，是一类债务（分一般和专项）。

地方政府性债务，除一类债务，还包括城投债在内的6个分类。

图1—2　城投债与地方政府债务的关系

实际上，"城投债"数据在2014年前后的经济性质完全不同。由于地方政府直接融资功能的剥离，导致城投债性质及其对应的数据在2014年前后产生了实质性的变化。2013—2015年期间的城投债数据，前后的内涵、口径、实质内涵完全不同。也就是说：由于财政部43号文，2014年及之前的城投债数据及2015年开始的城投债数据，前后的范围、内容和经济定义，在本质上是完全不同的。区别如图1—3。

2014年及以前的城投债中，有的城投债属于政府的直接债务，但是这类"城投债"在2015年之后逐渐被置换为地方政府债券。

对比分析问题之一

从时间序列来看，2014年及之前的数据，覆盖的口径、范围高于2015年之后的城投债数据。2015年后的城投债数据少了匹配前面被转换的部分。

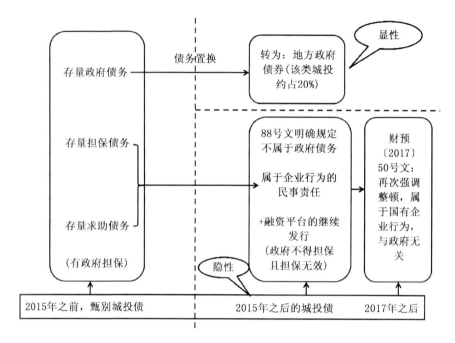

图1-3　2014年财政部"43号"文对"城投债"经济性质的影响

对比分析问题之二

2014年之前的城投债属于地方政府性债务——这其中政府直接、间接担保的行为明显。2015年之后也属于地方政府性债务,但是被要求为国有企业行为,政府不得担保;并且在2017年财政部50号文出来后,不合规的"城投债"不再被纳入政府性债务,而是进一步明确为国有企业行为。目前的城投债,只能是政府隐性的债务范畴。如果作为融资平台的国有企业完全市场化运作,允许企业破产、打破刚性兑付,则投资城投债将无法保本。与此同时,与公开发行债券形式的地方政府债务——纳入预算管理、负有直接偿还责任的显性债务——相比,本质上是完全不同的(后者是纳入预算的,具有很强的偿付保障)。

对比分析问题之三

2014年的城投债中,88号文提出"将对存量城投债进行清理甄别,分为存量政府债务、存量担保债务和存量救助债务,其中只有存量政府债务可被置换",剩余两类不属于政府债务。即2015年之后,在88号文中明确规定"城投债"不属于地方政府债务。

二、中国地方政府债务的发展历程

(一)逐渐允许地方政府发行债券

在中华人民共和国成立初期,中国就开始发行地方政府债务。如1950年允许在东北地区发行公共债务以促进东北地区的发展,1958 年发布的《关于发行地方政府债券的决定》,允许在必要时发行债券等等。后来,由于政治因素,中国的经济发展缓慢,地方政府债务的发行也处于停滞阶段。直到 1978 年,改革开放后,为加快经济的发展,许多地方政府往往以发行债务为契机,获取经济发展所需资金来源。

但是在地方政府债务规模越来越大的情况下,国家开始为地方政府的偿债能力而感到担忧。对此,国务院在 1993 年明确禁止地方政府发行债券。并且,1995 年中国政府通过《预算法》,其中明确规定了政府预算的编制原则,即量入为出、收支平衡。第 31 条明确规定,地方政府在一般情况下不允许发行债券,除非法律或者国务院另有规定。

国务院于 2008 年开展了"四万亿元投资计划",主要是用于应对国际金融危机带来的威胁。中央政府拨款 1.18 万亿元,剩余部分交由地方政府进行筹集。与此同时,国务院于 2009 年提出要发行 2 000 亿元地方政府债券,主要用于缓解地方政府的财政压力。至此,中国开始开放允许地方政府发行债券的大门。

2011 年 10 月 20 日,酝酿多年的地方政府终于迈出了新的一步。经国务院批准,在同一天财政部宣布:将广东省、浙江省、深圳市、上海市等地区作为地方政府发行债券的试点地区。2011 年,广东省地方政府债券发行规模为 69 亿元,上海、浙江、深圳地方政府债券发行规模分别为 71 亿元、67 亿元和 22 亿元。这四个省市的财政收入总计达 219 亿元。

2014 年 5 月 21 日,经国务院批准,自 2014 年开始,上海、广东等 10 省市试点实施政府债务的自发自还模式,促进地方政府债务管理模式的改革。

2015 年 1 月 1 日新修订的《预算法》生效后,地方政府融资平台的借款不属于政府的合法所有。除发行地方政府债券外,地方政府及其所属部门不得以任何方式借款。地方国有企业(包括融资平台公司)的债务由国有企业偿还,地方政府没有偿还义务。具体对于地方政府债券发行的改革发展演变,如图 1－4 所示。

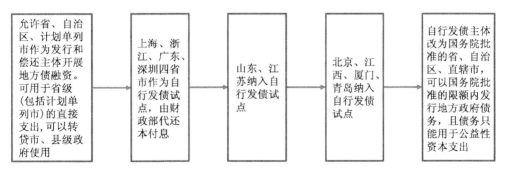

图 1－4　地方政府债券发行的改革发展演变

(二)地方政府债券发行模式的转变

分税制施行之后,中国地方政府的支出责任越来越多,其经济发展职能和承担上级委托的职能在扩张。同时,中国经济结构调整和社会服务功能的需求增加及其带来的宏观调控要求,都给地方政府带来了前所未有的财政压力。对此,如果要做到对中央意志完好地执行,地方政府首先应当寻求获取资金来源的最佳方式,而举借政府债务是当时效率最高的方式。其发行模式的演变如表1—1所示。

表1—1　　　　　　　　　　地方政府债券的三种模式演变

	代发代还	自发代还	自发自还
政策文件	《2009年地方政府债务预算管理办法》(财预〔2009〕21号)	《2011年地方政府自行发债试点办法》(财库〔2011〕141号)	《2014年地方政府债券自发自还试点办法》(财库〔2014〕57号)
发行主体范围	省、自治区、直辖市地方政府(含计划单列市)	上海、广东、浙江和深圳,2013年起增加江苏和山东成为试点省市	试点省市包括江苏省、江西省、山东省、青岛市以及上海市等10个地区
发行事宜组织	财政部代理发行	自行组织	自行组织
还本付息期限	3年或5年	3年和5年,2013年期限延长至7年	5年、7年、10年,随后增加1年和3年
债券信用评级	否	否	试点地区需进行债券信用评级

当前,各省级地方政府已经进入了自发自还的阶段。具体发展历程如下。

1. 由财政部代为发行债券

在2008年金融危机之后,为稳定经济增长,中央决定允许地方政府可以根据自身需要向中央政府申请发行债券,由财政部代为发行债券。当时,新疆维吾尔自治区政府债券于2009年4月3日作为首批地方政府债券发行。而当时经由全国人民代表大会批准发行的地方政府债务规模已超2 000亿元。这种由财政部代为发行的方式与真正意义上的市政债券有所不同,但这是改革中的重要进程。这为各个地方省级政府独立发行债券奠定了良好的基础。

2. 地方政府试点进行发债

2011年,财政部发布《关于试点地方政府2011年发债工作的办法》。该计划批准深圳市、上海市、广东省、浙江省等地作为自主发行债券的试点地区,并且规定地方政府可以在允许范围之内发行债券,并对地方政府债券的范围种类等做出了具体规定。随后2013年财政部颁布《2013年地方政府性债务试点办法》,将江苏省和山东省也列入试点范围。

3. 地方政府正式自主发行债券

在2013年中共十八届三中全会《决定》、国务院《2014年政府工作报告》和其他主要指导文件的指导下,在2014年5月22日财政部公开《2014年地方政府债券自发自还试点办法》,继续对发行地方政府债务进行改革,包括:(1)实现向地方政府自行还本付息的模式转变;(2)新增加部分试点地区,包括宁夏回族自治区、青岛市、江西省以及北京市;(3)对债券期限进行延长,为5年、7年以及10年;(4)提出"按照相关规定试点地区发展债券信用评级"。

4. 严格债务限额、防控隐性债务风险

2014年中国对地方政府债务做出明确规定,要求只有发行债券形式的项目才可以纳入地方政府债务中,而且,可以通过地方政府债务管理系统查询其具体信息,所以这部分债务也称为显性债务。而在2015年之后,融资机构、政府部门、事业单位新增的其他债务未计入系统中,所以称其为隐性债务。因此,2015年是一个重要的转变期,以发行政府债券的形式进行的借债称为显性债务,而以其他形式获得的借款称为隐性债务,而且,隐性债务包含许多类别,如政府购买性服务、政府投资基金、各类贷款等。

但是,在基本稳定住纳入预算管理的政府债务之后,隐性债务问题非常突出,仍然难以解决。在此基础上,相关文件如2018年的《关于防范化解地方政府隐性债务风险的意见》,对隐性债务的界定、地方责任及其处罚和化解提出了明确意见。这是本书项目组根据公开资料和调研获得的信息,目前该文件尚未公开发布。

三、中国地方政府债务法律法规的演变

(一)政策放开之前

1995年《预算法》实施至2009年地方政府债务放开之前。在地方政府不得自主发行债券的约束下,地方政府在融资模式上呈现出两条路径的演变:一是建立地方政府融资平台,通过融资平台发债以满足地方政府的融资需求;二是中央政府通过发行专项国债再转贷的方式向地方政府提供资金。

(二)非正式政府债券的运行期间

2009年地方政府债务放开至2014年《预算法》修正案、财政部43号文出台之前。中国地方政府债券市场处于不断探索和试点发展阶段,通过相继颁布《2009年地方政府债券预算管理办法》《2011年地方政府自行发债试点办法》和《2014年地方政府债券自发自还试点办法》,实现了"代发代还"到"自发代还"再到"自发自还"三种模式的演变。

(三)正式政府债券的发行期间

2014年《预算法》修正案和财政部43号文出台,中国地方政府债务市场正式进入法制化建设阶段。随后,财政部、银监局等相关部门根据这两个法律文件的指示,针对地方政府债券市场的规范化发展相继颁布并实施了一系列针对性的政策法规。2014年以来,中国政府陆续颁布实施的一系列政府债务管理规则措施较多,比较代表性的包括:在2014年,国务院出台《关于加强地方政府性债务管理的意见》,另外,2015年的新《预算法》规定了对应的政策处理。

（四）明确规范发展的期间

通过梳理,2015 年之后这些法规分为三类:一是关于地方政府债务限额管理以及风险应对措施的相关政策法规。《关于对地方政府债务实行限额管理的实施意见》凸显了中国管理地方政府债券不断规范、严格管理的特征。二是地方政府债务发行管理和预算管理的相关政策法规。三是关于做好地方政府债务发行工作的政策法规,比如《关于做好 2017 年地方政府债券发行工作的通知》有相应的规定。

（五）同步强调整顿隐性债务的期间

中发〔2018〕27 号《关于防范化解地方政府隐性债务风险的意见》针对隐性债务进行责任对应,制定了具体的化解措施（目前未公开）。此外,根据 2019 年 3 月财政部颁布的《关于推进政府和社会资本合作规范发展的实施意见》,要求扎实推进 PPP 规范发展,纠正一些地方存在的超出自身财力、固化政府支出责任、泛化运用规范问题,有效防范和控制地方政府隐性债务风险。这些都凸显了政府对于政府隐性债务的整顿和规范。

而 2014 年以来有关地方政府债券的重要管理文件如表 1—2 所示。

表 1—2　　　　　　　　　　中国地方政府债券的主要政策

政策文件	颁发时间	主要内容
《国务院关于加强地方政府性债务管理的意见》	2014 年 9 月	(1)允许地方政府在一定范围内进行举债,但实行限额管理,控制其规模;(2)建立地方政府债务风险预警机制以及相应的防范处理措施;(3)规定债务资金的用途,明确指出不得将债务资金用于经常性支出项目
《地方政府存量债务纳入预算管理清理甄别办法》	2014 年 1 月	对政府债务进行识别,清除存量债务,以促进政府债务分类管理的实现。流程为先识别后清除,并且明确相关部门责任,债务具体单位负责存量债务的清除工作,而财政部门主要进行识别工作
《中华人民共和国预算法(2014 年修正)》	2014 年 12 月	可以通过发行地方政府债券举债,举债规模由国务院报全国人大批准。举借的债务列入本级预算调整方案,并且明确规定债务资金的用途是公共性资本支出项目,禁止用于经常性支出项目。另外,规定不得以其他方式进行举债行为
《地方政府一般债券发行管理暂行办法》(财库〔2015〕64 号)	2015 年 3 月	一般政府债券发行目的是建设公共性项目,以一般公共预算收入进行还本付息,并要求在一定期限内实现。采用记账式固定利率附息形式,发行利率采用承销、招标等方式确定。发行期限分成 1、2、3、5、7、10 年,单一期限发行规模要控制在当年发行规模的 30% 以内。债券资金收支列入一般公共预算管理。按规定开展一般债券信用评级

续表

政策文件	颁发时间	主要内容
《地方政府专项债券发行管理暂行办法》(财库〔2015〕83号)	2015年4月	专项债券主要是用于公益性项目,但政府会获取一定的收益,而且要按规定偿还本息。采用记账式固定利率附息形式,发行利率采用承销、招标等方式确定。发行期限分成以下五类。包括1、3、5、7、10年,其中,最后两类的累计发行规模控制在50%以内。根据相关要求进行专项债券信用评级
《关于对地方政府债务实行限额管理的实施意见》	2015年12月	分为一般债务限额和专项债务限额,总限额由国务院确定,报全国人大批准,各省、自治区、直辖市债务限额由财政部报国务院批准后下达。地方政府严格按照限额举借债务,并分类纳入预算管理。偿还资金难以实现时,可采取借新还旧的办法,收入实现后即予归还
《地方政府性债务风险应急处置预案》(国办函〔2016〕88号)	2016年1月	按照政府性债务风险事件的性质、影响范围和危害程度等情况,划分为Ⅰ级(特大)、Ⅱ级(重大)、Ⅲ级(较大)、Ⅳ级(一般)四个等级。实施地方政府财政重整计划必须依法履行相关程序,保障必要的基本民生支出和政府有效运转支出;要注重与金融政策协调,加强与金融机构的沟通,不得因为偿还债务本息影响政府基本公共服务的提供。财政重整计划包括但不限于以下内容:(1)拓宽财源渠道。(2)优化支出结构。(3)处置政府资产。(4)申请省级救助。(5)加强预算审查。(6)改进财政管理。
《地方政府性债务风险分类处置指南》(财预〔2016〕152号)	2016年11月	地方政府债券依法全部偿还。以民间债券形式发行的政府债务,根据债权人是否通过政府债券置换形式,进而决定原债务人承担责任程度。非政府债务不承担偿还债务责任的,出具无效担保合同的,仅承担相应的民事赔偿责任;但是,加入政府可以救助,则当地政府可以视情况给予一定程度的帮助,但是,要保留追偿债务人的权利
《地方政府一般债务预算管理办法》(财预〔2016〕154号)	2016年11月	一般债务收入、安排的支出、还本付息、发行费用包含在一般公共预算中。通过一般预算收入以及发行债券两种方式实现对一般政府债务的偿还;但其利息的偿还只能通过一般预算收入完成。非债券形式一般债务应当置换成一般债券。财政部提出分地区一般债务限额及当年新增一般债务限额方案,所获资金应上交省级国库,通过预算安排以及还本计划进行划拨资金

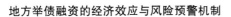

续表

政策文件	颁发时间	主要内容
《地方政府专项债务预算管理办法》(财预〔2016〕155号)	2016年11月	专项债务的相关资金来源、支出、利息以及其他费用等被包含在政府基金预算项目中。政府基金以及专项债券负责对专项债务本金的偿还;而政府专项债务利息只能通过专项政府基金实现。非债券形式的专项债务进行专项债务置换。根据财政部门相关要求,所获资金应上交省级国库,通过预算安排以及还本计划进行划拨资金
《关于做好2017年地方政府债券发行工作的通知》(财库〔2017〕59号)	2017年2月	公开发行债券(含新增债券和公开置换债)应按照各季度发行规模均衡的原则安排发行进度,各季度发行量原则上控制在30%以内,定向置换债券的相关计划等由地方政府自行制定。加快置换债券资金的置换进度,并且,对定向承销方式的置换债券应该进一步加强。进一步规范信用评级,提高信息披露质量。改善二级市场流动性,研究推进地方政府债务银行间市场柜台业务
《新增地方政府债务限额分配管理暂行办法》(财预〔2017〕35号)	2017年3月	新增一般债务限额、新增专项债务限额分别按照一般公共预算、政府性基金预算管理,单独测算。新增限额分配根据各地区债务风险、财力状况等,综合中央政府融资需求以及重大项目支出等,通过因素法进行测算
《关于进一步规范地方政府举债融资行为的通知》	2017年4月	不得利用任何形式的文件、会议记录、领导指示等,要求或者决定公司为政府借款或者将其伪装为政府债务。允许地方政府结合财政资源设立或参与担保公司(包括各类融资担保基金公司),建立面向市场经营的融资担保体系,鼓励政府投资担保公司依法提供融资担保服务。地方政府在有限范围内对担保公司承担责任
《地方政府土地储备专项债券管理办法(试行)》(财预〔2017〕62号)	2017年5月	土地储备专项资金是为土地储备偿还项目所对应并纳入政府基金预算管理的国有土地使用权出让收入或国有土地收益基金收入而发行的一种债券。并且,该基金被纳入政府基金预算管理中
《地方政府收费公路专项债券管理办法(试行)》(财预〔2017〕97号)	2017年6月	收费公路专项债券是地方政府用于政府收费公路建设的专项债券,用于协调本项目相应的车辆通行费以及专项收入,其被包含在政府预算基金管理中。另外,高速公路专项债券基金纳入政府基金预算管理,重点支持京津冀协同发展、长江经济带发展、"一带一路"建设、粤港澳大湾建设、长三角一体化发展、推进海南全面深化改革开放等重大战略和乡村振兴战略
《关于试点发展项目收益与融资自求平衡的地方政府专项债券品种的通知》	2017年6月	优先选择土地储备、政府收费公路2个领域试点发行项目收益专项债券。各地区根据财政部门规定的额度和相关政策具体执行

续表

政策文件	颁发时间	主要内容
《中共中央国务院关于防范化解地方政府隐性债务风险的意见》	2018 年 8 月	对隐性债务做出界定,除法定外,其他任何形式的不符合规定要求的举债所形成的债务,都属于隐性债务,统一了隐性债务的统计口径。对于隐性债务应当坚持实质重于形式的原则,进一步防止地方政府逃避隐性债务的偿还。地方责任及其处罚和化解的意见
《地方政府隐性债务问责办法》	2018 年 8 月	控制隐性债务的增长规模,对各种违规担保与变相举债提出明确禁止的要求
《中共中央办公厅、国务院办公厅关于加强国有企业资产负债约束的指导意见》	2018 年 9 月	再次强调"厘清政府债务与企业债务边界,坚决遏制地方政府以企业债务的形式增加隐性债务",防止出现"大而不能倒"的现象,从而带来系统性风险
《关于推进政府和社会资本合作规范发展的实施意见》	2019 年 3 月	要求扎实推进 PPP 规范发展,纠正一些地方存在的超出自身财力、固化政府支出责任、泛化运用规范问题,切实防控地方政府隐性债务风险

资料来源:根据国务院、财政部发布的公开文件整理形成。

四、对地方政府债务当前状况的总概

中国地方政府债券市场(纳入预算管理的"地方政府债券")正处于"自发自还"的逐渐成熟阶段。随着新《预算法》实施和财政部 43 号文出台,2015 年、2016 年,大量地方政府置换债券发行,但是政府债务总的规模仍然在扩大。而在 2017 年后,政府债务规模开始逐渐下降,主要原因在于地方政府未置换存量债务减少,而且各地方政府对债务发行的速度进行调整。2017 年内新增债券和存量债务置换债券的发行额度均尚存空间。2018 年,全国的地方政府债务余额没有超过全国人大批准的限额,数额为 18.38 万亿元。其中,全国一般债务的余额是 10.99 万亿元,全国专项债务的余额是 7.39 万亿元;全国政府债券的余额是 18.07 万亿元,全国非政府债券形式存量政府债务的余额是 0.31 万亿元。同样,截至 2018 年末,中国地方政府债券剩余的平均年限根据种类不同而不同,其中一般债券的剩余平均年限是 4.4 年,专项债券的剩余平均年限是 4.6 年,总的剩余平均年限是 4.4 年;中国地方政府债券平均年利率为 3.51%,其中地方一般债券平均年利率为 3.5%,专项债券平均年利率为 3.52%。2019 年《地方政府债务信息公开办法(试行)》开始公开实施,地方政府债务的透明度工作进一步提高。总之,由前面总结可知:中国地方政府债券市场的政策文件陆续出台,项目收益专项债券(土地储备专项债券、收费公路专项债券和棚改专项债券)的推出,为地方政府提供了更加有效的融资品种,提供了更多的稳定经济增长、调节经济结构的公共资本品项目。

与此同时,中国地方政府的各类违法违规举债等问题依然存在,对于地方政府

债务风险的管控问题、危机处理、化解对策的思考,依然值得重视。而且,中国政府的债务管理治理模式需要从数量治理转向绩效型治理,进而提升债务融资的效率与质量(郭玉清和毛捷,2019)。

在中央政府、国务院和财政部坚决遏制隐性债务增量,加快存量显性债务管理、严格控制总额增长、减少地方政府债务依赖性问题的新形势下,如何"稳前门、堵后门、增效率、按需求、去冲动、提效率",是当前和今后地方政府债务管控工作的重点。

第二节　中国地方政府债务与国外的不同之处

一、地方政府债务的管理措施

(一)总概

针对地方政府债务的管理是地方财政管理的重要内容之一。其是在中央政府的管控下与中央政府有责任划分的一种财政管理规则。可以从两个角度对其做出进一步解释:一是法律角度,地方政府债务管理权主要包括立法权、执法权以及法律监督权;二是债务资金运行角度,地方政府债务管理权限主要包括举债权、用债券和偿债权等。

当前中国地方政府债务管理制度主要以2015年施行的新《预算法》为法律依据。主要包括以下内容:(1)根据《预算法》第35条规定,经国务院批准的省、自治区、直辖市的预算中必需的建设投资的部分资金,可以在国务院确定的限额内,通过发行地方政府债券举借债务的方式筹措。除法律另有规定外,地方政府及其所属部门不得为任何单位和个人的债务以任何方式提供担保。(2)对债务资金的用途做出明确规定,禁止将其使用于经常性支出项目,只能够在公益性资本支出项目上使用。(3)需要制定相关的债务偿还规划并保证还债资金来源的稳定性。通过借款、用途以及偿还三个角度,体现了中国地方政府债务管理的全面性与指导意义。此外,国务院也在研究可靠的风险预警方法以及地方政府债务严重程度的评估标准,并探索相应的债务化解措施以及问责机制。

另一方面,国务院于2019年4月14日发布《政府投资条例》。这一条例是为了充分发挥政府投资作用、提高政府投资效益、规范政府投资行为。

(二)部分国家地方政府债务的管理体制

从世界范围来考察地方政府债务管理,并依据分权程度可以发现:市场约束方式、共同协商方式、制度约束方式以及行政控制方式这四种模式较为普遍。(1)市场约束型是属于完全分权的地方政府债务管理体制,即地方政府可以根据其现实需求来决定是否借款以及借多少款,不需要中央批准。(2)共同协商型属于高度分权的地方政府债务管理体制,即地方政府在与中央政府的总体目标达成一致的情况下,才可以自行决定发行债券。(3)制度约束型是指中央政府通过一系列的法律法规或相关政策,对地方政府的债务管理进行间接的管控,但是在具体举债运行方面不做过多干预。因此,这种模式属于部分分权。(4)行政控制型是中央政府对地方政府举债进行管制的一种管理体制,即中央政府利用行政措施来对地方政府发行债券进行管制,包括事前核准、事中监督和事后检查,地方政府债务的自主权很小。

部分国家地方政府债务管理体制类型及其特点如表1—3所示。

表1—3　　　　　　　　　部分国家地方政府债务管理体制的类型

模式分类	代表性国家	总体特征
市场约束	新西兰	地方政府依据市场规律以及政府资金状况决定举债行为
	加拿大	金融市场的运行情况决定省级政府的举债限额
共同协商	澳大利亚	需经财政部部长同意,方可采取举债行为,方式多样,但所获资金一般用于资本性项目的支出,并且,议会需要为地方政府的举债行为作担保
制度约束	巴西	通过《财政责任法》等一系列法律法规,对地方政府的举债行为做出一定的限制,三级政府在债务的预算、执行以及报告中发挥重要作用
	波兰	《债券法》《公共财政法》《银行监管条例》以及《银行法》等法律法规对政府举债行为做出不同的规定
	美国	《税收改革法案》《证券交易法》《破产法》等一系列法律法规使得州政府拥有完善的法律体系,并且其资本市场以及银行体系较为发达
	英国	地方政府在一定的范围内拥有举债行为的自主权,但是,英国政府的谨慎性原则对地方政府债务管理仍然存在一定的约束作用
	南非	《市政财政管理法案》对地方政府举债行为的一些细节做出明确规定,包括举债行为的流程、风险应对措施、问责机制以及动机等
行政控制	法国	审计法院、财政部及其派驻各省、市(镇)的财政监督机构对地方政府的债务情况进行监督与管控
	韩国	中央政府通过行政手段对地方举债行为做出间接干预与基本指导,地方政府举债报告需经中央政府审批,方可明确举债额度
	日本	地方政府的举债行为受到中央政府的行政管控,根据财政状况判定地方政府的举债自主权,从而确保地方政府债务风险的可控性

资料来源:根据各国债务部门网站和世界银行整理而来。

(三)中国地方政府债务的管理体制

中共中央、国务院高度重视地方政府债务管理工作。党的十九大报告指出,从现在到2020年是全面建成小康社会的决胜时期。2020年及其之后中国要密切关注社会主要矛盾,突出重点、补短板、强短板,特别是要坚决斗争、防范和化解重大风险,精准扶贫、精准控制污染,使全面小康社会得到人民的认可和历史的检验。

这其中防范和化解重大风险就包括了地方隐性债务的风险问题。2017 年、2018 年的中央经济工作会议都强调:对地方政府债务要进行有效管理。2018 年 3 月的国务院常务会议提出要采取稳健的措施化解债务风险,同时也对地方政府举债行为做出严格的、明确的规范;另外,要进一步落实属地责任制,堵住"后门",坚决遏制违法违规举债,防范化解重大风险。

这也就是说,目前中国地方政府的借款必须与偿还能力相匹配,这是必须遵循的经济规律。具体而言:(1)地方各级财政部门必须全面实施十九大的精神,严格落实属地管理责任。各级政府要落实地方政府债务风险的预防工作,作为解决当前政府管理工作的重中之重,并改善和规范地方政府债务融资机制。这一职能应该由中央和国务院来主抓,地方根据总体战略规划、制定的责任规范对照执行。(2)中国有必要稳定住"前门",稳步推进改革政府债券管理、加强政府债券基金的绩效管理,提高政府债券基金的效率。要使政府的积极作用发挥在稳定经济发展、促进高质量发展、促进民生事业上。这一职能应该由财政部及财政部各地监管局主抓,具体做好限额的管理,由银行金融监督管理部门做好资金的供给控制。(3)坚决堵住"后门"。维护国家法律"红线",坚持财政可持续发展底线,加大财政约束力度,强化预算约束,坚决制止和查处各类违法假借债务,促进经济社会健康可持续发展。这一职能应该由各级审计、纪委部门主抓,具体进行违纪处罚,各级人大、社会部门进行公开监督,由财政部门进行统筹动态监控。(4)制止投资冲动和违规的借贷冲动,明确首席债务负责人、财政负责人、债务负责人制度。这一职能应该由各级组织、人事部门主抓,具体要完善相关的绩效考评制度、完善绩效考评目标。

以上管控任务和职能的安排,也可以看作是中国地方政府债务管理的一种整体思路或者整体框架。总而言之,中国地方政府债务管理应该属于"行政控制"+"制度约束"的复合模式;目前中国还不具备"市场约束"或是"共同协商"的特征。

二、地方政府债务的管理目标

(一)总概

从历史上看,地方政府举债的最初动机,多为弥补政府支出尤其是资本性支出的缺口。因此,地方政府债务管理目标可以概括为满足地方政府可持续的融资需要。该目标包含两层含义:一是有效满足地方政府的举债需要;二是确保地方政府有足够的偿债能力。

而随着中国经济社会的不断发展,特别是市场化、国际化的深入,结合习近平新时代中国特色社会主义思想"实现我国经济高质量发展"的需要,实现财政管理的高质量、政府融资资金使用的高质量,是现实的要求。因而对于地方政府债务的"成本与风险控制问题"逐渐成为中国地方政府债务管理的核心问题。财政部 43 号文首先就提出:完善地方政府举债融资体制,并规范管理是地方政府性债务管理要达到的目的。坚持"修明渠,堵暗道"的原则,给予地方政府举债的权利,但也对违法举债行为进行严厉打击。具体内容包括:给予地方政府一定的权限进行举债、对地方政府融资管理进行规范、推广使用 PPP 模式、加强政府或有债务监管四个方面。这些内容决定了中国地方政府债务管理目标的要求和内容。

(二)部分国家地方政府债务的管理目标

一些 OECD 国家——如澳大利亚、比利时、丹麦、芬兰、爱尔兰、意大利、墨西哥、荷兰、葡萄牙、瑞典等地方政府将债务管理目标设置为:在审慎债务组合风险水平的制约下,达到政府中长期预期偿债成本的最小化。该目标是地方政府对债务成本与风险权衡的结果。考虑这样的目标是因为:(1)如果过分考虑风险控制,不注重融资的成本,则可能加重地方政府举债成本;(2)如果不考虑风险,片面追求偿债成本最小化,可能会导致高风险的债务结构,最终可能会大幅增加偿债成本。

实际上,可持续的融资来源与成本风险目标,是一个硬币的两面。因为:(1)融资肯定有成本,融资可持续必然要求风险水平适当。因此,无论是以可持续融资目标还是风险成本目标来要求对地方政府债务进行管理,都有其合理性。(2)为了更好地对地方政府负债进行管控,以适应现代市场经济发展需要,许多国家常常采用"债务成本与风险匹配"的方法来设定地方政府债务管理目标。

在以上基础目标之上,地方政府债务管理还可以形成不同的二级目标或者附属目标。这些方面的例子包括:(1)一些新兴市场国家——如巴西、哥伦比亚、韩国、泰国等——希望通过扩大地方政府债券市场,促进国内债券市场的发展,并为私人债券提供参照标准。(2)新西兰将其地方政府债务管理目标放置于政府资产负债管理的大背景下,美国和英国等将其债务管理目标与国库现金管理相结合。(3)结合最新的形势和高杠杆特征,英国、希腊等国家根据最新情况,将债务总量削减作为管理的目标。

表1—4列举了一些国家(包括该国地方政府)的债务管理目标设置。

表 1—4　　　　　　　　　　　若干政府的债务管理目标设置

国　家	目标设置
美国	以最小的成本进行举债,以筹集政府所需资金
墨西哥	降低再融资的风险及成本,并减轻外债摊销负担
葡萄牙	追求政府举债的长期成本最小,并满足政府资金需求
瑞典	在现存的政策框架和风险限制下,实现长期和短期借款成本最小化
泰国	降低借款成本,管理再融资风险,满足政府融资需求,完善国内融资市场
新西兰	追求政府举债的长期效益最大,并有一定的政策约束
意大利	使政府债务的预期成本最小化,降低债务的结构性风险
爱尔兰	提高政府的债务管理水平,分年度控制债务偿还的成本,保持偿债资金的流动性

续表

国　家	目标设置
澳大利亚	以尽可能低的长期成本发行、管理和偿还债券,并把风险控制在可接受的范围之内
比利时	在事先确定的风险水平下,实现债务成本的最小化
丹麦	在考虑政府债务风险的条件下保证低融资成本
波兰	偿债成本最小化;化解汇率风险和外汇融资风险;加强中央预算资金管理
哥伦比亚	在一定的风险范围内实现长期融资成本最小化,改进风险与收益的配比关系;促进国内债券市场的发展
芬兰	在不超过一定风险水平下使债务成本最小化
英国	追求长期政府借款成本最低,提高资金使用效率,满足国库的资金需求
荷兰	注重政府举债行为的效率,并将控制风险与降低政府借债成本相结合
韩国	满足政府的资金需求,使中期和长期的债务成本最小,并培育国内债券市场
加拿大	为政府提供稳定的低成本资金,维持并强化运行良好的政府债券市场
巴西	降低举债行为的成本;对外债分阶段进行重组;对到期债务进行分散化处理;对外债的平均期限进行进一步完善;进一步开放投资市场

资料来源:根据各国债务部门网站和世界银行整理而来。

(三)中国地方政府债务的管理目标

中国地方政府债务的良性运行需要实现运行规范、举债适度、全程透明以及使用高效四个目标。因这些目标围绕政府债务运行的全过程,自然成为中国地方政府债务管理的目标。

地方政府债务"运行规范"的管理目标是指:(1)地方政府债务的发行、分配使用、绩效评估等,必须在法律的框架下进行,即政府决定借债、资金的发行与筹集、所融资金的具体用途、政府借款的还款方式以及债务的违约处理办法等环节,都要遵循相关法律法规。另外,运行规范的目标还要求在具体执行过程中实现严格的程序化与规范化。(2)在债务管理的过程中遵循一定的规则,并且对这些规则进行公告和明确,包括管理部门、不同部门的具体工作内容以及管理本级主体、上级主体,这些主体制定债务的限额管理规则、置换管理规则等等。(3)债务的运行要有具体、明确的管理制度,如地方政府债务的限额管理制度、发行管理制度、统计管理制度、举债期限管理制度、举债规划额度、风险预警机制、债务风险的防范与化解、债务信息公开透明制度、债务削减计划等。

地方政府债务"举债适度"的管理目标是指:(1)举债要满足债务自身的可持续发展要求。地方政府发行债务是除税收外政府获取所需资金的重要途径,适度的债务可以缓解地方政府的财政压力,在一定程度上还可以促进地方基础设施以及公共设施等的建设与完善。但是为了保证地方政府能够可持续发展、可持续进行举债,只允许政府在法律框架内进行合理的、适度的举债。(2)地方政府债务的使用与其收益往往是不同期的,因此,举债行为与偿还债务是政府长久之事,而不是当期政府的责任与义务,关系到当前以及今后政府的信誉、效率以及居民的福利水平等。因此,必须对地方政府的债务规模进行管控,只允许地方政府进行一定规模的借债。(3)举债适度原则之下,具体的要求是强制实现显性债务的限额管理;公开、严控地方隐性债务的规模,通过纪委、审计、财政、银保监会等严格认定地方隐性债务,避免地方政府隐性债务的无限扩大。

地方政府债务"全程透明"的管理目标是指:(1)结合《政府信息公开条例》和2019 年《地方政府债务信息公开办法(试行)》的要求,准确、及时、全面地公开地方政府债务的发行、运行、信用和评价信息。(2)具体透明的工作要参照不同信息需求、监督主体来实现。从信息需求者的角度来看,地方政府债务透明是指政府债务信息的披露与公开,社会各界包括各级行政机关、科研单位、社会民众等都可以依法及时、便捷、准确、全面地获取政府债务的相关信息。(3)对地方政府债务公布的信息内容做出规定,具体包括:地方政府债务的基本信息,包括发行的具体信息、信用评估的具体信息、使用与资金流向的具体信息、绩效评估的具体信息等方面。这其中,中国地方政府债务中的使用与资金流向的具体信息、绩效评估的具体信息透明度非常低,结果出现了一些腐败问题和低效率问题,进而导致资金的使用效率非常低。

地方政府债务"使用高效"的管理目标是指:(1)努力实现地方政府从举债行为到债务偿还等整个过程的管理成本最小化,或者说是债务管理活动本身的资源配置最优。(2)地方政府债务的资本成本越低越好,这是由金融市场中的资产配置结构、信贷供需比形成的。(3)形成一个债务使用期间的最优结构,在 1 年、3 年、5年、7 年、10 年债务之间有一个最优的配置。(4)存在一个提高整个社会资源配置效率的"非零和博弈",政府债务是社会总资源中代替私人投资的部分,或者可以认为政府债务与私人债务可以互相协调、互相补充,以实现社会整体福利的最大化。政府债务效率要高于这部分资金由私人企业配置的结果,进而提高整个社会的资源配置效率——形成提高整个社会资源配置效率的"非零和博弈"非常重要,这是地方政府债务"使用高效"的管理目标的核心。因而,可以说,地方政府债务"使用高效"的管理目标是一个综合的、多层次的概念体系。

三、地方政府债务的资金使用管理

(一)总概

地方政府债务资金管理包括对债务资金的募集、债务资金的分配使用、债务资金的偿还等资金流转的整个过程。

从债务资金的募集方式来看,大多数国家一般同时采用两种或两种以上的方式进行政府借债行为。例如,发行债务、通过银行或者金融机构借款、地方政府的政策性挂账、地方政府担保下的资金募集等等。

从债务资金的分配使用来看,大多数国家都要求地方政府在举借债务时遵守法律法规,即地方政府举借债款,往往规定只能用于地方公共基础设施建设、地方公共服务平台建设、地方特殊公共服务项目等公益性项目。几乎所有的国家都不允许将政府债务用于弥补地方政府的支出预算缺口,特别是用于公共消费支出。

债务资金的偿还涉及政府债务的管理成本和债务风险的防范措施。从而,对地方政府债务偿还的资金成本、偿还期进行法律规定的做法非常普遍。一些国家还制定了具体的风险预警机制以及债务风险、债务危机的防范与化解措施。例如在法国,其地方政府债务只能由地方财政自行偿还,其偿债资金来源主要包括:地方税收、中央对地方政府的各类转移支付、发行新的地方政府债券(借新还旧)等。另一方面,一些国家的地方政府还建立了偿债准备金制度(rain fund)。而在中国,从2014年开始,一些地方政府(如四川省)建立了"偿债准备金制度"。

(二)部分国家地方政府债务的资金运行管理

表1—5对部分国家地方政府的借债权限、借债方式、资金用途进行了概括。

表1—5　　　　　　　部分国家地方政府的借债权限、方式与用途

国　家	借债权限	借债方式	资金用途
新西兰	除《1956年地方政府债务法案》规定的一些机构外,还包括各市、乡镇的议会,以及一些部门委员会,如电力委员会、医院委员会、海港委员会等等	发行政府债券或者以股票方式进行	主要用于进行对旧资产的改造以及新资产的购置等项目
加拿大	省级政府不受法律限制,只取决于金融市场运行情况,而地方政府需要经省级政府的批准同意	发行政府债券	省级政府举债资金可用于经常性支出和资本性支出项目,而地方政府只可以用于资本性支出项目
澳大利亚	州政府与地方政府都拥有举债权限	贷款、透支以及其他一些方式	用于资本性支出项目
美国	政府相关部门及其代理或授权机构、债券的使用部门	发行政府债券	利率下降时用于偿还旧债务;用于公共资本性支出项目;短期内的资金周转
日本	都、道、府、县以及市、町、村等,以及一些特别地区、联合组织、地方开发事业等特殊地方公共团体	发行债券和证书借款	政府债务的周转;公共基础设施建设;对地方国有企业的财力支持;抗震救灾相关资金的使用

资料来源:根据各国债务部门网站和世界银行整理而来。

由表1—5中可以看出:在借债权限上,有的国家是州、市级政府可以借债,有的国家是全部地方政府都可以借债。这在各个国家存在很大的差异。目前在中国,市级政府及以下层次政府还不能够独立举借债务,需要有省级政府统筹分配。

在借债方式上,(1)加拿大省政府严重依赖传统债券市场和加拿大养老金计划(CPP)。加拿大一些省份的养老金计划利用剩余资金,定期从各省购买有价证券。(2)美国地方政府债务主要通过政府发行债券的方式进行举债。(3)日本地方政府主要通过发行债券和贷款来借款。(4)英国地方政府借款方式主要是向公共工程贷款委员会借款和向商业银行借款。公共工程贷款委员会可以从英国国家贷款基金中获得资金,因此向地方政府提供的贷款利率要低于商业银行。

从借债用途来看,新西兰关于地方政府的借款,主要是用于旧资产的更新以及新资产的获得。日本对于地方政府的借款更多用于地方交通等公共基础设施。近年来,日本地方借款被更多地用于协助实施财政政策。澳大利亚地方政府债券筹集的资金通常用于基础设施等资本项目。

(三)中国地方政府债务的资金运行管理

中国在 2014 年之前是不允许地方政府自行发债的。2014 年之后开始实施"开前门"的方式,允许地方政府发行债务,满足地方政府融资的需求,解决地方政府财权与事权不匹配问题。目前全国范围内 333 个地级市均允许地方政府自主发行债券,但由省级部门统筹发行再分配。

在中国地方政府债务的资金管理方面,根据《关于深化预算管理制度改革的决定》相关内容:(1)地方政府债务要实行分类别管理,并且要控制在一定的规模范围内。根据财政部相关规定,地方政府举债不允许超过规定的限额。(2)地方政府债务自 2014 年被分为两类,即一般政府债务和专项政府债务。针对不同类别,将其纳入不同的政府预算项目。其中,一般政府债务归纳到政府一般公共预算中,举债方式为发行一般债券融资;而专项政府债务被包含在政府基金预算管理中,通过专项债券融资的方式进行举债。(3)对政府的举债流程以及债务资金的使用做出明确要求。地方政府的举债行为需经人大或者人大常委会审核通过才可以进行。而且,地方政府的举债行为要坚持市场化的原则。(4)重视地方政府信用评级的积极作用,对地方政府的债券市场做出进一步规范。(5)对地方政府债务资金的使用做出明确规定,只可以用于公益性项目或者适量偿还存量债务,不允许用于政府经常性支出项目。

从总体上看,由于权责的时空分离、预算管理的执法不严、法不责众、透明度差等方面的问题,中国地方政府普遍存在"重举债、轻管理"的现象。中国地方政府债务的资金运行管理在执行中存在以下几个方面的问题:(1)借债过程中显性债务省级统一,忽视了省内城市之间资金成本、发行成本的可差别化。但是对于隐性债务存在来源分散、多头的问题,资金管理的力度不够。冠以公司名义的融资机构、事业单位的在建工程以及国有企业等是地方政府债务最主要的构成对象,这些企业存在管理的混乱、不透明、使用效率低等问题。(2)存在债务资金的多头管理。政府的一部分内债和外债是由财政部门进行管控,但是还有一大部分债务是由政府其他部门及其派出机构进行管理。这些机构的债务资金使用缺乏有效的监督和约束机制。(3)对隐性债务的管理不力、控制不力、信息公开程度低。由于地方政府隐性债务资金存在多头或者分散管理、财政相关信息公开得不到重视(刁伟涛,2017)、缺乏统一有力的监管组织,导致地方政府隐性债务的管理与监控效率低下,并且信息公开程度不够。这也使地方政府债务的总体规模没有明确界定,借债额度以及偿债能力也未进行精确度量,从而也无法预测潜在的财政危机或者债务风险。这无疑增加了地方政府债务的盲目性、风险性,不是以提高经济效率为导向。(4)依赖地方政府债务资金链条生存的单位居多,导向不是提高经济效率而是"腐败式"的侵蚀公共资金效率,提高了公共项目的投资、运行成本。现实中,财政压力比较大、危机比较大的地区存在虚报项目、套取政府债务、挪用、拆借和挤占还债资金、高报项目成本的现象,这无疑大大降低了地方政府债务资金的使用效率。

四、地方政府债务的风险预警机制

(一)总概

地方政府债务风险预警属于在财政压力危机爆发之前提供危机报警的重要方式,是对地方政府债务进行管理,对地方政府在举债、债款运用过程中的各种债务风险进行统计、分析、识别、判断的综合分析。根据分析的结果,向相关部门提出预警警告,为后续危机问题的决策提供指导和科学证明。

地方政府债务风险预警机制,主要利用对地方政府债务风险相关指标的评估,建立地方政府债务风险预警系统,输入相关定量的数据指标并结合定性判断之后,以此为依据进行债务风险等级的界定。随后,依据不同等级制定相应的解决政策。地方政府风险预警的基本流程如图1-5所示。

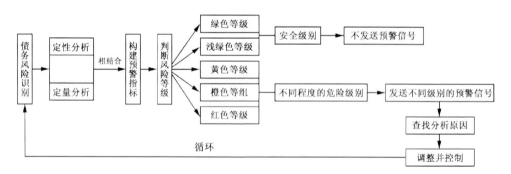

图1-5　地方政府债务风险预警的流程

虽然地方政府债务风险的影响因素存在多种,但是任何债务危机的呈现都有一个逐步显现、不断积累的过程。因此,建立地方政府债务风险预警机制可以使地方政府债务风险分析评估更加现实化、实用化、规范化。这可以科学地辅助中央和省级部门有效地预防和化解地方政府债务风险,从源头上控制地方政府债务的发行规模和数量。

（二）部分国家地方政府债务的风险预警机制

目前，世界上其他国家在风险预警机制方面，存在两种比较典型的模式：哥伦比亚预警机制以及美国俄亥俄州模式预警机制。

1. 哥伦比亚"红绿灯"预警机制

哥伦比亚政府将地方政府的借款行为与债务的偿债能力进行全面评定，并且该国利用这些指标（即流动性指标和偿债能力指标）对地方政府债务进行限制和管控。用债务的利息支出与经常性盈余之比计算得出流动性指标，而债务余额与经常性收入之比则代表地方政府的偿债能力，用来评估中长期债务的可持续性。如果债务率低于40%，负债率低于80%，则说明处于绿灯区范围，地方政府融资的借款行为得到许可，并自行签订借款合同；反之，则处于红灯区范围，地方政府融资的借款行为会被限制。具体的预警系统后文有更详细的介绍。

2. 美国俄亥俄州模式风险预警机制

俄亥俄州政府对财政进行监控的实施源于政府于1979年通过的《地方财政紧急状态法》。俄亥俄州模式是指通过地方金融监管体系，防范债务危机，提高地方金融安全。俄亥俄州的财政监控计划交由审计署具体开展实施，审计署通过一系列标准与评估法则对地方政府的财政状况做出评估，并向地方政府传达评估相关材料与结果告知。其中，审计署会向包含一种及以上危机情况的地方政府发出预警通知，或者将其纳入预警名单中。而危机状态包括三种：一是在财政年度末，普通预算中预期超过30天的应付款减去年末预算结余后超过这一年预算收入的1/12；或对于普通和专项预算中的逾期超过30天的应付款减去普通及专项预算结余后超过该财政年度的可使用收入的1/12。二是上一年度的总赤字减去所有可用于弥补赤字的普通和专项预算资金，超过本年度普通基金预算收入总额的1/12。三是财政年度末，地方政府持有的现金及可售证券减去已经签去的支票和担保金额，其价值低于普通和专项预算的结余，而且此差额超过前一年财政年度金库收入的1/12。[①] 另外，俄亥俄州成立有财务规划和监督委员会，该部门在应对、处理财政处于紧急或者危急状态地方政府方面发挥重要作用。而且，在该委员会第一次会议后129天内，地方政府的首席执行官需要提交一份财务计划，来解决危机。

（三）中国地方政府债务的风险预警机制

地方政府债务风险预警是通过获得宏观经济数据，结合本地区的经济功能、地理特征、外部经济环境等综合因素，代入到具体的预警模型得到相应的结果。然后根据得出的结果、结合定性的特征分析讨论地方政府债务风险的综合评价结果。

---

① 根据李萍《地方政府债务管理：国际比较与借鉴》（中国财政经济出版社2009年版）一书第90—91页相关内容整理形成。

为了有效地防范与化解地方政府债务风险,对于宏观经济数据要尽可能保证风险的相关联、全联系,并完整地得到预警体系的呈现;并且各种因素需要根据对于债务风险的重要性进行权重的排序安排。地方政府债务风险预警的过程可以如图1—6所示。

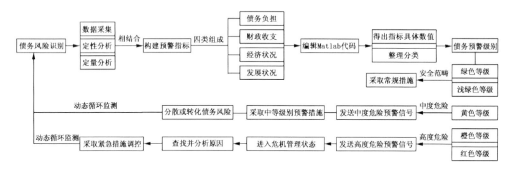

图1—6　地方政府债务风险预警的程序

由图1—6可知,基于中国地方政府可统计的、显性的债务余额数据,我们可以结合中国实际形成地方政府债务风险预警机制的设计。具体而言,以地方政府债务风险管理政策和目标为基础,运用现代工具和技术手段,收集各种与债务风险相关的政府经济活动数据——本书第二章介绍了相关的数据来源过程。然后根据获得的数据,对应性地获得各地级市城市债务余额的债务风险预警信号。在科学评价债务风险预警结果(信号)的基础上,对中高危机的结果进行风险信息传输,为相关财政部门、审计、金融监管部门化解危机提供决策依据。

五、地方政府债务的危机化解

(一)总概

在前面一部分债务风险预警的基础上,根据获得的高风险的、属于红色等级的地区,化解债务危机。一般情况下,地方政府对自己的债务负责,但是地方政府无力偿还债务、面临偿债危机时,各国采取的应对措施大致可分为四种情况:(1)中央接管、地方重组型。当地方政府出现债务危机濒临破产时,由上级政府直接派人员接管有关政府机构的工作,并负责偿还所欠债务;在此基础上,对地方政府职能和财政进行整顿、重组、重整。(2)中央兜底、地方维持型。当地方政府出现债务危机濒临破产时,由中央政府对地方政府债务进行兜底,并由中央政府对其负责,但其程序流程是由法律法规所规定的,其中对于地方政府职能和财政重组的干预较少。(3)中央不兜底、地方重组型。中央政府明确宣布放弃对地方的援助,由地方政府自行应对。而假如地方政府债务危机比较严重,则具体通过地方出售地方国有资产、公共资产,减少地方职能、压缩地方冗员等方式,甚至出现政府的关门。(4)中央不兜底、参与监管地方重组型。具体是指在地方政府面临破产危机时,地方政府自行处理,但此时中央政府参与监督地方政府的职能重组、监管地方财政整顿行为。

在化解地方政府债务危机的过程中,首先,需要明确地方公共投资支出的范围、方向、效率,避免无效投资、盲目投资、表面投资、冲动投资。与此同时,还需对地方隐性债务的担保行为、是否存在政府责任等进行事先或是事后的告知,避免加大地方政府债务责任。并且,要加强对政府债务的纪检、审计,以及对信用和绩效的审计监督。

(二)部分国家地方政府债务的危机化解

1. 美国化解债务危机的手段

美国政府为有效控制地方政府债务风险,制定了较为完善的风险控制与危机化解体系。主要体现在以下几个方面:(1)控制地方政府债务规模,根据负债率、债务率、资产负债率等指标制定相应的标准;(2)建立信用评级体系,对政府公开发行的债券进行有效的评估与评级;(3)实行信息公开制度,通过法律法规的约束,提高政府债务以及财政信息的公开程度。

美国政府采取的是预算约束的方式,而且是更为强硬的约束,限制地方政府的上下级政府帮助其应对债务危机或者债务风险,以此也可以提高地方政府的效率与服务。另外,美国设立有破产保护机制。在政府债务管理过程中美国政府会严格限制政府举债行为,对举债规模做出严格规定,设立一定的标准,通过规范措施做好事前监管;加强对地方政府债务结构的管控,做好政府财政预算,以实现地方财政的持续良好运行状态;要求地方政府预算信息的披露与公开,并且要定期进行。美国破产保护机制下的一系列举措也提高了地方政府使用筹集到的资金的能力、效率以及谨慎性。

2. 日本化解债务危机的手段

日本地方政府在化解债务危机过程中往往依赖中央政府的财政补贴和转移支付,因此,中央政府对地方政府的债务情况有基本的了解。此外,日本中央政府还对地方政府的债务结构以及举债额度进行严格限制,并要求地方政府债务的资金来源大部分是民间资本,从而减轻银行压力,并降低风险。在关于地方政府债务的偿还方面,日本地方政府往往通过延长债券的期限以应对还债负担,或者将政府债务出售给外资金融机构,以实现降低地方政府债务的偿还压力。最后,日本政府通过利用赤字率、债务依存度、杠杆率等数据构建风险预警指标,以防止地方政府债务规模过度。

3. 德国化解债务危机的手段

德国 2010 年新的《预算基本法》对政府债务进行更为严格的控制,对《预算基本法》第 115 条和第 119 条做出修订:在经济正常运行期间,政府要实现财政收支平衡,无须举新债。其次是实行一系列的政府债务相关的改革,包括福利与税制改革,全面调整德国的社会福利项目的费用支出,精简政府机构,旨在节省政府开支,一定程度上缓和德国地方政府债务压力。最后是实施财政整顿,重点是针对债务情况比较严重的州政府。具体而言,通过成立固定的债务处置委员会机构,对州政府的债务进行监督和控制,并形成一种稳定的制度,定期开展;对部分州政府给予资金支持,接受财政援助,但是接受的援助资金仅用于政府债务的处理方面,并提交相关报告。

(三)中国地方政府债务危机的化解

根据财汇金融大数据终端统计,截至 2017 年 8 月 31 日,中国包括国有企业在内的各类公司违约债券数量累计 148 只,涉及违约主体 83 家,累计违约金额达到597.76 亿元。[①] 此外,到 2018 年底,城投债的余额为 7 万多亿元,已在债务市场上出现个别投融资平台债务违约的案例(温来成,2019)。另外,在 2018 年 8 月 13日,上海清算所发布公告称,当日未收到超短期融资券"17 兵团六师 SCP001"的付息兑付资金。这意味着首只城投债出现实质性违约。这只超短期融资券发行总额为 5 亿元,票面利率 5.89%,期限为 270 天,起息日为 2017 年 11 月 16 日,约定到期一次还本付息。8 月 13 日应兑付到期本息额 5.22 亿元。

而就地方政府的显性债务而言,贵州省的部分地区、江苏镇江等地区的债务问题比较大。未来如何对一些债务问题严重的地区进行化解是重要的问题。未来对于地方政府债务问题,首先,需要逐步转变地方政府的政绩观念,完善地方政府官员的政绩考核体系并建立相应的违规问责机制(冀云阳等,2019)。其次,需要进行资源创新,促进土地流转、国有资产收益的划转和社会化,改善地方政府资产负债表的质量。再次,要盘活资金存量,建立多层次的融资渠道,吸纳社会资本投资基础设施建设,一定程度上避免政府对于举债的过度依赖。最后,对重点区域执行债务削减计划,逐步化解地方政府的债务风险或者债务危机。

六、地方政府债务管理的问责与处罚

(一)总概

地方政府债务出现问题之后,为惩前毖后、避免重复再现危机,做好问责与处罚非常重要。地方政府债务的问责问题,主要是指对地方政府债务管理的事中、事后管控与处罚。对于事中管控而言,这种方式能够及时采取相应的措施以应对债务管控过程中出现的问题,防止债务风险的进一步加剧;而对于事后控制而言,这种方式能够清晰明确地界定相关责任,降低债务风险发生的概率。各国在应对债务危机方面,都制定了不同的问责和惩罚措施。这些处罚主要包括取消职务及待遇,进行行政追责,债权负担,追究项目责任人的经济责任、行政和法律责任,减少预算和转移支付,取消债务发行权等等。

---

① 数据资料转自网络公开的信息,http://wemedia. ifeng. com/41501093/wemedia. shtml。

（二）部分国家地方政府债务管理的问责与处罚

1. 巴西地方政府债务管理的纠错与问责机制

巴西的《财政责任法》规定，如果地方政府在 8 个月的宽限期内未能在法定范围内调整债务规模，地方政府将被列入财政部公布的黑名单，不能继续借款。巴西的《财政责任法》规定，对其他不履行义务的人给予人员惩罚。对于更严重的渎职行为，他将受到解雇、禁止在公共部门工作、罚款甚至入狱的惩罚。后文有详细的介绍。

2. 南非地方政府债务管理的纠错与问责机制

南非将对不履行《市政财政管理法》规定义务的人处以行政或刑事处罚。经过调查后，如果市政府的财务总监、总会计负责人或其他高级官员造成财政资金浪费的，如出现违反财务管理行为的规定、未能履行职责、错误的决策引起工程项目质量问题，该国将启动相应的惩戒程序，实施行政处罚。如果出现贪腐行为、造成严重决策失误、工程烂尾的，将视情节严重程度给予刑事处罚。对于其他违反规定的行为，有的需要承担赔偿责任。后文同样有详细的介绍。

3. 法国地方政府债务管理的纠错与问责机制

法国地方政府债务管理的特色是拥有较为健全的地方政府债务管控与问责体系，主要体现在立法、司法、行政与银行监督三个方面。首先，法国议会会对地方政府各个部门与机构的财政支出进行核查与管理，做到事前监控，并有相关法律依据，对于审查不合格或者存在问题的相关部门会追究相关责任。其次，法国设有审计法院，主要负责监督地方政府财政支出的相关情况，各级政府通过向审计法院递交相关财政、债务信息等，接受审计法院的检查与监督。审计法院会定期对相关部门进行检查，发现问题追究相关责任。最后，法国成立有政府债务管理中心机构，其主要职责是管理地方政府的财政与债务，而且会有专员对其运行状况进行检查与评估。后文有补充的法律监管内容。

4. 新西兰地方政府债务管理的纠错与问责机制

新西兰政府通过《1956 年地方政府债务法案》对地方政府债务违约进行限制并采取相应的惩处措施。另外，新西兰于 1988 年组建新西兰债务管理办公室，隶属于财政部，在财政部出台的相关政策方针下运行。该机构主要是负责在保持财政货币政策相对独立的基础上，管理政府公共债务，并下设专家咨询委员会，定期对政府债务提供咨询与实行监督。新西兰政府还建立了债务违约问责机制，根据地方政府债务违约程度的不同，问责机制也做出适当调整。如果地方政府财政不能够支付债券的本金以及利息，则债务违约的地方政府需要向债券持有人支付一定的赔偿金，即支付债务违约金额的 5％。另外，地方政府如果连续 28 天无法支付偿债额，则地方政府债务委员会将采取相应的强制措施对地方政府债务进行处理与追索，并赋予执行人更多的特殊权利，包括允许其将地方资产变现、在法律允许的范围内出售政府资产等。

（三）中国地方政府债务管理的问责与处罚

2017 年出台的《关于坚决制止地方政府违法违规举债遏制隐性债务增量情况的报告》中，明确提出要研究出台地方政府债务终身问责、倒查责任制度，坚决查处问责"违法违规"行为。根据财政部 2018 年 2 月颁布的《关于做好 2018 年地方政府债务管理工作的通知》，进一步完善政府债务资金的管理模式，并且提出"举债必问效、无效必问责"的要求。同时，财政部要求省级财政部门要加强债务调研检查，发现问题的及时整改完善。上述诸多信号，表明中央对地方政府债务加强了监管力度，对地方政府的融资举债行为等做出进一步规范。财政部 2018 年文件中对具体追责的思路如下：下一步健全监督问责机制，研究出台终身问责、倒查责任制度办法。督促省级政府健全责任追究机制，对继续违法违规的，发现一起，查处一起，问责一起。终身问责，倒查责任。

对于问责与处罚问题，如果说财政部 2018 年的规定是来自业务部门的指导意见、强调问责的话，那么中共中央、国务院《关于防范化解地方政府隐性债务风险的意见》（中发〔2018〕27 号）则进一步强调了行政与法律的处罚问题，着重从行政管理、政治管理乃至司法的角度建立了问责与惩罚的全面规定。

第三节 地方政府债务的风险类型与产生的主因

一、总体概况

根据相关资料，截至 2017 年年底，中国全部地方政府债务的余额为 16.47 万亿元，其总规模控制在限额之内。其中，中国地方政府一般债务的余额为 10.33 万亿元，地方政府专项债务的余额为 6.13 万亿元。另外，地方政府债券为 14.74 万亿元，非政府债券形式存量政府债务为 1.72 万亿元。因此，虽然对政府债务规模做出控制，但在 2017 年末，中国地方政府债务余额仍然超过 16 万亿元，处于比较高的规模水平上，值得关注。

截至 2018 年年底，中国全部地方政府债务的余额为 18.38 万亿元，其总规模控制在限额之内。其中，中国地方政府一般债务的余额为 10.99 万亿元，地方政府专项债务的余额为 7.39 万亿元。结构之中，中国的地方政府债券为 18.07 万亿元，其他以非政府债券形式存在的债务负担是 0.31 万亿元。2018 年末，地方政府债券剩余平均年限 4.4 年，其中一般债券 4.4 年，专项债券 4.6 年；平均利率 3.51%，其中一般债券 3.5%，专项债券 3.52%。

从中国地方政府债务规模的现状和发展趋势来看，显性债务受到限额管理、明显控制。但是部分地区的显性债务问题依然比较突出，譬如西部的贵州地区。与此同时，中国的隐性债务问题非常严重。2014 年开始的"开前门、堵后门"逐渐呈现为"稳前门、失后门"。严重的时候,个别地区甚至会出现"失前门、失后门"的"双失"的结果。

因此,如果不能有效地控制中国的地方政府债务风险,政府危机甚至政府破产便很可能会出现,进而引致整个系统性金融风险的"灰犀牛""黑天鹅"现象。另外根据中国区域分布特征,目前的债务风险出现了很大的异质性特征。

二、地方政府债务风险的主要类型

从宏观总体视角出发,政府之间的信息不匹配、不平衡以及权力责任的模糊界定是导致地方政府债务风险的最主要因素。2019 年 5 月,国际货币基金组织(IMF)对中国金融体系的健康检查发现:国际各个主要国家的杠杆水平很高,个人债务在过去 5 年中有所增加,维持国家快速增长的压力促使人们不愿让陷入困境的企业倒闭。国际货币基金组织在肯定中国政府化解各类杠杆风险、降低地方政府债务的同时,也表示近几年来中国针对债务风险的改革还远远不够。国际货币基金组织的评估称,中国金融系统的复杂性日益增加,已经隐藏了金融稳定性风险。信贷增长超过了 GDP 增长,导致信贷过剩。信贷与 GDP 的比率现在比长期趋势高出 25%,按国际标准来看非常高,并且中国各类企业出现财务困境的概率很高。

因而可以说,包括地方政府债务风险在内的系统性金融风险问题还非常严重。地方政府的高债务问题是政府必须面临的突出风险问题。从世界各国的角度来看,地方政府债务的风险主要分为 4 个类型。

(一)市场波动风险

市场波动风险是指由于市场变量的波动性(税率、利率、汇率、通货膨胀、其他可估计的不确定性因素等)引起的预期成本变化所带来的不确定性。在金融市场,这种类型的风险与资产价格的波动有关,但在含有地方政府债务的情况下,这种类型的风险指的是投资组合(未偿还债务)价值的变化。

另外,针对地方政府债务,因为对未偿还债务的衡量标准有区别,人们对市场风险的计算方法存在很大差异性,这是市场风险衡量的基本要素。经常性讨论的问题包括:(1)政府债务价值的评估,例如,银行持有的地方政府债务的价值、面值或是评估值、再交易值;(2)应该以名义值或实际值表示未完成的政府债务责任吗?

许多国家都具有衡量市场的风险测度问题。测度的依据需要根据发行信息、配置文件、持续时间、调整期限等等。而所谓的成本风险则来自随机的一组指标。在这其中,金融部门的压力测试、针对政府部门的财政压力测试,通常被用作市场风险分析的补充,用来衡量严重冲击的后果。尽管针对政府部门的财政压力测试更加复杂、更加难以量化,但对其的关注未减少。

在金融文献中,时间和凸性的概念是很好的,而且从投资者或风险管理者的角度来计算它们的方法也没有明显的方法上的差异。事实上,许多国家都使用了 15

个期限目标,如丹麦和瑞典。其中的修正持续时间是一个不太常见的概念。它衡量的是整个债务的平均时间受到利率变化的影响。对于固定利率债券来说,这相当于期限。然而,对于浮动利率债券而言,它代表了相关利率变动的时间跨度。由于大多数国家的未偿债务通常由名义和指数工具(通常是浮动利率、通胀挂钩或汇率挂钩)组成,因此使用这个指标变得越来越普遍。但是对于中国而言,目前还没有更多地深入讨论,相关指数工具中仅仅考虑了汇率挂钩。

(二)再融资风险

地方政府债务的再融资风险是指债务支付结构在再融资时突然发生变化的风险。在财政风险极高的情况下,再融资风险是指地方政府将无法在一定时间内置换或是滚动发行部分或全部债务。与市场波动的风险一样,再融资风险指标也可以分为传统的风险和概率性风险,后者是指地方政府债务再融资成功的概率极低。美国财政部常常使用三个传统指标来评估这种风险:平均期限、债务期限结构(尤其是短期内到期的债务百分比)和现金流风险。这几个指标分别从不同的角度衡量再融资风险,并推荐它们的联合使用。具体而言:(1)平均期限指标是所有债务期限的均衡点。平均期限指标是一个平均值,随着时间的推移,跟踪这个指标非常重要。因为盯住这个指标可以防止系统性的债务缩减——这是政府债务管理政策不利的地方。(2)债务期限结构指标是 12 个月内到期的债务的百分比。这是对平均到期时间的补充措施,并将重点放在短期内。债务期限结构的合理配置可以系统性地减少债务流动支付,避免债务的集中兑付带来的财政压力问题。(3)现金流风险衡量了未来现金流的不确定性,是由于其中不能及时支付导致的信誉问题,乃至引致的系统性抛售和政府信用的丧失。总体上,在短期内,平均到期期限指标和到期债务的百分比指标更加关注债务支付的时间分布,现金流风险更加关注营运风险和现金周转期。

(三)预算规划与安排的风险

预算风险与"财政年度内的债务支出将超过预算法律部门最初批准的金额"的风险有关。在现实经济中,这表现为三个方面:第一方面是指债务预算的规划超出预期的安排,导致成本过高带来的风险。预算超规划的原因是多方面的,具体包括:成本确定比较难、依附债务生存企业的"粘蝇纸"效应、鲍莫尔成本病问题等。第二个方面是指在债务服务项目执行的过程中,项目执行管控不严导致成本不断攀升带来的风险。政府各个部门为维持公共项目的推进,预算编制和预算审核部门不得不通过成本不断攀升的项目。不通过则债务项目将烂尾或是无法使用。第三个方面,预算规划与安排风险是指在预算执行过程中发生的,表现为执行中出现各种不确定性的因素。

(四)债务需求风险

债务需求风险具体是指地方政府债务的需求发生突变带来的风险,如果出现置换债务失败则会导致财政危机;如果对于再融资项目则会导致债务服务项目的

"烂尾"。债务需求风险最主要的表现形式是指常见的利率风险,会因利率的过大波动导致市场需求的波动。由于更严格的金融审慎监管政策或国内外投资政策,投资者越来越多地采取措施来监控他们的损失风险。对于地方政府债务这类固定收益市场,最常见的衡量风险的两类测度方式是基础点价值(PVBP)和风险价值(VaR)。这其中:(1)基础点价值(PVBP)表示:考虑到利率的一个基点(0.01%)的变化,投资组合价值将会发生多大变化。基础点类似于持续时间的概念,其优点也是"投资组合成交量"的函数。(2)风险价值(VaR)通过合并资产价格波动来补充基础点价值(PVBP)。虽然基础点价值(PVBP)测量的是对利率变化的绝对敏感性,但风险价值(VaR)通过包含发生此类变化的概率来增强信息集。在市场波动非常大时,对政府债券的需求很大一部分会使得政府债务投资者采用止损操作。这种操作带来的需求变化会严重影响地方政府的债务发行与置换战略,并带来严重的负面效应。

三、地方政府债务风险出现的主要动因

地方政府债务风险出现的主要动因,既有体制性的,又有微观执行中的问题。简要概括如下。

(一)缺乏自主的风险意识与责任

地方政府发展经济的过程中,行政首长有任期,一般全部任期满为5～10年。但由于晋升、其他地区补缺、行政"救火"应对一些地区的突发情况,平均只有3～6年。因而短期之内行政首长要在任期内加快地方经济的发展、改善人民的生活,则需要建设许多基础工程、公共服务平台和项目(如科技园区)等等。从而行政层往往认为:行政首长负责制只对任期以内的事情负责,没有人对任期以外的事情负责,他们在任期内需要通过各种途径融资解决资金的问题。受到人大、审计监督的政府预算一般难以有大的突破,因此许多地方政府行政首长会在地方财政资源得不到支持的情况下,积极利用各种融资平台来筹集资金。而这些行政首长往往不会对自己的偿债能力进行科学评估、维护债务的稳定或是基本不会主动去化解地方政府债务危机(除非有行政顶层需求下外力的强制干预)。另一方面,如果直接融资比较困难,地方政府会采取担保的形式获得资金。担保使用资金的单位如果出现运营困难,隶属政府部门的这些事业单位或是国有企业会寻求政府的帮助。地方政府将会尽最大努力避免企业破产或是倒闭,以维持正常的现象。最后的结果会迫使地方政府担负起原本不属于自身的债务,导致地方政府债务总量的进一步积累。

(二)财政空间有限、支出责任大

地方政府债务的运行,要求地方政府债务的增速要低于GDP的增速,要在财政可持续增长的空间之内。但是地方在支出责任日益增大的情况下,税收收入持续多年增长的速度低于支出增长的速度。地方政府维持债务的发行和运行,后期

依靠的主要是土地财政的收入。但是土地的面积是有限的,在控制耕地红线的环境下,房地产经济是有极限的。这样的结果会导致税收达到极限,当跨代使用的土地资源达到极限时,财政资源的空间将达到极限。对此,缺少资源收支匹配的结果,将必然导致地方政府债务的风险。总而言之,在收支不平衡、地方支出无限责任的情况下,财政空间如果达到极限必然导致财政危机、地方政府债务风险的爆发。

(三)体制机制不健全、不完善

当前中国的财政体制还存在一些不完善之处。中央政府与地方政府的职责等划分不清晰,而且由于信息不对称导致中央政府的约束效率并不高,结果导致地方政府债务规模扩大(刁伟涛,2017)。瞿茜、许志伟和朱军(Qu, Xu and Zhu, 2019)研究发现:政府间基于债务的增长竞争也导致了债务扩张。并且地方政府的经济职能非常大,支出责任非常大。地方政府的职能,如基础设施建设、社会保障、义务教育、承接配置项目资金、经济发展中的派生职能等,都非常大。1994 年分税制改革之后,地方政府相对于总的支出份额平均占 85%,但是收入占总的收入分配平均占 50%。这导致地方政府财权与事权严重失衡。另一方面,地方通过融资平台发展经济之后,2000 年以来无疑形成了地方政府的债务积累以及债务风险。

此外,地方政府的投融资机制有待完善。地方政府没有明确的、公开的、合法的融资机构,从而不得不通过各种地方政府融资平台(如各种城市投资公司、建设开发公司)进行投融资。过去十几年中国地方政府债务积累的绝大部分,都是由这些公司组织、担保形成的。进而,如果这些公司存在公司治理结构不完善、各种监督管理机制不完善的问题,就会导致政府融资使用的低效率、腐败问题。最后,投融资机制的不完善会导致地方政府债务运行过程中的时空分离问题,使得债务的发行、偿还、绩效评价的责任难以追究。综合的结果会使得地方政府债务风险越积越大,问题日积月累。

(四)显性债务限额受经济波动影响

对于各级地方政府的显性债务,当面临经济下行、外部"贸易摩擦"压力的时候,地方政府会受到"稳增长"的压力,进而稳定一般债务规模、稳定专项债务规模的压力非常大。总体上,中国经济抵御波动性风险的能力非常弱,继而导致稳定显性债务规模比较难,对显性债务规模实施严格限额管理会受到很大的影响。

(五)针对隐性债务的管理缺乏力度

由于显性债务规模实施严格限额管理,因而地方政府的借贷受到很强的约束。但是,地方政府许多干部的晋升与政绩有很大关系,而政绩主要由债务形成的各种投资带动。因此,当前在控制、稳定住显性债务之后,对于隐性债务的管理还缺乏力度。

对于隐性债务,由于其没有统一的界定,并且缺乏相关信息的整合,导致隐性债务问题更多(温来成和马昀,2019)。中国地方政府还没有专门设立针对债务管理的专职部门,缺乏针对隐性债务管理和认定的专职机构和协同办公机构(如缺乏由纪委、审计、财政、发改部门、银保监会、公安等形成的联合监督管理机构)。虽然我国规定地方政府债务由地方财政部门管理,但对于分散在各个部门使用的专项建设资金、各个部门的隐性债务产生能力,财政部门的统计、汇总功能对于控制隐性债务的管控力度非常有限。另一方面,关联地方财政部门的预算、国库、农业和基础设施、住房和城乡建设、金融监管等机构部门,相互之间的业务缺乏关联性,无法对地方政府债务进行有效的管理。综合各个方面的因素最终导致隐性债务的规模和状态失去控制,以致难以或是无法确认隐性债务的规模,难以及时跟踪隐性债务的发展变化,进而难以及时解决问题。

当前,对于中国地方政府的隐性债务,其资金流转和研究难点的总结如图1—7。

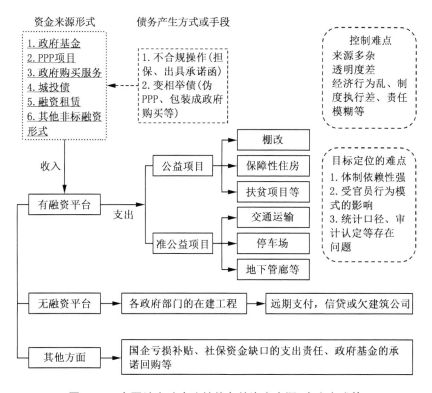

图 1—7　中国地方政府隐性债务的资金来源、产生方式等

全方面地深入、系统讨论中国地方隐性债务问题,还存在众多的研究难点,可以说这些难点可能在短期内也无法解决。

近期无法克服的难点之一——数据未公开的问题。目前,获得地方政府各类债务数据是本书经验研究开展的基础。系统地获得地方政府的隐性债务数据,不是一件容易的事。由于政府部门的封闭性,显性债务自 2019 年开始才大批量公开。隐性债务的数据更难统计。如何获得多地区连续多年的数据,是研究的首要难点。

近期无法克服的难点之二——数据估算难的问题。目前我国对隐性债务的认定口径不统一,如何去界定隐性债务没有一个盖棺定论的标准。对于隐性债务,财政认定标准看是否在法定限额之外(事先),银监部门的认定看发债主体是否在融资平台目录(主体),审计的认定看是否需要财政偿还(事后)。这是研究地方政府隐性债务的一个难点。我国地方隐性债务项目多而杂,信息未公开,地方隐性债务数据透明度不够,大多研究只能进行总体上的总量估计。

近期无法克服的难点之三——关联数据同样缺乏的问题。研究债务问题,所需的数据既包括城市级政府的财政数据,也包括国民经济运行数据、金融行业数据以及教育数据等。而在目前,县区级政府这类数据的不统一、严重缺乏、不公开,使得我们的项目定位于"城市级政府"及"市本级政府"。与隐性债务关联的宏观数据的不统一、缺乏,也值得注意。

近期无法克服的难点之四——隐性债务生成、发酵机理的难归纳问题。造成地方隐性债务积累的因素有很多,包括财政压力、官员任期、权责分离、财政体制划分、锦标赛竞争、政府事项的委托—代理问题。如何站在顶层制度设计的角度,识别出隐性债务发酵的机理非常重要,但是目前没有统一的结论。地方政府隐性债务目前存在来源多杂、透明度差、经济行为乱、制度执行差、责任模糊、体制依赖性强、受官员行为模式的影响等体制机制性难题。

近期无法克服的难点之五——经济发展的依赖性问题。现实经济对于地方政府隐性债务的依赖性依然很强,各种不确定性因素加大了这一依赖性。地方政府依赖显性、隐性债务发展经济、缓解财政压力、追求自身的金钱收益等。在中国面临经济下行周期、面临稳增长和稳就业的压力下,地方政府依赖各类债务。2020年突发疫情(COVID-2019)背景下,通过"新基建"的投资拉动需要依赖债务,而形成超规模财政干预的钱从哪儿来,这仍然依赖于显性、隐性债务。

因而本书的研究定位是——基于纳入预算管理的地方政府债务余额数据,这也是法定的、官方定义的地方政府债务口径。

第二章

中国地方省级及地级政府债务数据的搜集

——基于中国 2014—2017 年 31 个省份与全部地级
行政区的地方政府债务余额数据

第一节　纳入预算管理的地方政府债务数据的采集

　　中国地方省级(包括省、自治区、直辖市)及地级(包括地级市、地区、自治州、盟)政府债务数据采集工作于 2018 年 4 月初期正式展开,研究团队成员针对纳入预算管理的地方政府债务数据进行搜集。数据采集前期,主要通过互联网进入各省级、地级财政部门以及统计部门等官方网站进行数据的搜集与整理。这些数据主要来源于《中国统计年鉴》《中国城市年鉴》、各省市统计部门公布的统计年鉴以及省市公报、《中国财政年鉴》《中国金融年鉴》等官方公布的数据。但是,在项目开展初期,由于利用网络搜集的数据缺失较为严重,大量数据并未获取。为进一步完善研究所需数据,项目团队开始采取依申请公开的方式依法向政府相关部门申请所需信息。2018 年 5 月中旬开始,项目成员开始采用寄信方式向政府相关部门依法申请公开,但依申请公开呈现出服务差异较大、申请周期较长等问题。最终,通过一轮寄信方式获得的有效回复有限。因此,团队于 2018 年 6 月初进行第二轮依申请公开,并在 2018 年 7 月份陆续收到相关政府部门的回复,但仍有大部分数据并未获取。在之后几个月的时间里,团队成员有针对性地对一些省市进行寄信、发送电子邮件、电话联系等方式进行数据采集。在 2019 年初,项目团队将 2018 年政府债务数据纳入采集范围内,并通过主动搜集与依申请公开相结合的方式采集数据。

　　总体而言,整个数据采集过程大致可以划分为四个阶段:第一阶段数据采集工作自 2018 年 4 月至 2018 年 8 月,耗时 5 个月,主要通过网络主动采集以及多轮寄信进行依申请公开的方式,收效可以,整体效果较好,所有数据基本采集完整。2018 年 9 月至 2018 年 12 月底,为数据采集第二阶段,其间项目团队再次组织多次数据采集工作,同样是采用两种方式,即互联网采集与进行多次依申请公开,并且本次采集与申请更加注重针对性与重点年份,主要采集最近年份 2016 年与 2017 年相关数据。但是,在第二阶段数据采集结束后,仍有部分数据并未获取。2019 年 2 月至 2019 年 5 月,研究团队仍然采用网络搜集主动公开数据与依申请公开数据,并着重搜集最近年份 2017 年和 2018 年余额和限额数据。第三阶段数据采集工作结束后,2014—2018 年政府债务余额数据缺失较少。但是,仍有大量 2014—2018 年政府限额数据并未获取。2019 年 5 月之后为数据采集的第四阶段。在此阶段,主要是有针对性地联系政府各相关部门,弥补政府债务余额缺少的数据,并主要采集 2017—2018 年的政府限额数据。详细介绍如下。

一、主动公开的搜集

各省市会不同程度地公开部分债务数据,项目团队初期主要利用互联网搜集政府已经公开的信息,进入各省财政厅、统计局或者各地级市财政局、统计局等官方网站进行数据的采集。具体操作主要是进入相关财政部门官方网站,寻找财政预决算公开栏目,部分省财政厅或者市财政局会将债务数据公布在此栏目下。但是各省各市公开数据情况差异显著,一些省财政厅会完整地公布全省、各地级市以及各市本级债务余额(限额)、一般债务余额(限额)、专项债务余额(限额),研究团队可以很高效地获取所需信息;相反,一些省财政部门只公布省级层面相关数据,不公布各地级市相关数据,而该省各地级市也未公布债务数据,导致该省各地级市债务数据无法主动采集。大部分省级或者地级市的相关政府部门介于以上两者之间。例如,省级政府公布各地级市相关数据,但并不公布市本级债务数据;各地级市公布市本级债务数据,但并不公布全市债务数据;只公布债务余额数据而没有债务限额数据,或者只公布债务总体数据,并未公布一般债务余额(限额)、专项债务余额(限额)等。

此外,政府财政部门、统计部门等官方网站建设也存在诸多问题。首先,一些政府部门官方网站长期处于正在维护或者暂停服务的状态,无法进入网站主页。并且,该地区也并未提供其他查看官方网站内容的方式。其次,各省、各地级市财政部门网站主页公布的内容不够统一,板块内容模糊不清。一些财政部门官方网站简洁明了,信息指引明确,研究团队很容易搜集到相关信息。但是有些政府财政部门官方网站内容杂乱,搜集信息费时较多,收效甚微。总体而言,中国财政部门债务数据主动公开程度以及公开方式还存在许多可以改进的空间。

二、依法申请的数据搜集

对于未采集到的数据,研究团队依法向各政府部门进行依申请公开。依申请公开采用纸质信件、电子邮件、政府部门官网以及电话联系等几种主要途径。首先采取的方式是进入财政部门官方网站进行依申请公开,并附上相关证明材料(包括国家社科基金项目证明、项目负责人身份证复印件、个人信息以及申请内容等),同时,在证明材料中承诺对所申请的信息进行保密,仅用于公益性科学研究。但是,通过政府官网进行依申请公开基本未得到有效回复。然后,研究团队组织人员采用寄信的方式进行依申请公开,包括所需数据内容、身份证明、工作证明、项目立项书等相关资料,并在材料中详细说明了数据主要用途。申请时团队相关成员签署了保密协议,将信件分别寄至各省以及各市财政部门。但是,通过信件的方式进行依申请公开并未达到预期效果。对于未回复地区,团队有针对性地多次寄信并通过电话联系相关部门,但仍然有极少数地区不予提供。

在依申请公开过程中,各地方政府在收到相关信件资料后,反馈结果差异显著。一些省级财政部门会积极提供科研项目所需数据,或者协调各地级市予以提供,效率较高;一些地级市财政部门同样会积极提供申请信息,并且积极高效地回复。但是,许多省级财政部门以及地级市财政部门效率比较低,并且不能够按照申请要求提供团队所申请的相关信息。例如有些省财政厅只提供部分债务数据,其他数据要求申请者向各地级市相关部门申请,或者有些省财政厅只提供数据采集的具体地址,但并未主动提供要求数据;也有一些地级市政府只提供市本级债务数据,不提供全市债务数据等。整个依申请公开过程中,寄信普遍在两次以上,并且回复周期较长,而且针对依申请公开的不同回复也体现了一些财政部门的低效率。

三、不同省份的不同回复内容示例

具体不同省份对比分析如表 2—1 所示。

表 2—1   不同省份的回复结果

政府级别	以该省份所辖的地级政府本级及地级政府全部债务余额数据为例	
	同意提供	不同意提供
省厅级回复	全部提供:如吉林、新疆等。主要回复内容为:"按照《中华人民共和国政府信息公开条例》和财政部印发的《地方政府债务信息公开办法(试行)》有关规定,现将有关地市 2015—2018 年政府债务限额及余额决算数据告知如下。"并且还要求:请您遵守承诺,所获数据仅用于科研目的,绝不会公开原始数据,绝不转给其他单位和个人,绝不用于商业用途,绝不泄密给境外组织和机构。如您有违反,将承担相关法律责任	回复不提供:云南省财政厅、河北省财政厅、湖北省财政厅等。回复内容摘录:您所申请的 2015—2018 年地方政府债务余额信息,根据《财政部关于印发〈地方政府债务信息公开办法(试行)的通知〉》第三条第二项"坚持谁制作、谁负责、谁公开"的规定,根据《中华人民共和国政府信息公开条例》第十七条规定,依法不属于本机关的公开范围,建议您向各市人民政府财政部门申请
	提供部分:如浙江省财政厅、四川省财政厅等。回复内容摘录:我们仅负责提供各地级市政府债务总体情况,市本级数据建议您向各地级市财政部门申请公开	延期答复:如湖南省等。回复内容摘录:根据《中华人民共和国政府信息公开条例》第三十三条规定,经本机关政府信息公开工作机构负责人同意,本机关将延期 20 个工作日做出答复

四、不同地级行政区的不同回复内容示例

具体不同地级行政区对比分析如表 2—2 所示。

表 2—2　　　　　　　　　　　不同地级行政区的回复结果

级别政府	以地级政府本级及地级政府全部债务余额数据为例	
	同意提供	不同意提供
地市级回复	同意提供:如肇庆市、桂林市、毕节市等。回复内容摘录:根据《中华人民共和国保守国家秘密法》和《国家秘密定密管理暂行规定》等法律法规,相关数据仅作为你课题研究之用,不得随意扩大数据的使用和公开范围	不提供全市数据:如绍兴市财政局等。回复内容摘录:根据浙江省直管县的财政体制,绍兴市只提供市本级政府债务余额数据,其他区、县(市)数据由各地自行负责公开,请您通过公开网站查询
	名义同意实质不同意:如阳江市财政局等。重复三次回复内容摘录:根据《中华人民共和国预算法》《国务院关于加强地方政府性债务管理的意见》等有关文件精神,地方政府债务余额均已在阳江市政府网相关网络平台公开。但该市实际网上无数据	

第二节　省级层面的数据分析

一、数据的基本特征

根据项目团队采集的省级政府债务数据以及各省份 2014—2017 年 GDP 与一般预算收入数据,对总体数据进行统计性描述,如表 2—3 所示;并且通过公式计算得出各省债务水平以及债务依存度,做出相关的统计性描述,如表 2—4 所示。其中,关于各省份债务水平以及债务依存度的计算公式为:

全省(区、市)债务水平＝全省(区、市)债务余额/全省(区、市)GDP

全省(区、市)债务依存度＝全省(区、市)债务余额/全省(区、市)一般预算收入

由表 2—3 可知,在债务余额方面,2015 年债务余额均值处于最低水平,2017 年债务余额均值较 2015 年高出 620 多亿元。而且,2014—2017 年省级政府债务余额均值总体呈现出上升的趋势。另外,从表 2—3 中可以看出债务余额最大值与最小值之间差距较大,且这种差距相对稳定,说明省级政府间债务余额差异显著。在 GDP 方面,2014—2017 年省级政府 GDP 均值逐年上升,并且 GDP 均值水平较高,均处于 22 000 亿元以上的水平,说明中国总体经济发展状况较好;同时还可以

表 2—3 　　　　　　　　　　　　**样本总体的统计性描述**

	债务余额(亿元)				GDP(亿元)				一般预算收入(亿元)			
	均值	标准差	最大值	最小值	均值	标准差	最大值	最小值	均值	标准差	最大值	最小值
2014 年	4 970.1	2 841.9	10 643.3	90.3	22 073.2	16 986.6	67 809.9	920.8	2 447.6	1 845.4	8 065.1	124.3
2015 年	4 772.6	2 685.1	10 556.3	78.2	23 311.2	18 217.6	72 812.6	1 026.4	2 677.5	2 137.7	9 366.8	137.1
2016 年	4 948.3	2 727.3	10 915.4	57.9	25 166.6	20 092.8	80 854.9	1 151.4	2 814.2	2 338.6	10 390.4	156.0
2017 年	5 395.8	2 960.5	12 026.3	98.6	27 335.5	22 183.5	89 705.2	1 310.9	2 950.6	2 485.1	11 320.4	185.8
观测值						31						

注:限于文献篇幅,表中结果仅保留小数点后一位。

观察出,GDP 最大值与最小值之间差异显著,表明各省份之间经济发展水平存在较大差距。在一般预算收入方面,一般预算收入均值在 2014—2017 年仍然呈现出逐年上升的趋势,说明经济发展水平与政府一般预算收入存在正相关关系;并且,一般预算收入最大值与最小值之间同样表现出较大的差异。总体而言,中国各省份 GDP 总量在不断增加,经济总体发展水平较高,一般预算收入呈现相似趋势,但各省份之间差异显著。

根据表 2—4 可知,在债务水平方面,2014—2017 年各省份债务水平变化幅度相对较小,但是呈现出逐年下降的趋势,债务水平均值较为稳定,始终处于 0.2～0.3 的水平;同时还可以看出,债务水平最大值与最小值之间差异较大,这说明各省份之间债务水平存在显著差异。在债务依存度方面,2014—2017 年债务依存度均值变化波动比较稳定,始终处于 2～2.5 的区间内;并且,同政府债务水平类似,债务依存度最大值与最小值之间也存在较大差异,体现了省级政府之间债务依存度较大的差异性。总体而言,由表 2—3 和表 2—4 可知,中国经济总体发展状况良好,债务水平与债务依存度较为稳定,但是不同省级政府之间差异较大。

表 2—4 　　　　　　　　　　　　**分析指标的总体统计性描述**

	债务水平				债务依存度			
	均值	标准差	最大值	最小值	均值	标准差	最大值	最小值
2014 年	0.272 0	0.163 5	0.979 8	0.098 1	2.352 3	1.147 9	6.643 5	0.726 6
2015 年	0.250 3	0.144 3	0.833 6	0.076 2	2.162 3	1.120 8	5.823 4	0.570 2
2016 年	0.244 6	0.137 4	0.740 5	0.050 3	2.236 9	1.211 3	5.614 4	0.370 9
2017 年	0.244 6	0.137 4	0.740 5	0.050 3	2.343 9	1.233 9	6.143 7	0.530 8
观测值					31			

二、省级层面债务水平排名

为比较分析不同省份之间债务水平的差异,根据研究团队采集到的省级政府债务的相关数据,通过构建公式计算得出 2014—2017 年各省份的债务水平,按照从高到低进行排序,具体结果如表 2-5 所示。

表 2-5　　　　　　　　　　　　省级政府债务水平的排名

排名	2014 年		2015 年		2016 年		2017 年	
	省份	数值	省份	数值	省份	数值	省份	数值
1	贵州省	0.979 8	贵州省	0.833 6	贵州省	0.740 5	贵州省	0.635 6
2	青海省	0.512 3	青海省	0.511 1	青海省	0.520 5	青海省	0.576 3
3	云南省	0.500 9	云南省	0.457 3	云南省	0.431 9	云南省	0.411 4
4	海南省	0.398 0	海南省	0.377 5	海南省	0.384 9	内蒙古自治区	0.386 3
5	宁夏回族自治区	0.384 0	宁夏回族自治区	0.363 5	辽宁省	0.383 3	海南省	0.385 3
6	辽宁省	0.315 5	内蒙古自治区	0.305 9	宁夏回族自治区	0.360 7	宁夏回族自治区	0.362 5
7	内蒙古自治区	0.308 2	辽宁省	0.299 7	内蒙古自治区	0.315 8	辽宁省	0.361 2
8	北京市	0.305 5	新疆维吾尔自治区	0.282 4	新疆维吾尔自治区	0.294 0	新疆维吾尔自治区	0.310 4
9	新疆维吾尔自治区	0.286 7	陕西省	0.259 8	陕西省	0.253 5	甘肃省	0.277 1
10	陕西省	0.273 9	北京市	0.248 9	广西壮族自治区	0.253 2	广西壮族自治区	0.261 1
11	广西壮族自治区	0.273 5	四川省	0.248 6	甘肃省	0.250 1	陕西省	0.246 2
12	四川省	0.262 3	广西壮族自治区	0.240 7	四川省	0.237 2	黑龙江省	0.239 1
13	安徽省	0.247 0	甘肃省	0.233 9	安徽省	0.218 0	四川省	0.229 9
14	上海市	0.246 6	安徽省	0.232 1	湖南省	0.214 0	湖南省	0.228 8
15	湖南省	0.244 1	江西省	0.223 4	江西省	0.213 9	安徽省	0.215 5
16	江西省	0.234 3	重庆市	0.215 0	重庆市	0.210 7	吉林省	0.213 7
17	重庆市	0.227 9	湖南省	0.212 9	黑龙江省	0.202 8	江西省	0.213 2
18	甘肃省	0.226 8	吉林省	0.195 7	吉林省	0.196 0	重庆市	0.206 9
19	浙江省	0.222 5	黑龙江省	0.194 2	河北省	0.179 8	天津市	0.182 0

续表

排名	2014 年		2015 年		2016 年		2017 年	
	省份	数值	省份	数值	省份	数值	省份	数值
20	吉林省	0.205 5	上海市	0.194 2	浙江省	0.177 6	河北省	0.180 8
21	福建省	0.201 7	浙江省	0.184 9	山西省	0.175 5	浙江省	0.178 3
22	黑龙江省	0.197 7	河北省	0.178 8	福建省	0.172 4	福建省	0.169 9
23	河北省	0.192 7	福建省	0.176 8	天津市	0.162 9	山西省	0.166 1
24	江苏省	0.163 5	山西省	0.158 6	上海市	0.159 2	湖北省	0.161 1
25	河南省	0.162 1	湖北省	0.154 7	湖北省	0.156 2	上海市	0.153 2
26	湖北省	0.162 1	江苏省	0.150 6	北京市	0.145 8	山东省	0.140 4
27	天津市	0.158 9	河南省	0.147 4	江苏省	0.141 0	江苏省	0.140 1
28	山东省	0.155 7	天津市	0.143 9	山东省	0.138 8	北京市	0.138 3
29	山西省	0.152 9	山东省	0.143 8	河南省	0.136 5	河南省	0.124 6
30	广东省	0.129 9	广东省	0.112 5	广东省	0.105 4	广东省	0.119 6
31	西藏自治区	0.098 1	西藏自治区	0.076 2	西藏自治区	0.050 3	西藏自治区	0.075 2

根据表 2-5 可以看出,2014—2017 年债务水平较高的省份较为固定,贵州省、青海省、云南省在 2014—2017 年分别处于债务水平的第一、第二、第三位。其中,青海省和云南省的债务水平较为稳定,分别处于 0.5 和 0.4 左右的水平,但贵州省在近几年波动较大,从 2014 年的 0.979 8 下降到 2017 年的 0.635 6,反映出贵州省债务水平向好发展。海南省、辽宁省、内蒙古自治区、宁夏回族自治区在第 4 位至第 7 位的位置上波动,但总体较稳定,近几年债务水平基本处于 0.3～0.4 的区间范围内。而新疆维吾尔自治区以及陕西省也较为稳定,在第 8 位至第 10 位的区间波动,且债务水平都处于 0.25 以上。

排在末位的是西藏自治区以及广东省,2014 年至 2017 年债务水平较低且稳定,均处于 0.1 左右的水平。2014—2017 年债务水平相对较低的省份主要还有山东省、河南省、江苏省、湖北省、山西省、福建省等,债务水平近几年都处于 0.2 以下的水平。总体来看,2014—2017 年债务水平的均值处于 0.2～0.3 之间,主要是由于债务水平排名处于前 8 位的省份拉高了平均水平。

总体而言,华东地区、华中地区以及华北部分地区省级政府债务水平相对较低,而西北地区和西南地区省级政府债务水平相对较高,这说明债务水平与经济发展水平紧密关联。

三、省级层面的债务依存度排名

为进一步考察不同省份的债务依存度以及省份之间债务依存度的差异,根据研究团队采集到的相关债务数据,并计算出 2014—2017 年各省的债务依存度,同样按照从高到低进行排序,具体结果如表 2—6 所示。

表 2—6　　　　　　　　　　各省级政府债务依存度的排名

排名	2014 年		2015 年		2016 年		2017 年	
	省份	数值	省份	数值	省份	数值	省份	数值
1	贵州省	6.643 5	贵州省	5.823 4	青海省	5.614 4	青海省	6.143 7
2	青海省	4.688 1	青海省	4.624 9	贵州省	5.585 6	贵州省	5.333 3
3	云南省	3.780 3	辽宁省	4.038 8	辽宁省	3.874 7	内蒙古自治区	3.650 4
4	宁夏回族自治区	3.109 8	云南省	3.444 8	云南省	3.524 2	云南省	3.571 7
5	广西壮族自治区	3.014 0	宁夏回族自治区	2.834 5	广西壮族自治区	2.980 3	辽宁省	3.533 6
6	内蒙古自治区	2.971 0	内蒙古自治区	2.776 9	宁夏回族自治区	2.948 2	黑龙江省	3.058 0
7	湖南省	2.916 4	广西壮族自治区	2.668 9	内蒙古自治区	2.918 3	广西壮族自治区	2.994 6
8	辽宁省	2.828 5	黑龙江省	2.513 1	黑龙江省	2.717 1	宁夏回族自治区	2.989 5
9	陕西省	2.562 8	湖南省	2.445 8	陕西省	2.681 8	湖南省	2.812 3
10	海南省	2.509 0	陕西省	2.272 5	湖南省	2.503 1	陕西省	2.687 2
11	四川省	2.445 2	吉林省	2.238 8	海南省	2.447 0	吉林省	2.637 1
12	吉林省	2.357 3	海南省	2.226 7	四川省	2.305 2	海南省	2.550 4
13	安徽省	2.321 0	四川省	2.226 2	吉林省	2.291 6	甘肃省	2.534 3
14	河北省	2.310 5	甘肃省	2.135 0	甘肃省	2.288 5	四川省	2.376 5
15	甘肃省	2.305 0	安徽省	2.080 9	新疆维吾尔自治区	2.184 0	新疆维吾尔自治区	2.303 3
16	黑龙江省	2.284 6	河北省	2.004 1	河北省	1.997 0	安徽省	2.070 6
17	浙江省	2.168 7	新疆维吾尔自治区	1.978 7	安徽省	1.990 3	福建省	1.946 5
18	新疆维吾尔自治区	2.073 3	河南省	1.808 9	福建省	1.870 6	河北省	1.902 1

排名	2014 年		2015 年		2016 年		2017 年	
	省份	数值	省份	数值	省份	数值	省份	数值
19	河南省	2.067 9	福建省	1.805 1	江西省	1.839 1	江西省	1.898 0
20	福建省	2.054 1	江西省	1.725 0	河南省	1.752 0	重庆市	1.784 1
21	江西省	1.956 2	浙江省	1.648 7	重庆市	1.677 4	湖北省	1.759 5
22	山东省	1.840 7	山东省	1.638 4	湖北省	1.645 3	山东省	1.672 0
23	湖北省	1.728 7	重庆市	1.568 2	山东省	1.611 6	河南省	1.628 6
24	重庆市	1.691 1	湖北省	1.521 2	浙江省	1.582 4	浙江省	1.590 2
25	北京市	1.618 4	江苏省	1.314 8	山西省	1.471 4	天津市	1.482 0
26	江苏省	1.471 5	山西省	1.233 1	江苏省	1.344 1	江苏省	1.471 7
27	上海市	1.267 6	北京市	1.212 8	天津市	1.069 5	山西省	1.381 1
28	广东省	1.092 2	天津市	0.892 6	广东省	0.820 0	广东省	0.947 9
29	山西省	1.072 0	上海市	0.884 1	北京市	0.736 7	北京市	0.713 6
30	天津市	1.045 2	广东省	0.874 2	上海市	0.700 2	上海市	0.706 7
31	西藏自治区	0.726 6	西藏自治区	0.570 2	西藏自治区	0.370 9	西藏自治区	0.530 8

根据表 2—6 可以看出,2014—2017 年省级政府债务依存度与债务水平总体特征基本一致。债务依存度较高的省份仍然是贵州省、青海省、云南省、辽宁省、内蒙古自治区等地区,排名位置处于前几位且波动不大,债务依存度均处于 3 以上的水平。其中,以贵州省和青海省的债务依存度最高,2014—2017 年债务依存度处于 4～7 的水平上。

西藏自治区债务依存度最低,2014—2017 年始终处于 0.3～0.8 的水平,并且较为稳定。债务依存度比较低的省份主要有广东省、上海市、北京市、天津市等地区,其债务依存度均处于 1.4 以下的水平。总体而言,债务依存度均值在 2.1～2.4 的区间范围内,同时贵州省、青海省、云南省、辽宁省、内蒙古自治区等省份拉高了省级政府债务依存度的均值。

总体而言,华东地区、华北地区以及华中地区部分省份的债务依存度相对较低。

第三节 地级层面的数据分析

一、数据的基本特征

研究团队搜集了 2014—2017 年中国 333 个地级政府债务余额信息、GDP 以及一般预算收入,并对总体数据进行统计性描述,如表 2—7 所示;并且通过利用上文构建的债务水平以及债务依存度计算公式得出各地级行政区债务水平以及债务依存度,并做出相应的统计性描述,如表 2—8 所示。计算公式为:

地级行政区债务水平=地级行政区债务余额/地级行政区 GDP

地级行政区债务依存度=地级行政区债务余额/地级行政区一般预算收入

表 2—7   样本总体的统计性描述

	债务余额(亿元)				GDP(亿元)				一般预算收入(亿元)			
	均值	标准差	最大值	最小值	均值	标准差	最大值	最小值	均值	标准差	最大值	最小值
2014 年	351.7	427.2	2 301.6	0.9	1 874.4	2 217.5	16 706.9	32.9	160.9	226.6	2 082.7	2.3
2015 年	351.9	417.7	2 298.7	0.6	1 979.0	2 378.3	18 100.4	35.7	173.2	262.0	2 726.9	3.0
2016 年	366.6	419.4	2 277.9	2.5	2 110.2	2 578.2	19 547.4	36.5	181.5	286.7	3 136.5	3.0
2017 年	387.3	428.8	2 357.1	3.7	2 277.9	2 865.5	22 490.0	37.3	237.4	398.5	7 273.9	1.9
观测值	333											

注:限于篇幅,表 2—7 中结果仅保留小数点后一位。

由表 2—7 可知,在地级政府债务余额方面,2014—2017 年地级政府债务余额均值总体呈现出逐年上升的趋势,但是总体上升幅度并不高,从 2014 年的 351.7 亿元上升至 2017 年的 387.3 亿元;并且,从表中清晰地观察到各地级政府债务余额最大值与最小值之间存在很大差距,差距高达 2 000 多亿元。这表明各地级政府之间债务余额差异显著。在 GDP 方面,2014—2017 年各地级行政区 GDP 均值呈现逐年上升趋势,并且 GDP 均值水平较高,均处于 1 800 亿元以上的水平,表明中国经济总体发展良好;同时,还可以观察出 GDP 的最大值与最小值之间差异较大,即各地级行政区之间 GDP 水平差异较大,说明中国各地级行政区经济发展水平差距很大,地区经济发展极不平衡。在一般预算收入方面,一般预算收入均值在 2014—2017 年仍然呈现出逐年增长的趋势,并且,一般预算收入的最大值与最小值之间表现出较大的差异,体现了各地级行政区之间一般预算收入的不平衡。但是,总体而言,中国地级行政区 GDP 总量均值在不断增加,一般预算收入均值呈现相似的趋势,但是地级行政区之间经济发展水平差距较大。

表 2-8   分析指标的总体统计性描述

	债务水平				债务依存度			
	均值	标准差	最大值	最小值	均值	标准差	最大值	最小值
2014 年	0.204 2	0.147 5	1.037 5	0.009 6	2.540 0	1.675 3	13.404 6	0.110 5
2015 年	0.198 3	0.131 8	0.886 0	0.005 3	2.522 6	1.610 9	12.065 6	0.051 7
2016 年	0.201 5	0.125 4	0.787 5	0.006 6	2.616 7	1.556 7	10.876 2	0.040 8
2017 年	0.205 4	0.119 1	0.724 2	0.005 5	2.880 1	2.208 2	29.776 6	0.000 4
观测值	333							

　　根据表 2-8 可知,在地级行政区债务水平方面,2014—2017 年债务水平均值较为稳定,始终处于 0.2 左右的水平;同时还可以看出,由于地级行政区债务水平最大值与最小值之间差异较大,因此,各地级行政区之间债务水平存在显著差异。在债务依存度方面,2014—2017 年地级行政区债务依存度均值变化幅度不大,始终稳定在 2.5~3 的水平上。虽然整体来看地级行政区债务依存度不高,但是由于地级行政区债务依存度的最大值与最小值之间存在较大差异,说明各地级政府之间债务依存度存在较大的差异性。

二、地级层面债务水平的排名

　　为了便于分析比较中国各地级行政区的债务水平,以及观察各地级行政区在2014—2017 年债务水平的变动情况,将通过公式计算得出的地级行政区债务水平按照从高到低的顺序进行排序,具体如表 2-9 所示。

表 2-9   地级行政区政府债务水平的排名

排名	2014 年		2015 年		2016 年		2017 年	
	地级行政区	数值	地级行政区	数值	地级行政区	数值	地级行政区	数值
1	铜仁市	1.037 5	铜仁市	0.886 0	铜仁市	0.787 5	乌兰察布市	0.724 2
2	黔南布依族苗族自治州	0.949 0	黔南布依族苗族自治州	0.841 4	黔南布依族苗族自治州	0.733 9	巴中市	0.696 3
3	安顺市	0.845 9	安顺市	0.712 6	巴中市	0.711 7	铜仁市	0.661 4
4	贵阳市	0.842 3	贵阳市	0.711 0	营口市	0.705 3	贵阳市	0.640 3
5	毕节市	0.795 8	巴中市	0.704 7	贵阳市	0.634 0	营口市	0.637 6
6	遵义市	0.779 5	毕节市	0.684 6	盘锦市	0.613 1	黔南布依族苗族自治州	0.617 7
7	巴中市	0.745 0	遵义市	0.666 9	安顺市	0.612 9	阿拉善盟	0.580 2

续表

排名	2014 年		2015 年		2016 年		2017 年	
	地级行政区	数值	地级行政区	数值	地级行政区	数值	地级行政区	数值
8	黔西南布依族苗族自治州	0.695 5	德宏傣族景颇族自治州	0.601 9	毕节市	0.597 8	盘锦市	0.566 4
9	黔东南苗族侗族自治州	0.694 0	黔东南苗族侗族自治州	0.598 2	遵义市	0.592 2	安顺市	0.517 0
10	德宏傣族景颇族自治州	0.647 3	黔西南布依族苗族自治州	0.588 9	乌兰察布市	0.552 3	遵义市	0.507 2
11	乌兰察布市	0.537 8	乌兰察布市	0.546 5	葫芦岛市	0.549 0	毕节市	0.500 3
12	营口市	0.536 8	营口市	0.543 2	德宏傣族景颇族自治州	0.543 8	德宏傣族景颇族自治州	0.495 8
13	六盘水市	0.511 8	昆明市	0.519 8	黔西南布依族苗族自治州	0.503 8	葫芦岛市	0.491 2
14	海口市	0.499 9	海口市	0.518 0	鞍山市	0.496 5	兴安盟	0.470 3
15	迪庆藏族自治州	0.489 8	盘锦市	0.491 3	昆明市	0.483 5	鞍山市	0.448 3
16	葫芦岛市	0.466 2	葫芦岛市	0.469 1	海口市	0.473 5	海口市	0.446 2
17	昆明市	0.461 0	六盘水市	0.444 2	黔东南苗族侗族自治州	0.468 0	克孜勒苏柯尔克孜自治州	0.437 9
18	盘锦市	0.457 4	保山市	0.442 0	抚顺市	0.454 9	黔东南苗族侗族自治州	0.433 9
19	保山市	0.454 6	阿拉善盟	0.416 0	铁岭市	0.419 6	昆明市	0.428 6
20	玉溪市	0.445 8	玉溪市	0.413 1	辽阳市	0.401 8	锡林郭勒盟	0.416 7
21	阿拉善盟	0.422 8	迪庆藏族自治州	0.411 9	六盘水市	0.401 5	乌海市	0.416 2
22	三亚市	0.409 7	固原市	0.390 4	阿拉善盟	0.400 3	黔西南布依族苗族自治州	0.412 1
23	普洱市	0.406 4	南充市	0.388 5	保山市	0.396 0	抚顺市	0.412 0
24	南充市	0.406 1	三亚市	0.386 8	固原市	0.388 7	铁岭市	0.409 4
25	固原市	0.401 1	普洱市	0.381 1	玉溪市	0.386 2	阿勒泰地区	0.394 7
26	湖州市	0.386 1	中卫市	0.380 9	池州市	0.376 1	鄂尔多斯市	0.394 4
27	乌鲁木齐市	0.383 2	池州市	0.369 3	南充市	0.370 0	巴彦淖尔市	0.367 6

续表

排名	2014 年		2015 年		2016 年		2017 年	
	地级行政区	数值	地级行政区	数值	地级行政区	数值	地级行政区	数值
28	中卫市	0.370 5	广元市	0.353 4	湘西土家族苗族自治州	0.364 2	固原市	0.365 2
29	郴州市	0.364 4	乌鲁木齐市	0.347 8	广元市	0.361 8	迪庆藏族自治州	0.360 6
30	湘西土家族苗族自治州	0.363 2	延安市	0.342 8	三亚市	0.357 9	玉溪市	0.360 3
31	池州市	0.356 6	湘西土家族苗族自治州	0.337 4	延安市	0.356 7	南充市	0.358 9
32	广元市	0.356 2	吴忠市	0.333 8	中卫市	0.356 2	保山市	0.357 1
33	鄂尔多斯市	0.354 4	鄂尔多斯市	0.330 0	阜新市	0.353 0	广元市	0.355 7
34	秦皇岛市	0.346 4	铁岭市	0.328 0	乌鲁木齐市	0.350 8	伊春市	0.354 8
35	银川市	0.346 4	文山壮族苗族自治州	0.326 1	本溪市	0.350 4	六盘水市	0.354 4
36	文山壮族苗族自治州	0.344 0	郴州市	0.325 8	迪庆藏族自治州	0.347 0	辽阳市	0.350 2
37	舟山市	0.343 4	舟山市	0.324 5	锦州市	0.346 8	乌鲁木齐市	0.349 7
38	昭通市	0.336 5	秦皇岛市	0.324 3	丹东市	0.343 0	阜新市	0.348 6
39	丽江市	0.336 1	抚顺市	0.323 4	普洱市	0.341 7	三亚市	0.348 2
40	海东市	0.335 7	湖州市	0.322 4	鄂尔多斯市	0.324 6	本溪市	0.343 2
41	兴安盟	0.324 4	鞍山市	0.320 4	兴安盟	0.323 0	池州市	0.340 8
42	吴忠市	0.323 8	银川市	0.319 1	秦皇岛市	0.3168	红河哈尼族彝族自治州	0.335 4
43	怀化市	0.317 9	兴安盟	0.317 6	吴忠市	0.315 3	秦皇岛市	0.333 7
44	哈尔滨市	0.316 1	昭通市	0.317 2	银川市	0.314 1	延安市	0.328 2
45	西安市	0.315 9	海东市	0.311 7	沈阳市	0.310 4	丹东市	0.326 6
46	九江市	0.312 3	哈尔滨市	0.309 5	克孜勒苏柯尔克孜自治州	0.309 9	锦州市	0.322 5
47	楚雄彝族自治州	0.310 1	亳州市	0.304 2	丽江市	0.297 6	中卫市	0.322 2
48	眉山市	0.308 2	丽江市	0.301 1	郴州市	0.297 4	湘西土家族苗族自治州	0.321 7
49	鞍山市	0.307 1	红河哈尼族彝族自治州	0.301 0	昭通市	0.296 3	通辽市	0.311 6
50	郑州市	0.303 1	锦州市	0.293 3	资阳市	0.295 1	呼和浩特市	0.308 1

续表

排名	2014 年		2015 年		2016 年		2017 年	
	地级行政区	数值	地级行政区	数值	地级行政区	数值	地级行政区	数值
51	抚顺市	0.302 4	眉山市	0.289 9	湖州市	0.294 5	包头市	0.302 8
52	承德市	0.299 0	承德市	0.288 4	亳州市	0.289 3	昭通市	0.299 0
53	锦州市	0.298 7	郑州市	0.288 0	承德市	0.288 5	资阳市	0.296 6
54	亳州市	0.297 2	怀化市	0.284 7	文山壮族苗族自治州	0.288 0	衡水市	0.294 3
55	南宁市	0.294 1	宣城市	0.283 5	大连市	0.287 0	沈阳市	0.292 8
56	张家界市	0.291 8	锡林郭勒盟	0.281 0	巴彦淖尔市	0.286 9	和田地区	0.292 3
57	锡林郭勒盟	0.287 9	九江市	0.280 7	锡林郭勒盟	0.286 7	郴州市	0.290 4
58	克孜勒苏柯尔克孜自治州	0.287 5	临沧市	0.278 2	哈尔滨市	0.283 6	吴忠市	0.288 9
59	宣城市	0.286 2	楚雄彝族自治州	0.273 8	来宾市	0.281 8	丽江市	0.288 4
60	西双版纳傣族自治州	0.285 9	鹰潭市	0.273 5	乌海市	0.280 2	承德市	0.287 8
61	延安市	0.284 6	内江市	0.271 8	眉山市	0.279 9	恩施土家族苗族自治州	0.285 4
62	呼和浩特市	0.283 3	南宁市	0.271 2	西安市	0.277 9	亳州市	0.283 9
63	内江市	0.283 2	西双版纳傣族自治州	0.271 0	海东市	0.273 4	六安市	0.283 5
64	龙岩市	0.283 0	张家界市	0.267 2	六安市	0.273 3	舟山市	0.283 4
65	鹰潭市	0.281 6	阜新市	0.266 9	南宁市	0.272 0	哈尔滨市	0.283 1
66	临沧市	0.279 1	西安市	0.266 5	伊春市	0.272 0	大连市	0.277 4
67	红河哈尼族彝族自治州	0.277 5	商洛市	0.264 4	九江市	0.271 5	滁州市	0.277 3
68	大理白族自治州	0.277 4	达州市	0.261 6	舟山市	0.270 9	呼伦贝尔市	0.272 6
69	遂宁市	0.273 9	辽阳市	0.260 3	呼和浩特市	0.268 6	伊犁哈萨克自治州	0.271 9
70	铁岭市	0.271 3	巴彦淖尔市	0.258 5	怀化市	0.268 5	湖州市	0.269 4
71	大连市	0.266 6	六安市	0.254 4	西双版纳傣族自治州	0.267 7	达州市	0.267 0
72	沈阳市	0.264 0	呼和浩特市	0.252 0	阿勒泰地区	0.266 9	眉山市	0.266 2
73	柳州市	0.261 5	大连市	0.250 4	临沧市	0.265 5	黄山市	0.265 3

续表

排名	2014 年		2015 年		2016 年		2017 年	
	地级行政区	数值	地级行政区	数值	地级行政区	数值	地级行政区	数值
74	恩施土家族苗族自治州	0.261 3	铜川市	0.250 1	商洛市	0.263 9	海东市	0.265 1
75	南京市	0.260 9	克孜勒苏柯尔克孜自治州	0.248 7	达州市	0.260 9	来宾市	0.264 9
76	嘉兴市	0.259 5	乌海市	0.248 2	宣城市	0.260 7	银川市	0.264 3
77	六安市	0.258 0	唐山市	0.246 4	大同市	0.260 3	怀化市	0.264 2
78	莆田市	0.257 4	黄山市	0.245 8	恩施土家族苗族自治州	0.258 3	宣城市	0.260 5
79	滁州市	0.254 8	遂宁市	0.245 7	张家界市	0.256 9	临沧市	0.258 2
80	巴彦淖尔市	0.250 7	丹东市	0.245 4	内江市	0.253 8	大同市	0.257 6
81	辽阳市	0.249 8	上饶市	0.242 8	鹰潭市	0.248 5	内江市	0.257 2
82	钦州市	0.249 8	伊春市	0.242 2	楚雄彝族自治州	0.246 2	七台河市	0.255 5
83	邵阳市	0.248 3	莆田市	0.241 9	忻州市	0.243 8	西双版纳傣族自治州	0.255 1
84	达州市	0.248 3	滁州市	0.238 2	朝阳市	0.243 4	阜阳市	0.254 5
85	黄山市	0.248 3	克拉玛依市	0.237 9	唐山市	0.240 1	西安市	0.253 6
86	株洲市	0.248 1	龙岩市	0.237 5	白银市	0.238 5	普洱市	0.252 5
87	唐山市	0.247 2	忻州市	0.237 3	遂宁市	0.237 5	临夏回族自治州	0.246 7
88	江门市	0.243 4	南京市	0.236 5	克拉玛依市	0.236 8	白银市	0.246 2
89	上饶市	0.243 3	沈阳市	0.236 1	吐鲁番市	0.236 0	吐鲁番市	0.243 6
90	三明市	0.243 0	大理白族自治州	0.234 5	铜川市	0.236 0	博尔塔拉蒙古自治州	0.241 8
91	百色市	0.242 5	吐鲁番市	0.234 1	滁州市	0.235 8	商洛市	0.241 6
92	大同市	0.241 3	大同市	0.233 9	上饶市	0.235 7	儋州市	0.238 2
93	商洛市	0.240 7	钦州市	0.233 1	郑州市	0.234 5	文山壮族苗族自治州	0.237 3
94	铜陵市	0.236 8	赣州市	0.232 9	莆田市	0.234 1	丽水市	0.236 5
95	宿州市	0.236 1	宿州市	0.231 3	淮南市	0.230 7	遂宁市	0.236 4
96	赣州市	0.234 8	芜湖市	0.227 5	黄山市	0.229 7	铜川市	0.236 1
97	忻州市	0.233 7	江门市	0.226 8	龙岩市	0.229 6	大理白族自治州	0.235 7

续表

排名	2014 年		2015 年		2016 年		2017 年	
	地级行政区	数值	地级行政区	数值	地级行政区	数值	地级行政区	数值
98	乌海市	0.232 5	百色市	0.226 6	红河哈尼族彝族自治州	0.227 2	九江市	0.234 2
99	丹东市	0.232 0	三明市	0.226 3	赣州市	0.225 0	阿克苏地区	0.233 7
100	南通市	0.231 8	白银市	0.226 2	宿州市	0.224 3	南宁市	0.233 5
101	包头市	0.229 8	恩施土家族苗族自治州	0.224 7	梅州市	0.223 9	哈密市①	0.233 1
102	德州市	0.229 0	本溪市	0.224 4	大理白族自治州	0.222 9	泸州市	0.232 6
103	宁波市	0.228 7	柳州市	0.218 9	丽水市	0.221 9	唐山市	0.232 6
104	淮南市	0.228 2	包头市	0.218 8	宁波市	0.218 2	张家界市	0.232 5
105	阜新市	0.227 0	邵阳市	0.218 4	晋中市	0.218 1	白城市	0.231 9
106	芜湖市	0.226 9	丽水市	0.218 3	钦州市	0.217 6	宿州市	0.231 8
107	兰州市	0.226 8	嘉兴市	0.217 7	南京市	0.216 9	楚雄彝族自治州	0.230 2
108	珠海市	0.224 5	海西蒙古族藏族自治州	0.217 6	儋州市	0.215 8	通化市	0.229 4
109	湘潭市	0.223 7	泸州市	0.215 9	邵阳市	0.215 0	甘孜藏族自治州	0.229 1
110	西宁市	0.223 5	南通市	0.214 2	芜湖市	0.215 0	鹤岗市	0.224 5
111	长春市	0.222 0	来宾市	0.214 1	包头市	0.214 9	平凉市	0.222 6
112	泸州市	0.221 7	兰州市	0.213 0	柳州市	0.213 9	龙岩市	0.221 8
113	宜春市	0.221 6	安庆市	0.210 8	阜阳市	0.213 7	朝阳市	0.221 5
114	临沂市	0.221 1	西宁市	0.210 7	泸州市	0.213 2	赤峰市	0.219 6
115	新余市	0.220 5	阿勒泰地区	0.209 8	三明市	0.211 0	河池市	0.219 5
116	本溪市	0.216 7	晋中市	0.209 4	防城港市	0.208 2	上饶市	0.218 2
117	防城港市	0.216 0	临沂市	0.208 9	河池市	0.205 6	鹰潭市	0.216 7
118	成都市	0.214 9	阜阳市	0.208 7	嘉兴市	0.205 3	梅州市	0.216 6
119	张家口市	0.214 9	宜春市	0.207 3	安庆市	0.205 1	淮南市	0.214 9
120	资阳市	0.212 1	莱芜市	0.206 9	临夏回族自治州	0.204 3	安庆市	0.214 8

---

① 2016 年 2 月 18 日,国务院同意撤销哈密地区,设立地段哈密市。本书中不做时间区分,全部统一称哈密市。

续表

排名	2014 年		2015 年		2016 年		2017 年	
	地级行政区	数值	地级行政区	数值	地级行政区	数值	地级行政区	数值
121	杭州市	0.210 8	德州市	0.205 7	江门市	0.202 6	延边朝鲜族自治州	0.214 7
122	白银市	0.210 2	株洲市	0.205 4	临沂市	0.201 7	庆阳市	0.213 3
123	益阳市	0.210 0	资阳市	0.203 9	通化市	0.201 6	晋中市	0.212 7
124	泉州市	0.207 9	新余市	0.203 0	张家口市	0.201 6	双鸭山市	0.212 7
125	云浮市	0.207 2	防城港市	0.200 2	南通市	0.200 7	贺州市	0.211 5
126	乐山市	0.204 1	淮南市	0.200 2	哈密市	0.200 0	克拉玛依市	0.211 2
127	滨州市	0.204 0	张家口市	0.200 1	百色市	0.199 5	赣州市	0.210 3
128	丽水市	0.203 5	长春市	0.198 8	平凉市	0.199 0	广安市	0.210 3
129	晋中市	0.203 1	马鞍山市	0.198 5	铜陵市	0.198 9	百色市	0.209 0
130	马鞍山市	0.202 0	双鸭山市	0.197 7	广安市	0.198 1	衢州市	0.208 7
131	莱芜市	0.200 5	益阳市	0.196 8	乐山市	0.198 0	忻州市	0.207 6
132	佛山市	0.200 1	乐山市	0.195 9	兰州市	0.195 9	塔城地区	0.207 1
133	惠州市	0.199 6	石嘴山市	0.195 7	西宁市	0.195 7	临沂市	0.205 7
134	潍坊市	0.198 9	景德镇市	0.194 2	十堰市	0.195 3	安康市	0.204 7
135	广安市	0.197 4	河池市	0.193 6	甘孜藏族自治州	0.194 6	十堰市	0.2047
136	来宾市	0.197 2	抚州市	0.193 4	莱芜市	0.194 6	铜陵市	0.204 4
137	景德镇市	0.197 0	鹤壁市	0.191 2	海西蒙古族藏族自治州	0.194 1	三明市	0.201 7
138	呼伦贝尔市	0.197 0	成都市	0.191 1	鹤岗市	0.193 6	西宁市	0.201 6
139	铜川市	0.196 2	北海市	0.190 9	云浮市	0.192 9	南京市	0.201 2
140	永州市	0.195 3	泉州市	0.190 2	白城市	0.192 0	怒江傈僳族自治州	0.197 2
141	梅州市	0.194 8	武汉市	0.189 6	马鞍山市	0.191 4	德州市	0.196 4
142	抚州市	0.192 2	平凉市	0.189 2	怒江傈僳族自治州	0.191 2	芜湖市	0.195 9
143	蚌埠市	0.191 1	蚌埠市	0.189 1	益阳市	0.190 7	抚州市	0.194 5
144	吐鲁番市	0.190 8	滨州市	0.188 7	德州市	0.190 6	大兴安岭地区	0.193 3
145	阿勒泰地区	0.190 7	湘潭市	0.188 1	庆阳市	0.190 2	河源市	0.192 3
146	鹤壁市	0.190 0	宁波市	0.188 0	贺州市	0.189 7	柳州市	0.191 6

续表

排名	2014 年		2015 年		2016 年		2017 年	
	地级行政区	数值	地级行政区	数值	地级行政区	数值	地级行政区	数值
147	绵阳市	0.189 2	呼伦贝尔市	0.187 5	抚州市	0.189 7	兰州市	0.191 4
148	安庆市	0.188 4	潍坊市	0.187 4	呼伦贝尔市	0.189 5	乐山市	0.190 5
149	阜阳市	0.187 2	朝阳市	0.185 6	双鸭山市	0.189 1	景德镇市	0.190 4
150	泰州市	0.186 9	永州市	0.185 4	金昌市	0.188 9	潍坊市	0.189 5
151	阿坝藏族羌族自治州	0.185 7	梅州市	0.185 4	吕梁市	0.188 8	防城港市	0.188 5
152	石嘴山市	0.185 3	云浮市	0.185 1	蚌埠市	0.188 6	邵阳市	0.187 7
153	自贡市	0.185 1	广安市	0.183 5	景德镇市	0.188 3	莱芜市	0.186 8
154	大兴安岭地区	0.185 1	惠州市	0.181 8	博尔塔拉蒙古自治州	0.187 3	钦州市	0.186 6
155	绍兴市	0.184 9	绵阳市	0.179 9	延边朝鲜族自治州	0.187 0	宜宾市	0.185 7
156	宜宾市	0.182 1	吕梁市	0.179 1	株洲市	0.186 9	嘉兴市	0.185 3
157	克拉玛依市	0.180 7	珠海市	0.178 5	石嘴山市	0.186 4	海西蒙古族藏族自治州	0.184 5
158	河池市	0.180 5	辽源市	0.178 5	宜春市	0.186 3	自贡市	0.184 5
159	黄冈市	0.178 6	铜陵市	0.177 1	七台河市	0.186 0	金昌市	0.184 3
160	十堰市	0.178 4	通辽市	0.176 3	临汾市	0.185 9	桂林市	0.184 2
161	海西蒙古族藏族自治州	0.176 6	通化市	0.175 4	安康市	0.185 9	宿迁市	0.183 0
162	辽源市	0.175 9	攀枝花市	0.175 1	永州市	0.184 4	南通市	0.182 5
163	伊春市	0.175 9	临汾市	0.174 0	潍坊市	0.182 6	绵阳市	0.181 6
164	通辽市	0.175 7	阿坝藏族羌族自治州	0.173 9	宜宾市	0.182 1	郑州市	0.181 5
165	攀枝花市	0.174 5	衢州市	0.173 8	北海市	0.180 0	临汾市	0.180 1
166	衢州市	0.173 9	庆阳市	0.173 8	鹤壁市	0.179 8	永州市	0.179 7
167	台州市	0.173 5	佛山市	0.173 0	成都市	0.179 8	辽源市	0.178 5
168	哈密市	0.171 2	宜宾市	0.172 4	衢州市	0.178 1	陇南市	0.178 1
169	曲靖市	0.170 4	自贡市	0.171 9	泉州市	0.177 4	昌吉回族自治州	0.176 6
170	温州市	0.169 6	泰州市	0.171 0	新余市	0.177 4	云浮市	0.176 4
171	漳州市	0.167 3	黄冈市	0.168 7	绵阳市	0.176 4	滨州市	0.175 6

排名	2014 年		2015 年		2016 年		2017 年	
	地级行政区	数值	地级行政区	数值	地级行政区	数值	地级行政区	数值
172	北海市	0.166 6	临夏回族自治州	0.168 4	渭南市	0.176 0	马鞍山市	0.175 5
173	桂林市	0.166 6	宿迁市	0.168 2	长春市	0.174 2	株洲市	0.174 4
174	儋州市	0.166 3	哈密市	0.167 4	自贡市	0.173 7	德阳市	0.174 3
175	盐城市	0.165 3	贺州市	0.167 2	通辽市	0.173 2	黄冈市	0.173 3
176	威海市	0.165 0	吉安市	0.167 2	黄冈市	0.172 4	宜春市	0.172 7
177	咸宁市	0.164 5	杭州市	0.164 4	桂林市	0.172 4	巴音郭楞蒙古自治州	0.171 9
178	常德市	0.164 3	鹤岗市	0.163 0	河源市	0.172 3	武威市	0.171 0
179	临汾市	0.163 4	渭南市	0.162 6	宿迁市	0.171 0	盐城市	0.170 5
180	武汉市	0.163 2	漳州市	0.160 9	滨州市	0.170 8	娄底市	0.170 1
181	邯郸市	0.162 4	绍兴市	0.159 9	辽源市	0.170 6	蚌埠市	0.169 5
182	邢台市	0.161 9	怒江傈僳族自治州	0.159 8	杭州市	0.170 1	成都市	0.167 8
183	吉安市	0.161 7	延边朝鲜族自治州	0.158 8	攀枝花市	0.166 0	宁德市	0.167 4
184	石家庄市	0.161 1	曲靖市	0.158 4	塔城地区	0.164 9	益阳市	0.167 1
185	怒江傈僳族自治州	0.160 4	大兴安岭地区	0.158 4	惠州市	0.164 6	温州市	0.166 0
186	淮安市	0.159 5	十堰市	0.158 2	武汉市	0.164 5	新余市	0.165 6
187	朝阳市	0.158 3	白城市	0.157 8	吉安市	0.162 7	武汉市	0.165 4
188	合肥市	0.157 5	萍乡市	0.157 0	盐城市	0.159 6	泉州市	0.165 0
189	宿迁市	0.156 4	桂林市	0.156 7	汉中市	0.157 2	定西市	0.165 0
190	德阳市	0.156 2	儋州市	0.156 5	佛山市	0.156 8	雅安市	0.163 6
191	肇庆市	0.156 2	金昌市	0.155 4	湘潭市	0.156 4	张掖市	0.162 6
192	渭南市	0.155 9	汉中市	0.155 3	昌吉回族自治州	0.156 2	邯郸市	0.162 3
193	扬州市	0.155 6	威海市	0.155 3	淮北市	0.155 6	杭州市	0.162 1
194	济宁市	0.154 3	台州市	0.154 9	大兴安岭地区	0.155 4	长春市	0.161 9
195	萍乡市	0.154 1	盐城市	0.154 7	台州市	0.155 1	阳泉市	0.161 9
196	汉中市	0.154 1	淮安市	0.152 5	萍乡市	0.154 9	清远市	0.160 4
197	通化市	0.152 4	合肥市	0.151 6	漳州市	0.154 8	渭南市	0.159 5

排名	2014 年		2015 年		2016 年		2017 年	
	地级行政区	数值	地级行政区	数值	地级行政区	数值	地级行政区	数值
198	延边朝鲜族自治州	0.152 1	白山市	0.151 4	绍兴市	0.154 6	吉安市	0.159 4
199	岳阳市	0.151 7	淮北市	0.151 3	梧州市	0.154 5	攀枝花市	0.159 2
200	清远市	0.151 5	温州市	0.150 9	宁德市	0.153 9	鸡西市	0.158 3
201	济南市	0.151 4	邯郸市	0.150 2	阳泉市	0.153 6	邢台市	0.157 9
202	长沙市	0.150 7	扬州市	0.149 6	清远市	0.153 3	台州市	0.157 6
203	安康市	0.150 3	德阳市	0.149 1	泰州市	0.153 1	江门市	0.157 6
204	南昌市	0.150 2	阳泉市	0.148 0	阿坝藏族羌族自治州	0.152 7	牡丹江市	0.157 0
205	鹤岗市	0.149 6	石家庄市	0.147 9	肇庆市	0.152 4	宁波市	0.156 8
206	泰安市	0.149 6	肇庆市	0.147 9	邯郸市	0.152 1	枣庄市	0.156 8
207	庆阳市	0.149 3	南昌市	0.146 7	阿克苏地区	0.151 6	孝感市	0.156 3
208	衡阳市	0.148 5	河源市	0.146 7	珠海市	0.150 6	萍乡市	0.155 2
209	河源市	0.146 8	枣庄市	0.145 3	赤峰市	0.148 4	南平市	0.155 2
210	白山市	0.146 3	赤峰市	0.145 3	威海市	0.147 6	甘南藏族自治州	0.154 8
211	开封市	0.142 5	济宁市	0.144 5	和田地区	0.147 3	威海市	0.154 7
212	枣庄市	0.142 1	塔城地区	0.144 4	白山市	0.147 2	金华市	0.153 9
213	淮北市	0.141 0	常德市	0.144 2	邢台市	0.147 1	喀什地区	0.153 6
214	塔城地区	0.140 9	梧州市	0.144 0	雅安市	0.147 0	吕梁市	0.153 6
215	临夏回族自治州	0.139 9	连云港市	0.142 0	曲靖市	0.146 9	连云港市	0.152 9
216	贺州市	0.138 1	泰安市	0.141 6	南平市	0.146 8	漳州市	0.152 6
217	金昌市	0.137 8	甘孜藏族自治州	0.141 3	枣庄市	0.146 7	阿坝藏族羌族自治州	0.151 7
218	漯河市	0.137 8	邢台市	0.140 8	连云港市	0.146 4	衡阳市	0.151 5
219	和田地区	0.136 6	安康市	0.139 9	石家庄市	0.145 9	济宁市	0.150 2
220	连云港市	0.136 4	清远市	0.139 7	德阳市	0.143 4	天水市	0.148 4
221	甘南藏族自治州	0.136 3	衡阳市	0.138 5	嘉峪关市	0.143 1	湘潭市	0.147 8
222	南平市	0.135 7	七台河市	0.138 1	淮安市	0.142 9	梧州市	0.147 1
223	广州市	0.135 2	娄底市	0.137 4	甘南藏族自治州	0.142 6	鹤壁市	0.146 8

续表

排名	2014 年		2015 年		2016 年		2017 年	
	地级行政区	数值	地级行政区	数值	地级行政区	数值	地级行政区	数值
224	濮阳市	0.134 8	咸宁市	0.136 8	扬州市	0.142 0	白山市	0.146 7
225	宁德市	0.134 4	孝感市	0.135 6	济宁市	0.140 9	淮北市	0.146 3
226	烟台市	0.133 8	开封市	0.135 4	牡丹江市	0.140 0	泰安市	0.143 9
227	娄底市	0.132 8	濮阳市	0.134 3	金华市	0.139 3	佛山市	0.143 6
228	赤峰市	0.132 4	宁德市	0.133 7	孝感市	0.138 7	石家庄市	0.142 6
229	甘孜藏族自治州	0.131 8	南平市	0.131 4	泰安市	0.138 7	荆州市	0.141 0
230	洛阳市	0.131 3	济南市	0.130 2	娄底市	0.137 7	泰州市	0.140 2
231	阿克苏地区	0.131 0	荆州市	0.128 5	武威市	0.136 8	肇庆市	0.139 3
232	金华市	0.130 8	长沙市	0.127 8	衡阳市	0.134 1	崇左市	0.139 2
233	平凉市	0.130 7	武威市	0.127 3	张掖市	0.133 1	惠州市	0.138 6
234	孝感市	0.126 8	烟台市	0.127 1	南昌市	0.133 0	淮安市	0.138 3
235	吕梁市	0.124 7	博尔塔拉蒙古自治州	0.126 0	咸宁市	0.132 8	扬州市	0.137 3
236	张掖市	0.124 1	甘南藏族自治州	0.125 7	巴音郭楞蒙古自治州	0.132 6	汉中市	0.136 8
237	梧州市	0.122 6	金华市	0.124 9	常德市	0.132 5	南昌市	0.136 7
238	荆州市	0.122 2	雅安市	0.124 7	荆州市	0.132 3	常德市	0.136 0
239	双鸭山市	0.120 8	阿克苏地区	0.124 1	崇左市	0.131 8	岳阳市	0.135 8
240	白城市	0.120 7	日照市	0.122 8	岳阳市	0.131 8	嘉峪关市	0.134 7
241	日照市	0.120 6	张掖市	0.121 0	定西市	0.131 4	济南市	0.134 1
242	青岛市	0.120 5	黄石市	0.120 2	韶关市	0.129 7	韶关市	0.134 0
243	阳泉市	0.120 0	韶关市	0.118 7	合肥市	0.129 2	佳木斯市	0.133 4
244	韶关市	0.118 5	广州市	0.118 3	黄石市	0.129 2	北海市	0.132 9
245	昌吉回族自治州	0.117 9	天水市	0.117 9	开封市	0.128 6	咸宁市	0.132 3
246	淄博市	0.116 7	昌吉回族自治州	0.117 5	陇南市	0.128 0	珠海市	0.130 4
247	镇江市	0.114 5	崇左市	0.116 6	厦门市	0.126 6	镇江市	0.130 1
248	廊坊市	0.114 3	镇江市	0.116 4	天水市	0.124 4	厦门市	0.128 8
249	雅安市	0.113 6	定西市	0.115 2	济南市	0.123 9	曲靖市	0.128 6

续表

排名	2014 年		2015 年		2016 年		2017 年	
	地级行政区	数值	地级行政区	数值	地级行政区	数值	地级行政区	数值
250	太原市	0.109 8	淄博市	0.113 9	凉山彝族自治州	0.121 3	黄石市	0.127 7
251	福州市	0.109 6	岳阳市	0.113 0	长沙市	0.121 1	日照市	0.126 9
252	博尔塔拉蒙古自治州	0.108 7	牡丹江市	0.112 1	日照市	0.120 7	石嘴山市	0.125 7
253	凉山彝族自治州	0.108 2	福州市	0.111 3	四平市	0.120 3	开封市	0.125 2
254	襄阳市	0.108 1	和田地区	0.109 1	烟台市	0.117 7	海北藏族自治州	0.124 5
255	嘉峪关市	0.107 5	凉山彝族自治州	0.109 1	濮阳市	0.115 8	凉山彝族自治州	0.122 3
256	新乡市	0.106 7	厦门市	0.108 7	镇江市	0.112 7	烟台市	0.121 2
257	伊犁哈萨克自治州	0.106 2	酒泉市	0.105 1	伊犁哈萨克自治州	0.112 6	襄阳市	0.120 5
258	东莞市	0.104 6	太原市	0.104 5	淄博市	0.111 8	酒泉市	0.120 1
259	苏州市	0.104 1	洛阳市	0.104 1	襄阳市	0.111 7	长沙市	0.119 6
260	酒泉市	0.101 8	榆林市	0.103 8	宜昌市	0.109 3	宜昌市	0.118 4
261	厦门市	0.100 8	长治市	0.103 6	太原市	0.109 3	随州市	0.117 3
262	聊城市	0.100 6	新乡市	0.103 5	福州市	0.109 2	太原市	0.116 8
263	吉林市	0.099 9	聊城市	0.103 3	鸡西市	0.106 3	淄博市	0.116 2
264	随州市	0.099 0	陇南市	0.103 3	广州市	0.106 2	濮阳市	0.115 4
265	牡丹江市	0.098 1	伊犁哈萨克自治州	0.103 0	贵港市	0.104 4	贵港市	0.115 0
266	定西市	0.097 9	随州市	0.102 7	朔州市	0.104 2	绥化市	0.114 6
267	常州市	0.097 7	襄阳市	0.101 4	聊城市	0.103 8	合肥市	0.114 1
268	四平市	0.095 1	四平市	0.101 2	佳木斯市	0.103 5	聊城市	0.112 2
269	七台河市	0.094 3	青岛市	0.099 4	吉林市	0.101 7	朔州市	0.110 1
270	信阳市	0.093 9	苏州市	0.099 0	随州市	0.101 2	福州市	0.109 1
271	无锡市	0.093 7	嘉峪关市	0.098 9	长治市	0.099 6	果洛藏族自治州	0.108 9
272	喀什地区	0.093 1	鸡西市	0.097 6	常州市	0.097 7	阳江市	0.108 1
273	黄石市	0.092 2	贵港市	0.097 4	洛阳市	0.097 4	汕尾市	0.107 8
274	巴音郭楞蒙古自治州	0.091 8	吉林市	0.096 8	青岛市	0.094 9	齐齐哈尔市	0.107 2

续表

排名	2014 年		2015 年		2016 年		2017 年	
	地级行政区	数值	地级行政区	数值	地级行政区	数值	地级行政区	数值
275	宝鸡市	0.091 3	朔州市	0.096 1	海北藏族自治州	0.094 0	菏泽市	0.107 1
276	保定市	0.091 0	常州市	0.095 6	酒泉市	0.093 5	常州市	0.106 3
277	崇左市	0.089 2	宜昌市	0.094 5	无锡市	0.093 3	张家口市	0.105 8
278	长治市	0.089 0	海北藏族自治州	0.094 4	喀什地区	0.092 6	青岛市	0.104 3
279	许昌市	0.087 9	许昌市	0.094 3	榆林市	0.092 3	保定市	0.103 4
280	海南藏族自治州	0.087 5	巴音郭楞蒙古自治州	0.094 1	阳江市	0.091 5	广州市	0.102 2
281	菏泽市	0.087 2	无锡市	0.093 6	菏泽市	0.089 7	荆门市	0.100 8
282	朔州市	0.086 8	信阳市	0.092 6	湛江市	0.088 7	潮州市	0.100 6
283	贵港市	0.086 3	海南藏族自治州	0.092 4	海南藏族自治州	0.088 4	湛江市	0.097 3
284	宜昌市	0.085 0	东莞市	0.090 4	商丘市	0.088 0	玉林市	0.094 9
285	榆林市	0.084 4	廊坊市	0.087 3	果洛藏族自治州	0.088 0	鄂州市	0.094 5
286	安阳市	0.084 2	菏泽市	0.086 4	绥化市	0.087 8	吉林市	0.093 4
287	天水市	0.084 0	果洛藏族自治州	0.086 2	许昌市	0.087 6	商丘市	0.092 5
288	阳江市	0.084 0	佳木斯市	0.086 1	鄂州市	0.087 1	长治市	0.092 4
289	武威市	0.084 0	安阳市	0.085 9	玉林市	0.087 0	新乡市	0.092 3
290	湛江市	0.083 8	宝鸡市	0.084 0	苏州市	0.086 8	无锡市	0.090 5
291	南阳市	0.081 7	南阳市	0.081 7	东莞市	0.086 3	周口市	0.087 8
292	荆门市	0.080 7	阳江市	0.081 4	保定市	0.086 2	海南藏族自治州	0.087 7
293	三门峡市	0.079 4	湛江市	0.080 5	廊坊市	0.085 6	沧州市	0.087 4
294	海北藏族自治州	0.079 4	保定市	0.079 8	周口市	0.085 3	南阳市	0.087 1
295	衡水市	0.078 8	荆门市	0.079 6	新乡市	0.085 3	平顶山市	0.086 5
296	鸡西市	0.078 5	黑河市	0.079 6	温州市	0.085 2	玉树藏族自治州	0.085 9
297	陇南市	0.077 0	玉林市	0.079 5	衡水市	0.084 9	黑河市	0.085 8
298	黑河市	0.075 4	鄂州市	0.079 4	宝鸡市	0.084 7	运城市	0.085 3

续表

排名	2014 年		2015 年		2016 年		2017 年	
	地级行政区	数值	地级行政区	数值	地级行政区	数值	地级行政区	数值
299	沧州市	0.075 4	衡水市	0.078 1	信阳市	0.084 4	黄南藏族自治州	0.084 4
300	周口市	0.075 0	三门峡市	0.077 1	安阳市	0.082 6	榆林市	0.083 5
301	绥化市	0.073 9	平顶山市	0.075 8	南阳市	0.081 5	宝鸡市	0.082 6
302	焦作市	0.072 6	焦作市	0.073 5	三门峡市	0.081 2	洛阳市	0.082 3
303	平顶山市	0.072 3	东营市	0.072 4	荆门市	0.079 6	安阳市	0.080 8
304	东营市	0.071 3	沧州市	0.071 7	平顶山市	0.078 8	苏州市	0.080 5
305	玉林市	0.068 5	绥化市	0.071 4	沧州市	0.078 1	揭阳市	0.080 5
306	商丘市	0.067 6	运城市	0.070 3	潮州市	0.077 6	许昌市	0.080 4
307	驻马店市	0.066 4	喀什地区	0.070 1	运城市	0.077 2	信阳市	0.080 2
308	运城市	0.066 2	咸阳市	0.069 0	汕尾市	0.076 3	东莞市	0.080 0
309	咸阳市	0.059 4	周口市	0.067 0	齐齐哈尔市	0.075 8	东营市	0.079 3
310	佳木斯市	0.058 0	齐齐哈尔市	0.066 5	东营市	0.075 4	阿里地区	0.077 9
311	茂名市	0.056 8	驻马店市	0.064 1	阿里地区	0.073 1	廊坊市	0.077 7
312	齐齐哈尔市	0.055 7	商丘市	0.063 6	黑河市	0.070 5	昌都市	0.076 8
313	汕尾市	0.049 0	漯河市	0.060 7	焦作市	0.069 4	三门峡市	0.074 4
314	果洛藏族自治州	0.049 0	玉树藏族自治州	0.058 5	松原市	0.068 0	咸阳市	0.072 7
315	揭阳市	0.048 5	黄南藏族自治州	0.056 9	揭阳市	0.067 6	驻马店市	0.071 7
316	松原市	0.046 7	茂名市	0.053 7	驻马店市	0.066 2	漯河市	0.070 8
317	黄南藏族自治州	0.045 1	松原市	0.053 4	咸阳市	0.065 4	大庆市	0.068 2
318	拉萨市	0.044 4	汕尾市	0.053 2	黄南藏族自治州	0.064 5	汕头市	0.066 3
319	潮州市	0.044 1	大庆市	0.051 1	漯河市	0.064 2	焦作市	0.064 6
320	鄂州市	0.042 9	揭阳市	0.049 3	茂名市	0.058 3	拉萨市	0.063 1
321	汕头市	0.041 9	汕头市	0.048 2	玉树藏族自治州	0.057 5	中山市	0.061 8
322	晋城市	0.041 2	潮州市	0.044 0	大庆市	0.056 1	山南市	0.060 7
323	阿里地区	0.036 5	晋城市	0.043 4	汕头市	0.055 6	茂名市	0.059 9
324	中山市	0.036 3	徐州市	0.037 5	晋城市	0.051 4	四平市	0.058 7

续表

排名	2014 年		2015 年		2016 年		2017 年	
	地级行政区	数值	地级行政区	数值	地级行政区	数值	地级行政区	数值
325	玉树藏族自治州	0.031 1	拉萨市	0.037 1	中山市	0.048 2	松原市	0.056 8
326	大庆市	0.029 6	中山市	0.032 8	徐州市	0.039 8	晋城市	0.056 5
327	徐州市	0.028 7	阿里地区	0.032 3	拉萨市	0.037 1	莆田市	0.046 4
328	昌都市	0.021 3	昌都市	0.018 9	那曲市	0.025 4	林芝市	0.045 2
329	深圳市	0.020 3	那曲市	0.015 8	林芝市	0.023 8	徐州市	0.044 8
330	那曲市①	0.018 0	深圳市	0.009 1	山南市	0.022 0	那曲市	0.042 5
331	山南市②	0.010 8	日喀则市	0.008 2	日喀则市	0.019 4	日喀则市	0.032 7
332	林芝市	0.009 6	林芝市	0.006 8	昌都市	0.016 9	绍兴市	0.023 7
333	日喀则市	0.009 6	山南市	0.005 3	深圳市	0.006 6	深圳市	0.005 2

从表 2—9 可知,铜仁市在 2014—2016 年债务水平地级市中排在第 1 位,债务水平最高,在 2017 年有所下降,但仍处于比较高的第 3 位。而 2017 年乌兰察布市债务水平上升较高,从第 10 位左右上升到第 1 位,债务水平增加较快。安顺市在 2014 年和 2015 年债务水平虽然较高,但是在 2016 年和 2017 年不断下降,从 2015 年的第 3 位降到 2016 年的第 7 位,再降到 2017 年的第 9 位,整体呈现出向好的方向发展。贵阳市总体比较稳定,近几年处于第 4 位或者第 5 的位置,债务水平比较高。而毕节市自 2014 年至 2017 年债务水平不断下降,从 2014 年的第 5 位下降到 2017 年的第 11 位。遵义市呈现出同样的特征。总体上看,债务水平比较高的城市还是出现了波动的趋势。

2014 年日喀则市债务水平排名最低,在 2015—2017 年虽然有所提高,但是仍处于比较低的水平上。山南市 2015 年债务水平最低,并且 2016 年和 2017 年债务水平情况与日喀则市类似。深圳市自 2014 年债务水平不断降低,并且 2016 年和 2017 年连续两年处于地级行政区债务最低水平上。林芝市、昌都市等虽然波动较大,但是仍旧处于比较低的债务水平上。而值得关注的是绍兴市,2014 年绍兴市债务水平为 0.184 9,排名位于 155 位;2015 年绍兴市债务水平为 0.159 9,排名处于 181 位;2016 年绍兴市债务水平为 0.154 6,排名为 198 位;而到了 2017 年绍兴市债务水平仅为 0.023 7,排名仅次于深圳市,位于第 332 位。绍兴市自 2014 年起债务水平不断降低,且在 2017 年降低幅度最为显著。

---

① 那曲 2017 年 7 月撤区改市,本书中不做时间区分,统一称那曲市。

② 山南 2016 年 2 月撤区改市,本书中不做时间区分,统一称山南市。

三、地级层面债务依存度的排名

为了便于分析比较中国各地级行政区的债务依存度,观察各地级行政区在2014—2017年债务依存度的变动情况,并且将其与地级行政区债务水平相对照,将通过公式计算得出的地级行政区债务依存度按照从高到低的顺序进行排序,具体如表2－10所示。

表 2－10 地级政府债务依存度的排名

排名	2014 年		2015 年		2016 年		2017 年	
	地级行政区	数值	地级行政区	数值	地级行政区	数值	地级行政区	数值
1	铜仁市	13.404 6	铜仁市	12.065 6	铜仁市	10.876 2	牡丹江市	29.776 6
2	巴中市	10.297 8	毕节市	9.296 0	乌兰察布市	9.150 8	乌兰察布市	12.115 8
3	乌兰察布市	9.210 0	乌兰察布市	9.055 2	巴中市	8.751 7	铜仁市	9.773 3
4	遵义市	9.151 1	巴中市	9.047 3	毕节市	8.628 3	巴中市	9.198 7
5	黔南布依族苗族自治州	9.007 8	遵义市	8.141 4	营口市	7.752 8	商洛市	8.893 1
6	毕节市	8.678 6	营口市	7.901 0	遵义市	7.593 3	辽源市	7.513 6
7	南充市	7.596 8	黔南布依族苗族自治州	7.563 3	黔南布依族苗族自治州	6.825 2	毕节市	7.439 5
8	安顺市	7.522 8	南充市	6.923 3	商洛市	6.822 9	营口市	7.125 9
9	内江市	7.265 7	盘锦市	6.495 3	南充市	6.476 7	安康市	7.119 3
10	海东市	7.112 2	内江市	6.480 3	海东市	6.423 7	迪庆藏族自治州	7.044 2
11	兴安盟	6.828 0	安顺市	6.378 7	盘锦市	6.178 4	海东市	6.867 4
12	贵阳市	6.343 4	兴安盟	5.984 8	内江市	6.134 7	阿拉善盟	6.842 6
13	广元市	5.797 6	葫芦岛市	5.913 1	安顺市	6.113 1	兴安盟	6.801 6
14	德宏傣族景颇族自治州	5.725 2	鞍山市	5.801 3	资阳市	5.943 7	遵义市	6.442 9
15	怀化市	5.672 8	中卫市	5.668 3	固原市	5.906 3	来宾市	6.360 3
16	中卫市	5.664 9	海东市	5.512 3	广元市	5.886 9	南充市	6.353 2
17	遂宁市	5.586 0	德宏傣族景颇族自治州	5.505 3	葫芦岛市	5.853 7	内江市	6.107 4
18	海口市	5.450 6	贵阳市	5.494 2	兴安盟	5.596 2	资阳市	6.093 0
19	固原市	5.271 8	海口市	5.397 8	来宾市	5.474 7	包头市	6.058 2
20	黔东南苗族侗族自治州	5.257 5	固原市	5.333 0	贵阳市	5.465 5	黔南布依族苗族自治州	6.024 2

排名	2014 年		2015 年		2016 年		2017 年	
	地级行政区	数值	地级行政区	数值	地级行政区	数值	地级行政区	数值
21	营口市	5.175 2	抚顺市	5.317 3	鞍山市	5.459 3	贵阳市	5.995 6
22	迪庆藏族自治州	4.976 6	广元市	5.242 3	德宏傣族景颇族自治州	5.395 6	广元市	5.919 3
23	黔西南布依族苗族自治州	4.938 4	锦州市	5.155 8	辽源市	5.391 2	固原市	5.913 1
24	保山市	4.847 6	商洛市	5.144 5	铁岭市	5.324 9	伊春市	5.657 3
25	商洛市	4.766 3	怀化市	4.928 3	中卫市	5.219 5	安顺市	5.441 4
26	唐山市	4.754 1	本溪市	4.860 2	安康市	5.204 9	通辽市	5.407 3
27	自贡市	4.686 4	铁岭市	4.832 3	海口市	5.155 6	德宏傣族景颇族自治州	5.241 3
28	玉溪市	4.650 1	保山市	4.670 2	抚顺市	5.089 5	盘锦市	5.180 8
29	达州市	4.621 9	黔东南苗族侗族自治州	4.669 5	承德市	5.052 8	鞍山市	5.157 2
30	资阳市	4.571 6	辽源市	4.612 4	伊春市	4.865 3	中卫市	5.023 3
31	辽源市	4.526 7	遂宁市	4.563 2	钦州市	4.844 4	铁岭市	4.952 3
32	湖州市	4.499 2	唐山市	4.489 8	本溪市	4.836 5	海口市	4.948 9
33	钦州市	4.482 4	达州市	4.463 9	怀化市	4.724 4	黔东南苗族侗族自治州	4.8734
34	益阳市	4.426 6	自贡市	4.383 6	哈尔滨市	4.600 1	郴州市	4.845 7
35	昭通市	4.415 1	钦州市	4.373 5	达州市	4.459 1	葫芦岛市	4.843 6
36	湘西土家族苗族自治州	4.397 0	哈尔滨市	4.365 3	自贡市	4.398 2	哈尔滨市	4.826 3
37	柳州市	4.336 6	黔西南布依族苗族自治州	4.361 7	遂宁市	4.389 1	巴彦淖尔市	4.753 7
38	三明市	4.333 2	迪庆藏族自治州	4.274 4	唐山市	4.296 5	承德市	4.727 6
39	普洱市	4.308 2	吴忠市	4.235 6	吴忠市	4.284 9	达州市	4.662 8
40	张家界市	4.188 6	伊春市	4.217 5	锦州市	4.223 6	钦州市	4.629 0
41	文山壮族苗族自治州	4.178 9	文山壮族苗族自治州	4.198 8	保山市	4.2164	怀化市	4.564 5
42	六盘水市	4.144 9	资阳市	4.192 3	益阳市	4.185 9	自贡市	4.548 5
43	葫芦岛市	4.122 0	三明市	4.137 7	三明市	4.145 3	乌海市	4.515 7

续表

排名	2014 年		2015 年		2016 年		2017 年	
	地级行政区	数值	地级行政区	数值	地级行政区	数值	地级行政区	数值
44	哈尔滨市	3.985 1	普洱市	4.124 7	黔西南布依族苗族自治州	4.112 7	吴忠市	4.491 1
45	郴州市	3.974 0	玉溪市	4.118 9	河池市	4.051 2	遂宁市	4.469 9
46	广安市	3.949 0	昆明市	4.107 0	汉中市	4.022 7	河池市	4.450 9
47	盘锦市	3.945 8	阿拉善盟	4.099 5	阜新市	4.016 7	抚顺市	4.444 5
48	邵阳市	3.929 5	六盘水市	4.096 0	渭南市	3.987 6	衡水市	4.333 2
49	呼和浩特市	3.875 9	昭通市	4.065 1	黔东南苗族侗族自治州	3.970 9	锡林郭勒盟	4.312 9
50	眉山市	3.872 4	郴州市	4.030 7	六盘水市	3.945 1	双鸭山市	4.263 1
51	龙岩市	3.829 8	承德市	4.029 4	张家界市	3.932 8	秦皇岛市	4.223 7
52	汉中市	3.778 1	辽阳市	3.956 1	昆明市	3.922 8	三明市	4.209 8
53	承德市	3.732 0	来宾市	3.943 5	阿拉善盟	3.912 9	呼和浩特市	4.194 6
54	安康市	3.690 0	益阳市	3.886 0	文山壮族苗族自治州	3.875 8	本溪市	4.131 2
55	秦皇岛市	3.657 5	白银市	3.853 8	普洱市	3.873 7	克孜勒苏柯尔克孜自治州	4.111 3
56	河池市	3.625 5	河池市	3.804 4	石嘴山市	3.870 0	铜川市	4.104 1
57	白银市	3.619 6	张家界市	3.788 9	玉溪市	3.866 0	汉中市	3.996 8
58	亳州市	3.612 1	阜新市	3.775 3	临沧市	3.821 3	唐山市	3.993 1
59	昆明市	3.581 3	汉中市	3.684 2	昭通市	3.793 4	白城市	3.958 8
60	吴忠市	3.554 7	临沧市	3.670 5	湘西土家族苗族自治州	3.789 5	鄂尔多斯市	3.956 9
61	包头市	3.531 1	湘西土家族苗族自治州	3.638 5	辽阳市	3.786 0	临沧市	3.896 0
62	莆田市	3.506 0	丹东市	3.638 2	丹东市	3.762 4	保山市	3.890 9
63	宿州市	3.499 5	双鸭山市	3.613 9	巴彦淖尔市	3.754 5	益阳市	3.863 9
64	临沧市	3.483 9	眉山市	3.590 2	郴州市	3.743 1	黔西南布依族苗族自治州	3.846 4
65	德州市	3.471 9	北海市	3.576 1	迪庆藏族自治州	3.726 8	白山市	3.838 6
66	舟山市	3.450 9	秦皇岛市	3.546 4	莆田市	3.688 4	锦州市	3.807 3

续表

排名	2014 年		2015 年		2016 年		2017 年	
	地级行政区	数值	地级行政区	数值	地级行政区	数值	地级行政区	数值
67	楚雄彝族自治州	3.434 5	石嘴山市	3.529 9	秦皇岛市	3.684 5	呼伦贝尔市	3.791 2
68	巴彦淖尔市	3.389 9	亳州市	3.524 0	白银市	3.671 7	贺州市	3.758 5
69	南宁市	3.368 8	湖州市	3.512 9	双鸭山市	3.628 3	六盘水市	3.736 8
70	鄂尔多斯市	3.342 1	巴彦淖尔市	3.487 8	北海市	3.619 8	阜新市	3.736 0
71	岳阳市	3.326 1	莆田市	3.462 4	亳州市	3.477 6	玉溪市	3.715 9
72	阿拉善盟	3.310 1	柳州市	3.430 7	肇庆市	3.464 4	昆明市	3.711 8
73	渭南市	3.290 2	安康市	3.425 9	眉山市	3.463 0	崇左市	3.708 0
74	锡林郭勒盟	3.282 7	大连市	3.338 8	铜川市	3.418 9	白银市	3.704 9
75	湘潭市	3.277 3	宿州市	3.323 7	朝阳市	3.418 0	昭通市	3.685 8
76	株洲市	3.202 9	铜川市	3.323 6	邵阳市	3.370 7	张家界市	3.661 9
77	永州市	3.152 9	龙岩市	3.313 4	柳州市	3.328 4	渭南市	3.591 6
78	临沂市	3.144 5	邵阳市	3.303 5	广安市	3.328 0	亳州市	3.555 4
79	百色市	3.139 1	广安市	3.251 5	龙岩市	3.312 6	丹东市	3.553 0
80	泉州市	3.136 1	包头市	3.227 3	西宁市	3.246 8	西双版纳傣族自治州	3.529 8
81	银川市	3.131 5	渭南市	3.226 9	南宁市	3.220 7	红河哈尼族彝族自治州	3.510 4
82	乐山市	3.128 1	呼和浩特市	3.147 6	西双版纳傣族自治州	3.214 6	博尔塔拉蒙古自治州	3.500 2
83	呼伦贝尔市	3.122 8	舟山市	3.146 4	白城市	3.198 1	佳木斯市	3.487 7
84	伊春市	3.074 7	鄂尔多斯市	3.127 8	大连市	3.194 4	宿州市	3.481 9
85	大理白族自治州	3.067 5	南宁市	3.113 4	湖州市	3.185 5	广安市	3.463 9
86	常德市	3.062 2	德州市	3.096 6	鄂尔多斯市	3.179 3	百色市	3.450 4
87	西双版纳傣族自治州	3.039 2	楚雄彝族自治州	3.063 3	宿州市	3.171 1	龙岩市	3.441 9
88	鞍山市	3.031 8	百色市	3.044 0	呼和浩特市	3.160 9	池州市	3.419 3
89	北海市	3.021 1	攀枝花市	3.037 1	池州市	3.100 1	娄底市	3.415 9
90	长春市	2.985 2	泉州市	3.007 0	六安市	3.081 9	绵阳市	3.407 9
91	六安市	2.980 0	锡林郭勒盟	2.994 6	包头市	3.064 7	临夏回族自治州	3.392 2

续表

排名	2014 年		2015 年		2016 年		2017 年	
	地级行政区	数值	地级行政区	数值	地级行政区	数值	地级行政区	数值
92	兰州市	2.979 7	红河哈尼族彝族自治州	2.982 0	德州市	3.045 6	眉山市	3.381 2
93	锦州市	2.977 6	乐山市	2.980 2	贺州市	3.032 8	文山壮族苗族自治州	3.375 0
94	石嘴山市	2.975 4	娄底市	2.962 2	大同市	3.002 5	通化市	3.371 0
95	西安市	2.972 0	西双版纳傣族自治州	2.956 0	绵阳市	3.000 4	湘西土家族苗族自治州	3.370 2
96	佛山市	2.971 4	绵阳市	2.937 1	乐山市	2.991 5	辽阳市	3.311 0
97	绵阳市	2.938 0	朝阳市	2.898 7	攀枝花市	2.968 4	西宁市	3.271 9
98	铜川市	2.893 8	呼伦贝尔市	2.896 4	延安市	2.959 1	德阳市	3.218 8
99	抚顺市	2.875 1	永州市	2.843 3	银川市	2.933 4	邵阳市	3.131 0
100	来宾市	2.864 2	沈阳市	2.832 1	大兴安岭地区	2.921 1	德州市	3.122 6
101	江门市	2.860 8	长春市	2.831 7	呼伦贝尔市	2.897 3	十堰市	3.103 0
102	西宁市	2.840 2	池州市	2.821 2	锡林郭勒盟	2.853 4	肇庆市	3.099 5
103	德阳市	2.835 5	安庆市	2.804 1	楚雄彝族自治州	2.830 9	铜陵市	3.076 5
104	嘉兴市	2.832 9	银川市	2.787 8	永州市	2.826 0	赤峰市	3.068 3
105	双鸭山市	2.831 0	鹤岗市	2.777 8	娄底市	2.820 9	六安市	3.063 4
106	红河哈尼族彝族自治州	2.817 1	临沂市	2.769 2	百色市	2.796 8	恩施土家族苗族自治州	3.052 0
107	通辽市	2.803 9	白城市	2.747 6	舟山市	2.794 3	安庆市	3.032 7
108	防城港市	2.799 0	通辽市	2.747 4	十堰市	2.783 3	儋州市	3.008 7
109	邢台市	2.785 8	莱芜市	2.745 8	泉州市	2.780 7	攀枝花市	3.006 1
110	莱芜市	2.779 5	湘潭市	2.728 8	沈阳市	2.772 9	和田地区	2.985 9
111	乌鲁木齐市	2.768 8	大理白族自治州	2.702 4	临沂市	2.762 7	普洱市	2.963 2
112	恩施土家族苗族自治州	2.766 0	贺州市	2.701 8	儋州市	2.762 1	延安市	2.959 6
113	安庆市	2.754 1	德阳市	2.700 8	平凉市	2.753 3	大连市	2.948 6
114	鹤壁市	2.752 1	大同市	2.667 0	西安市	2.723 5	柳州市	2.947 2
115	黄冈市	2.747 6	平凉市	2.662 3	鹤岗市	2.710 1	临沂市	2.941 8
116	邯郸市	2.730 1	常德市	2.627 3	岳阳市	2.687 4	防城港市	2.937 0

续表

排名	2014 年		2015 年		2016 年		2017 年	
	地级行政区	数值	地级行政区	数值	地级行政区	数值	地级行政区	数值
117	娄底市	2.728 5	鹤壁市	2.588 0	克孜勒苏柯尔克孜自治州	2.681 4	玉树藏族自治州	2.919 9
118	池州市	2.694 9	赤峰市	2.585 4	庆阳市	2.658 9	朝阳市	2.917 9
119	儋州市	2.670 0	江门市	2.553 2	恩施土家族苗族自治州	2.643 0	石嘴山市	2.916 6
120	克孜勒苏柯尔克孜自治州	2.652 0	延安市	2.548 9	大理白族自治州	2.642 1	乐山市	2.895 5
121	丽水市	2.643 4	岳阳市	2.548 4	通辽市	2.630 3	南宁市	2.895 0
122	大连市	2.613 9	丽水市	2.548 0	云浮市	2.614 5	西安市	2.894 2
123	云浮市	2.602 5	西宁市	2.515 2	邢台市	2.606 7	大理白族自治州	2.889 7
124	九江市	2.601 3	株洲市	2.506 4	七台河市	2.606 2	南平市	2.888 4
125	铜陵市	2.559 6	六安市	2.502 5	临汾市	2.606 0	大兴安岭地区	2.875 2
126	南京市	2.547 5	漳州市	2.486 2	丽水市	2.593 5	延边朝鲜族自治州	2.865 1
127	贺州市	2.540 2	佛山市	2.483 0	博尔塔拉蒙古自治州	2.590 3	平凉市	2.861 6
128	铁岭市	2.519 5	乌鲁木齐市	2.482 6	临夏回族自治州	2.581 2	阿勒泰地区	2.860 4
129	滁州市	2.502 9	邯郸市	2.477 7	莱芜市	2.579 7	雅安市	2.829 9
130	十堰市	2.497 9	邢台市	2.420 1	南平市	2.578 6	泉州市	2.815 8
131	宜宾市	2.489 2	铜陵市	2.416 4	漳州市	2.578 0	怒江傈僳族自治州	2.809 7
132	绍兴市	2.485 6	兰州市	2.411 0	赤峰市	2.566 3	湖州市	2.809 6
133	滨州市	2.481 8	防城港市	2.387 7	怒江傈僳族自治州	2.555 7	岳阳市	2.785 2
134	漳州市	2.481 7	黄冈市	2.375 7	牡丹江市	2.534 9	塔城地区	2.768 2
135	郑州市	2.463 5	西安市	2.375 2	防城港市	2.529 2	舟山市	2.749 0
136	桂林市	2.456 0	淮南市	2.333 5	忻州市	2.521 0	鹤岗市	2.745 8
137	石家庄市	2.425 0	临汾市	2.290 7	德阳市	2.511 7	绥化市	2.733 5
138	攀枝花市	2.415 3	宜宾市	2.288 6	长春市	2.510 1	衡阳市	2.724 6
139	衢州市	2.414 0	泸州市	2.277 9	邯郸市	2.499 7	永州市	2.715 9

续表

排名	2014 年		2015 年		2016 年		2017 年	
	地级行政区	数值	地级行政区	数值	地级行政区	数值	地级行政区	数值
140	泸州市	2.409 7	克孜勒苏柯尔克孜自治州	2.267 6	鹤壁市	2.495 2	楚雄彝族自治州	2.689 1
141	赤峰市	2.401 6	桂林市	2.262 5	雅安市	2.490 9	银川市	2.685 3
142	濮阳市	2.399 9	儋州市	2.261 8	常德市	2.490 8	庆阳市	2.669 9
143	泰安市	2.396 3	白山市	2.259 1	黄冈市	2.489 9	大同市	2.667 7
144	淮南市	2.390 3	濮阳市	2.258 9	崇左市	2.477 4	宁德市	2.663 5
145	沈阳市	2.385 7	南京市	2.253 6	宁德市	2.473 8	漳州市	2.639 7
146	南通市	2.382 7	云浮市	2.248 5	安庆市	2.454 1	丽水市	2.620 8
147	延安市	2.347 0	通化市	2.247 4	桂林市	2.436 9	桂林市	2.613 1
148	鹰潭市	2.328 9	恩施土家族苗族自治州	2.242 4	江门市	2.400 0	邢台市	2.605 2
149	鹤岗市	2.309 3	牡丹江市	2.239 4	宜宾市	2.394 7	沈阳市	2.580 8
150	张家口市	2.304 5	郑州市	2.233 0	晋中市	2.361 0	常德市	2.578 1
151	大同市	2.303 1	阜阳市	2.203 6	铜陵市	2.358 7	武威市	2.572 2
152	大兴安岭地区	2.294 1	十堰市	2.202 5	乌鲁木齐市	2.333 6	七台河市	2.569 6
153	曲靖市	2.281 3	忻州市	2.194 8	湘潭市	2.329 1	甘南藏族自治州	2.560 0
154	泰州市	2.266 9	曲靖市	2.186 3	濮阳市	2.325 2	河源市	2.555 5
155	芜湖市	2.243 6	嘉兴市	2.186 1	佳木斯市	2.319 2	泸州市	2.542 4
156	咸宁市	2.241 2	晋中市	2.184 8	阳泉市	2.317 2	北海市	2.541 0
157	白山市	2.232 5	泰安市	2.178 6	通化市	2.307 5	阜阳市	2.536 4
158	马鞍山市	2.224 4	滨州市	2.177 0	南通市	2.301 7	黄冈市	2.497 7
159	台州市	2.216 4	大兴安岭地区	2.176 8	淮南市	2.282 1	衢州市	2.496 5
160	潍坊市	2.213 1	滁州市	2.164 1	泸州市	2.278 7	汕尾市	2.494 5
161	开封市	2.210 2	九江市	2.160 5	红河哈尼族彝族自治州	2.276 4	邯郸市	2.491 7
162	辽阳市	2.207 9	临夏回族自治州	2.146 0	四平市	2.263 7	忻州市	2.478 6
163	新余市	2.207 5	石家庄市	2.145 7	河源市	2.247 5	宜宾市	2.470 8
164	宣城市	2.184 3	芜湖市	2.121 7	阜阳市	2.245 3	贵港市	2.468 0

续表

排名	2014 年		2015 年		2016 年		2017 年	
	地级行政区	数值	地级行政区	数值	地级行政区	数值	地级行政区	数值
165	阜阳市	2.150 1	塔城地区	2.118 9	佛山市	2.238 1	云浮市	2.465 4
166	三亚市	2.119 2	衢州市	2.118 8	泰安市	2.225 3	临汾市	2.449 1
167	成都市	2.108 0	博尔塔拉蒙古自治州	2.113 7	清远市	2.224 6	丽江市	2.443 8
168	蚌埠市	2.088 0	鹰潭市	2.106 0	梅州市	2.220 1	滁州市	2.442 9
169	威海市	2.085 9	南通市	2.104 7	松原市	2.213 9	盐城市	2.406 6
170	克拉玛依市	2.082 9	宣城市	2.093 8	九江市	2.192 7	南通市	2.390 1
171	肇庆市	2.071 3	马鞍山市	2.071 3	白山市	2.181 0	莱芜市	2.385 5
172	温州市	2.070 2	雅安市	2.067 6	宝鸡市	2.177 8	乌鲁木齐市	2.382 6
173	南平市	2.064 4	张家口市	2.044 4	衢州市	2.173 5	宿迁市	2.382 0
174	漯河市	2.063 2	南平市	2.035 8	鹰潭市	2.172 2	定西市	2.366 6
175	信阳市	2.054 0	肇庆市	2.031 9	株洲市	2.132 0	淮南市	2.357 4
176	荆州市	2.052 2	怒江傈僳族自治州	2.009 3	枣庄市	2.132 0	长春市	2.349 0
177	衡阳市	2.051 2	开封市	2.008 8	塔城地区	2.119 5	湘潭市	2.341 0
178	枣庄市	2.041 2	四平市	2.004 3	石家庄市	2.105 3	泰安市	2.338 0
179	张掖市	2.028 4	潍坊市	1.999 7	贵港市	2.102 9	阳江市	2.337 1
180	淮北市	2.027 9	克拉玛依市	1.996 7	淮北市	2.101 2	陇南市	2.332 8
181	梅州市	2.024 0	阳泉市	1.996 6	吕梁市	2.097 0	枣庄市	2.331 3
182	宁波市	2.021 9	泰州市	1.992 5	海西蒙古族藏族自治州	2.090 5	张掖市	2.328 6
183	塔城地区	2.007 2	蚌埠市	1.979 6	张家口市	2.085 4	梧州市	2.327 5
184	白城市	2.000 7	贵港市	1.979 3	绥化市	2.070 1	晋中市	2.315 3
185	临夏回族自治州	1.999 3	枣庄市	1.976 0	兰州市	2.058 8	鹰潭市	2.305 9
186	惠州市	1.991 7	武威市	1.973 2	曲靖市	2.057 2	清远市	2.286 1
187	四平市	1.990 2	绍兴市	1.967 8	汕尾市	2.055 0	潮州市	2.284 5
188	忻州市	1.967 5	荆州市	1.965 4	嘉兴市	2.043 6	黄山市	2.278 6
189	丽江市	1.967 4	新余市	1.944 9	赣州市	2.042 1	随州市	2.258 8
190	金昌市	1.962 0	佳木斯市	1.938 5	马鞍山市	2.037 5	濮阳市	2.256 7
191	本溪市	1.954 9	信阳市	1.912 6	武威市	2.030 2	哈密市	2.246 8

续表

排名	2014 年		2015 年		2016 年		2017 年	
	地级行政区	数值	地级行政区	数值	地级行政区	数值	地级行政区	数值
192	随州市	1.951 7	庆阳市	1.911 6	湛江市	2.030 0	淮北市	2.245 3
193	扬州市	1.948 8	淮北市	1.909 9	滁州市	2.005 5	宝鸡市	2.221 5
194	上饶市	1.942 3	宁德市	1.904 8	阳江市	2.005 2	荆州市	2.212 8
195	阜新市	1.932 5	三亚市	1.895 9	开封市	1.994 2	喀什地区	2.211 1
196	酒泉市	1.928 3	金昌市	1.888 5	南京市	1.993 6	马鞍山市	2.205 1
197	赣州市	1.921 5	吕梁市	1.888 0	宣城市	1.979 1	揭阳市	2.197 6
198	宝鸡市	1.920 8	海西蒙古族藏族自治州	1.886 7	荆州市	1.978 6	咸阳市	2.196 2
199	雅安市	1.918 0	赣州市	1.872 7	甘南藏族自治州	1.968 4	抚州市	2.192 3
200	贵港市	1.906 2	张掖市	1.872 4	乌海市	1.966 1	甘孜藏族自治州	2.189 2
201	平凉市	1.900 9	威海市	1.866 1	张掖市	1.965 1	鸡西市	2.182 0
202	杭州市	1.889 2	随州市	1.860 0	泰州市	1.955 8	阳泉市	2.175 4
203	丹东市	1.884 0	衡阳市	1.851 6	蚌埠市	1.952 1	扬州市	2.171 3
204	宁德市	1.870 1	台州市	1.847 4	朔州市	1.948 2	宣城市	2.165 7
205	珠海市	1.869 0	丽江市	1.825 2	芜湖市	1.942 9	赣州市	2.163 2
206	河源市	1.866 5	黄山市	1.822 7	潍坊市	1.933 5	海北藏族自治州	2.160 8
207	长沙市	1.863 4	上饶市	1.802 2	新余市	1.919 8	九江市	2.153 6
208	乌海市	1.858 8	扬州市	1.784 2	咸阳市	1.918 5	梅州市	2.145 9
209	黄山市	1.851 9	成都市	1.782 8	滨州市	1.918 1	上饶市	2.095 7
210	博尔塔拉蒙古自治州	1.840 2	天水市	1.779 8	丽江市	1.907 4	巴音郭楞蒙古自治州	2.080 2
211	通化市	1.835 3	宝鸡市	1.778 2	梧州市	1.900 1	孝感市	2.063 3
212	海西蒙古族藏族自治州	1.831 9	河源市	1.761 0	三亚市	1.899 8	吉林市	2.051 1
213	广州市	1.817 5	咸宁市	1.758 8	绍兴市	1.896 5	兰州市	2.043 3
214	吉林市	1.811 5	吉林市	1.743 8	随州市	1.892 4	佛山市	2.039 9
215	晋中市	1.801 4	松原市	1.741 9	金昌市	1.891 8	鹤壁市	2.034 4
216	宜春市	1.773 1	咸阳市	1.739 8	上饶市	1.882 9	湛江市	2.022 4
217	景德镇市	1.770 6	甘南藏族自治州	1.734 8	郑州市	1.881 6	淮安市	1.996 7

续表

排名	2014 年		2015 年		2016 年		2017 年	
	地级行政区	数值	地级行政区	数值	地级行政区	数值	地级行政区	数值
218	清远市	1.768 3	温州市	1.729 1	衡阳市	1.879 7	天水市	1.989 3
219	济宁市	1.754 6	乌海市	1.726 4	抚州市	1.878 3	三亚市	1.984 2
220	日照市	1.750 5	梅州市	1.717 8	成都市	1.861 5	泰州市	1.983 0
221	怒江傈僳族自治州	1.721 3	七台河市	1.702 4	海北藏族自治州	1.861 4	潍坊市	1.982 9
222	和田地区	1.716 2	日照市	1.686 0	周口市	1.860 2	新余市	1.982 1
223	抚州市	1.711 9	抚州市	1.685 2	克拉玛依市	1.858 3	株洲市	1.969 4
224	临汾市	1.675 9	梧州市	1.681 4	韶关市	1.857 4	松原市	1.956 8
225	洛阳市	1.657 2	惠州市	1.679 3	阿勒泰地区	1.849 3	滨州市	1.950 2
226	湛江市	1.654 9	武汉市	1.660 1	揭阳市	1.842 3	齐齐哈尔市	1.943 5
227	甘南藏族自治州	1.645 8	酒泉市	1.656 3	吉林市	1.840 0	海西蒙古族藏族自治州	1.937 3
228	周口市	1.640 2	景德镇市	1.655 0	扬州市	1.829 6	周口市	1.931 5
229	烟台市	1.638 4	清远市	1.646 9	威海市	1.820 7	温州市	1.930 4
230	合肥市	1.630 4	绥化市	1.615 5	信阳市	1.816 4	芜湖市	1.929 4
231	庆阳市	1.622 9	吐鲁番市	1.613 9	景德镇市	1.802 9	景德镇市	1.928 5
232	聊城市	1.620 5	孝感市	1.610 1	延边朝鲜族自治州	1.789 6	开封市	1.925 2
233	阿坝藏族羌族自治州	1.610 1	韶关市	1.601 1	咸宁市	1.764 9	酒泉市	1.920 2
234	南昌市	1.609 8	朔州市	1.595 4	台州市	1.761 7	江门市	1.906 2
235	韶关市	1.608 5	崇左市	1.588 4	盐城市	1.759 4	黄南藏族自治州	1.900 2
236	济南市	1.608 5	广州市	1.587 1	黄山市	1.747 9	宜昌市	1.886 2
237	淄博市	1.607 4	济宁市	1.573 4	天水市	1.739 8	韶关市	1.880 5
238	孝感市	1.602 7	湛江市	1.572 5	定西市	1.733 3	连云港市	1.879 2
239	阳泉市	1.573 1	聊城市	1.563 6	潮州市	1.708 2	威海市	1.869 0
240	嘉峪关市	1.568 0	宜春市	1.562 5	宁波市	1.700 3	蚌埠市	1.862 7
241	海南藏族自治州	1.563 1	阿勒泰地区	1.531 9	孝感市	1.692 8	咸宁市	1.862 5
242	金华市	1.560 4	宿迁市	1.517 6	日照市	1.689 6	南京市	1.853 2
243	阳江市	1.559 1	长沙市	1.512 6	宿迁市	1.688 4	石家庄市	1.851 9

续表

排名	2014 年		2015 年		2016 年		2017 年	
	地级行政区	数值	地级行政区	数值	地级行政区	数值	地级行政区	数值
244	吐鲁番市	1.558 7	烟台市	1.510 3	和田地区	1.650 8	金昌市	1.836 9
245	南阳市	1.550 1	南昌市	1.507 2	连云港市	1.645 0	镇江市	1.834 7
246	朝阳市	1.546 5	合肥市	1.501 7	陇南市	1.630 0	曲靖市	1.832 5
247	武威市	1.546 2	阳江市	1.497 1	黄石市	1.598 7	嘉兴市	1.829 1
248	盐城市	1.516 4	宁波市	1.495 0	巴音郭楞蒙古自治州	1.597 8	成都市	1.826 8
249	荆门市	1.514 3	南阳市	1.490 3	运城市	1.595 8	台州市	1.809 4
250	运城市	1.506 0	淄博市	1.479 5	吐鲁番市	1.595 1	吐鲁番市	1.799 2
251	武汉市	1.492 1	许昌市	1.478 2	聊城市	1.582 7	克拉玛依市	1.798 3
252	新乡市	1.471 1	黄石市	1.468 3	许昌市	1.578 7	信阳市	1.752 1
253	许昌市	1.465 2	安阳市	1.467 0	惠州市	1.554 1	聊城市	1.723 5
254	延边朝鲜族自治州	1.463 7	运城市	1.465 8	济宁市	1.548 6	黄石市	1.700 8
255	安阳市	1.460 9	延边朝鲜族自治州	1.461 6	长沙市	1.523 9	运城市	1.699 1
256	咸阳市	1.452 6	阿坝藏族羌族自治州	1.455 1	吉安市	1.520 4	济宁市	1.697 5
257	梧州市	1.439 3	鸡西市	1.454 5	南阳市	1.519 6	阿克苏地区	1.696 1
258	宿迁市	1.436 9	定西市	1.442 4	鸡西市	1.518 6	阿坝藏族羌族自治州	1.670 1
259	保定市	1.434 5	新乡市	1.414 0	金华市	1.518 5	南阳市	1.667 4
260	绥化市	1.430 2	汕尾市	1.407 2	宜春市	1.508 7	吉安市	1.663 5
261	萍乡市	1.414 7	巴音郭楞蒙古自治州	1.397 0	酒泉市	1.491 3	荆门市	1.656 8
262	吉安市	1.408 7	周口市	1.394 6	商丘市	1.490 7	金华市	1.656 1
263	哈密市	1.390 2	荆门市	1.374 2	广州市	1.489 1	日照市	1.641 3
264	天水市	1.380 5	吉安市	1.373 3	武汉市	1.481 8	南昌市	1.639 6
265	巴音郭楞蒙古自治州	1.378 1	和田地区	1.372 2	镇江市	1.475 2	果洛藏族自治州	1.624 0
266	襄阳市	1.357 8	金华市	1.371 7	萍乡市	1.471 2	萍乡市	1.617 5
267	东莞市	1.351 9	盐城市	1.364 9	南昌市	1.456 1	武汉市	1.580 9
268	镇江市	1.340 8	海北藏族自治州	1.355 5	昌吉回族自治州	1.438 6	郑州市	1.578 9

续表

排名	2014 年		2015 年		2016 年		2017 年	
	地级行政区	数值	地级行政区	数值	地级行政区	数值	地级行政区	数值
269	茂名市	1.329 4	萍乡市	1.350 9	淄博市	1.428 2	商丘市	1.575 5
270	定西市	1.318 2	镇江市	1.345 6	安阳市	1.427 9	昌吉回族自治州	1.570 1
271	驻马店市	1.311 0	凉山彝族自治州	1.339 2	哈密市	1.423 4	襄阳市	1.555 8
272	阿勒泰地区	1.303 4	珠海市	1.339 1	阿克苏地区	1.416 8	宜春市	1.550 0
273	阿克苏地区	1.287 4	杭州市	1.338 7	烟台市	1.412 5	嘉峪关市	1.539 2
274	淮安市	1.269 6	海南藏族自治州	1.322 7	凉山彝族自治州	1.406 6	玉林市	1.528 6
275	焦作市	1.268 4	阿克苏地区	1.306 5	甘孜藏族自治州	1.386 3	长沙市	1.526 4
276	凉山彝族自治州	1.266 5	哈密市	1.300 1	淮安市	1.380 1	菏泽市	1.487 0
277	喀什地区	1.261 3	济南市	1.293 2	杭州市	1.372 3	朔州市	1.474 3
278	黄石市	1.257 5	长治市	1.283 6	宜昌市	1.351 7	鄂州市	1.468 2
279	牡丹江市	1.257 4	陇南市	1.278 5	荆门市	1.320 0	许昌市	1.456 3
280	昌吉回族自治州	1.249 9	洛阳市	1.259 6	合肥市	1.318 8	吕梁市	1.450 4
281	沧州市	1.245 1	嘉峪关市	1.241 8	阿坝藏族羌族自治州	1.317 5	淄博市	1.437 6
282	黑河市	1.205 0	保定市	1.237 0	齐齐哈尔市	1.315 9	广州市	1.429 6
283	崇左市	1.198 0	黑河市	1.230 7	鄂州市	1.313 8	烟台市	1.422 4
284	菏泽市	1.196 4	焦作市	1.229 7	海南藏族自治州	1.305 9	安阳市	1.404 1
285	松原市	1.192 5	鄂州市	1.228 4	玉林市	1.290 3	伊犁哈萨克自治州	1.388 6
286	海北藏族自治州	1.188 9	昌吉回族自治州	1.212 6	襄阳市	1.287 2	新乡市	1.368 1
287	东营市	1.186 0	伊犁哈萨克自治州	1.211 0	嘉峪关市	1.284 4	惠州市	1.364 5
288	黄南藏族自治州	1.176 4	驻马店市	1.206 6	长治市	1.283 9	常州市	1.355 4
289	揭阳市	1.170 7	揭阳市	1.204 2	茂名市	1.266 5	驻马店市	1.354 2
290	青岛市	1.170 0	大庆市	1.197 1	济南市	1.262 6	凉山彝族自治州	1.346 1
291	商丘市	1.138 5	淮安市	1.195 2	衡水市	1.259 3	茂名市	1.336 6

续表

排名	2014 年		2015 年		2016 年		2017 年	
	地级行政区	数值	地级行政区	数值	地级行政区	数值	地级行政区	数值
292	衡水市	1.136 0	黄南藏族自治州	1.188 4	沧州市	1.256 8	沧州市	1.329 2
293	七台河市	1.121 9	玉林市	1.183 2	保定市	1.247 8	黑河市	1.305 1
294	福州市	1.109 2	菏泽市	1.168 1	新乡市	1.247 8	济南市	1.303 8
295	常州市	1.103 5	茂名市	1.152 0	菏泽市	1.240 9	杭州市	1.303 3
296	伊犁哈萨克自治州	1.102 1	东营市	1.135 1	驻马店市	1.240 2	保定市	1.281 4
297	太原市	1.073 6	沧州市	1.128 5	洛阳市	1.229 1	四平市	1.274 1
298	三门峡市	1.065 0	福州市	1.115 3	黄南藏族自治州	1.224 4	太原市	1.266 6
299	佳木斯市	1.057 3	东莞市	1.095 2	伊犁哈萨克自治州	1.186 3	合肥市	1.254 4
300	吕梁市	1.051 4	平顶山市	1.083 5	东营市	1.182 5	平顶山市	1.254 3
301	玉林市	1.034 7	常州市	1.081 3	常州市	1.174 2	海南藏族自治州	1.240 4
302	连云港市	1.024 6	衡水市	1.077 1	焦作市	1.171 5	宁波市	1.239 5
303	朔州市	1.005 9	齐齐哈尔市	1.070 2	平顶山市	1.155 2	福州市	1.219 5
304	无锡市	1.001 0	连云港市	1.051 6	珠海市	1.146 8	东营市	1.213 8
305	廊坊市	0.992 7	太原市	1.042 3	太原市	1.142 7	大庆市	1.176 9
306	苏州市	0.991 8	商丘市	1.041 3	福州市	1.129 6	张家口市	1.111 7
307	甘孜藏族自治州	0.989 5	三门峡市	1.026 9	大庆市	1.123 5	珠海市	1.109 9
308	宜昌市	0.980 1	襄阳市	1.011 2	喀什地区	1.104 2	焦作市	1.101 7
309	鸡西市	0.943 4	无锡市	0.960 5	榆林市	1.099 6	洛阳市	1.083 7
310	陇南市	0.933 4	甘孜藏族自治州	0.958 1	黑河市	1.095 6	汕头市	1.038 8
311	榆林市	0.920 1	喀什地区	0.953 5	东莞市	1.081 1	长治市	1.031 8
312	潮州市	0.908 5	宜昌市	0.943 4	三门峡市	1.075 5	东莞市	1.024 2
313	平顶山市	0.905 4	苏州市	0.920 0	阿里地区	1.020 2	无锡市	1.022 9
314	长治市	0.868 7	青岛市	0.918 2	温州市	0.988 2	漯河市	0.998 1
315	大庆市	0.856 0	漯河市	0.882 7	无锡市	0.982 0	三门峡市	0.996 0
316	果洛藏族自治州	0.768 0	榆林市	0.875 0	玉树藏族自治州	0.971 9	阿里地区	0.991 9

续表

排名	2014 年		2015 年		2016 年		2017 年	
	地级行政区	数值	地级行政区	数值	地级行政区	数值	地级行政区	数值
317	汕尾市	0.714 1	潮州市	0.848 3	漯河市	0.913 6	青岛市	0.917 6
318	齐齐哈尔市	0.701 0	果洛藏族自治州	0.760 6	果洛藏族自治州	0.882 4	榆林市	0.885 8
319	鄂州市	0.689 5	廊坊市	0.711 9	青岛市	0.864 1	昌都市	0.864 2
320	厦门市	0.593 4	汕头市	0.686 5	汕头市	0.843 7	厦门市	0.804 2
321	汕头市	0.580 7	玉树藏族自治州	0.677 1	苏州市	0.776 9	苏州市	0.731 0
322	玉树藏族自治州	0.559 0	厦门市	0.621 7	厦门市	0.739 1	莆田市	0.689 0
323	阿里地区	0.489 8	晋城市	0.480 6	廊坊市	0.687 3	那曲市	0.680 5
324	晋城市	0.435 6	阿里地区	0.406 8	晋城市	0.604 1	中山市	0.678 0
325	中山市	0.407 5	徐州市	0.376 3	中山市	0.522 7	廊坊市	0.675 7
326	那曲市	0.349 7	中山市	0.343 6	那曲市	0.449 3	晋城市	0.642 0
327	徐州市	0.301 7	那曲市	0.290 7	徐州市	0.447 4	徐州市	0.589 7
328	昌都市	0.277 8	昌都市	0.244 1	日喀则市	0.295 1	山南市	0.534 1
329	拉萨市	0.237 8	拉萨市	0.224 0	林芝市	0.259 2	林芝市	0.464 5
330	日喀则市	0.172 2	日喀则市	0.143 0	拉萨市	0.222 9	日喀则市	0.448 9
331	深圳市	0.155 7	林芝市	0.082 3	山南市	0.205 0	拉萨市	0.337 2
332	林芝市	0.117 4	深圳市	0.058 5	昌都市	0.202 6	绍兴市	0.279 1
333	山南市	0.110 5	山南市	0.051 7	深圳市	0.040 8	深圳市	0.035 2

从表 2—10 可知,铜仁市 2014—2016 年债务依存度在地级行政区中排在第 1 位,债务依存度最高,在 2017 年有所下降,但仍处于比较高的第 3 位。巴中市和毕节市在 2014—2017 年呈现波动趋势,但仍旧处于前 10 位,处在比较高的债务依存度上。乌兰察布市债务依存度整体较稳定,位于第 3 位或者第 4 位的位置,债务依存度比较高。而遵义市虽然债务依存度比较高,但是自 2014 年开始,逐年下降,从 2014 年的第 6 位下降到 2017 年的第 14 位,向好的方向发展。黔南布依族苗族自治州呈现出同样的发展趋势,从 2014 年的第 5 位,下降到 2017 年的第 20 位,债务依存度不断降低。

2014 年和 2015 年山南市债务依存度排名最低,在 2015—2017 年虽然有所提高,但是仍处于比较低的水平上。深圳市自 2014 年债务依存度不断降低,并且 2016 年和 2017 年连续两年处于地级市债务依存度最低的水平上。林芝市、昌都市等虽然波动较大,但是仍旧处于比较低的债务依存度上。而值得关注的是绍兴市,2014 年绍兴市债务依存度为 2.485 6,排名位于 132 位;2015 年绍兴市债务依存度为 1.967 8,排名位于 187 位;2016 年绍兴市债务依存度为 1.896 5,排名为 213 位;而到了 2017 年绍兴市债务依存度仅为 0.279 1,排名仅次于深圳市,位于第 332 位。绍兴市自 2014 年开始债务依存度不断降低,且在 2017 年降低幅度最为显著。

总体而言,城市债务依存度所显示的特征与城市债务水平相类似,城市债务水平高的地区其债务依存度相对较高,而城市债务水平较低的城市往往其债务依存度也相对较低。并且,西南地区以及东北地区城市债务水平以及债务依存度相对较高,而且这种态势在 2014—2017 年较为稳定。

四、初步结论

通过对中国 31 个省份以及中国 333 个地级行政区 2014—2017 年地方政府债务余额数据的采集,研究团队发现当前中国财政体制存在许多弊端:(1)财政信息公开体系不够统一、健全,各省份、各地级行政区财政信息公开体制存在差异。(2)省级政府与地级政府存在信息公开职责划分不明确、工作内容交叉冲突、相互推诿等弊端。(3)财政相关数据公布没有统一规范,公布内容、公布范围、公布时间等由各地方政府自行决定。(4)一些地区对政府条例法规等存在错误解读,不能够真正领会《政府信息公开条例》等政府文件的实质精神。(5)一些地区工作效率较低,对于依申请公开的相关文件处理周期较长,且解释权完全由财政部门掌握。当然,虽然中国行政体制改革起步较晚,但财政部门工作仍旧取得了很大进步,总体服务效率不断提升。

根据数据分析结果,总体而言,中国省级政府债务水平与债务依存度差异性明显,贵州省、青海省、云南省等省份债务依存度以及债务水平都明显高于其他地区。其中,以西南地区的贵州省较为严重,债务水平以及债务依存度远高于其他省份,而且较为稳定。西藏自治区、山东省、山西省、广东省、江苏省等省份债务水平以及债务依存度相对较低,但是债务水平与债务依存度排名并不稳定。

在中国地级行政区的政府债务中,贵州省的铜仁市、毕节市以及内蒙古自治区的乌兰察布市等城市债务水平以及债务依存度明显高于其他城市,而西藏自治区的山南市、拉萨市、日喀则市以及深圳市的城市债务水平以及债务依存度相对较低。

第三章

地方政府债务的经济增长效应
——基于省级层面的实证思考

中国经济发展进入新常态以来,在经济高质量发展目标的驱使下,各地方政府逐渐深化财政体制改革、转变经济发展模式,以实现经济的稳定增长。而 GDP 或者人均 GDP 通常是用来表示经济增长情况的两个指标,主要影响因素包括人口、技术、投资总量以及资本生产率等。尤其是投资,其对经济增长的影响更是不容忽视。影响经济增长的社会总投资包括政府投资和私人投资,因此,在促进经济稳定增长时需要充分发挥政府投资和私人投资两种力量。但是,在实际运行中,政府投资和私人投资资金不足的现象又比较普遍,因此,投资部门往往会借助债务方式筹集所需资金,以缓解经济发展所需资金不足的问题。这也是导致非规范性债务融资成为地方政府债务积累较多的重要根源之一。从表面上看,这种情况的出现是因为地方政府的财政收入有限,难以支撑经济发展的需要。实际上,合理的地方举债行为能够给社会带来更多的福利。地方政府通过将政府债务投入到特定的生产性领域,强制性促进社会市场资源的合理配置,直接或间接地增加了地方政府支配和运用的资源总量。地方政府债务资金只有投入到能够转化为公共物质资本、增加社会净产出的项目,才可以持续。而且,政府债务压力的不稳定在一定程度上也是当地经济发展的一种内在动力,存在正向效应(李才,2009)。一般而言,地方政府对经济增长的内在机理可以从两个维度考察:一是短期内,地方政府扩大举债规模会刺激当地的消费和投资,带动当地经济增长;二是从长期视角出发,地方政府债务规模对当地政府资本存量与经济结构有着重要的影响。这两者会随着政府债务规模的变化而调整,从而会影响区域经济的长期增长。并且,相关研究发现:经济增长与政府债务之间呈现出一种非线性的关系,而这种非线性关系是由资本的边际产出弹性、银行利率、税率等多种因素共同决定的。

对中国而言,中央政府与各级地方政府自 2010 年以来不断加大对地方政府债务的管控力度,但是效果却不佳,地方政府债务扩张仍然较快,并且通过各种融资方式实现举债行为。截至 2018 年底,全国地方政府债务余额超过 18 万亿元。在过去的十余年,地方政府债务规模的扩张,导致地方政府财政压力以及债务风险问题日益突出。如果进一步恶化,将导致地方政府财政收支进一步失衡,降低政府的效率以及应对各种风险的能力,阻碍经济发展。并且,如果两者正相关,则意味着政府可以对债务进行偿还。换言之,地方政府通过举债筹集资金促进经济增长,经济增长又反过来促进财政收入的增加,从而政府具备偿债能力(刘尚希和赵晓静,2005)。反之,如果地方政府债务与经济增长反向变化,则大规模的政府债务存量将会导致"庞齐博弈条件"成立,使得债务不可持续,进而影响地方政府财政的可持续性(庄佳强等,2017)。但是,目前学术界关于地方政府债务与经济增长两者的相关关系并没有形成一致的结论,无论是线性或者非线性相关、正负相关或者不存在相关关系等,都需要进一步地进行实证检验。因此,在当前背景下,对地方政府债务与经济增长的关系进行进一步的考察分析具有很强的现实意义,对中国地方政府债务管理相关工作也具有很强的指导作用。

在此基础上,本章首先采用统计描述的方法,并绘制散点分布图进行分析与检验,初步判断地方政府债务与经济增长之间呈现正相关关系,且比较显著。随后,为更准确地反映出两者之间的关系,本章首先采用时间固定效应模型、个体固定效应模型、双向固定效应模型、混合效应模型以及加入被解释变量经济增长率滞后一期、主要解释变量债务规模滞后一期作为工具变量的动态面板的差分矩估计GMM模型的线性模型分析方法,然后通过构建门槛模型来具体研究是否存在非线性关系。研究发现:上述两者之间不是单纯的倒 U 型关系,而是出现明显的双重门槛的 S 型关系。这种数量关系表明:在债务规模较低的时候,政府债务对区域经济的抑制作用比较明显。但若是超过了高门槛值,则同样会阻碍经济的发展,介于两者之间的债务规模是最有效的,即显著刺激经济增长。从地级层面来看,由于中国从 2014 年才开始有地级及县级政府的地方政府债务数据,因此从实证的角度来看,本章采用省级层面的面板数据进行实证分析。

第一节　现有文献的概述

总结现有文献发现,关于地方政府债务与经济增长的相关研究主要体现在三个方面:一是地方政府债务与经济增长之间存在正向的关系;二是地方政府债务可能会抑制当地经济的进一步增长;三是认为地方政府债务与经济增长之间并不存在明确的关系。而在研究方法方面,主要是从地方政府债务的分类与规模估计方法、政府债务阈值等方面展开。具体而言,包括以下几方面。

第一,地方政府债务能够促进经济的增长。这一观点在大萧条后期被普遍接受,该观点源于凯恩斯 1937 年发表的《如何避免经济衰退》一文。在文章中,凯恩斯明确指出,在经济萧条时期,政府的借债行为反而可以促进经济的增长。美国经济学家汉森(Hansen)认为,发行国债是增加国民收入、保障充分就业的重要措施。因为在经济衰退期,政府举债可以有效维持企业及个体投资支出规模,以防止经济进一步下滑。奥肯、托宾、萨缪尔森等的"传统债务观点"认为,不仅是在经济萧条期,在经济回升期,财政赤字及较高的政府债务均有利于实现充分就业、增加可支配收入、促进经济增长。帕尼萨和普雷斯比泰罗(Panizza and Presbitero,2014)认为,持续的经济衰退会减少未来潜在产出、增加失业人数,对组织资本和投资存在负效应。这也就意味着政府此时通过借债或者赤字的方式可以促进长期或者短期的经济增长。在低利率水平时期,扩张的财政政策属于自发融资的行为方式。此时,政府举债可以促使经济早日摆脱衰退的桎梏(DeLong et al,2012;Saxena and Cerra,2008)。

第二,政府债务会抑制经济增长。一些学者认为,国家制定逆经济周期政策的能力会被政府债务的高规模水平所制约,从而导致产出增加不稳定,经济增速放慢(Ramey and Ramey,1995)。并且,这种政府债务与反经济周期政策能力之间的关系很大可能与政府债务结构有关,而不是债务水平(Grauwe,2012;Hausman and Panizza,2011)。债务规模的不断积累增加通货膨胀发生的概率,对经济发展存在不利影响。萨金特和华伦斯(Sargent and Wallance,1981)在20世纪80年代初提出:政府发债即向中央银行出售债券会引起基础货币投放增加,即债务货币化。并且,他们认为地方政府通过举债的融资方式要比货币融资方式更易引起通货膨胀,因为地方政府债务会导致利率和债务规模的螺旋式上升。因此,从长期视角出发,政府通过举债的方式筹集资金用于缓解或者应对财政赤字,会阻碍经济的进一步发展。艾尔门多夫和曼昆(Elmendorf and Mankiw,1999)根据李嘉图定价理论,通过计算测得,地方政府债务规模增加1%,潜在总产出将会减少0.1%。并且,当地方政府负债率(债务/国内生产总值)高达100%时,国内生产总值年均增长率在前20年将降低20个基点。戴蒙德(Diamond,1965)在人都是利己主义者的前提假定条件下,构建世代交叠模型,研究发现:国家内债与外债,长期都会降低该国的资本积累与社会福利。如果较大地方政府债务规模所导致的一系列不确定性增加,比如通货膨胀、税收扭曲、阻碍金融业发展等问题,那么其对经济增长的负效应将会更大,甚至短期内也会产生显著的负面影响(Cochrane,2011)。

第三,地方政府债务与经济增长两者的关系难以判定。这种观点得到大量的实证分析的验证,即地方政府债务与经济增长之间存在非线性关系,因而也会存在一个或者几个阈值。多恩布什和费舍尔(Dornbusch and Fischer,1993)的实证研究表明,较大规模的政府债务是不利于经济增长的,但是,如果是由于财政支出导致的债务的积累,那么政府财政支出的效率越高,则越有利于地区的经济增长;与之相反,政府财政支出效率越低,政府举债对经济增长的负向作用越显著。切希里塔—韦斯特法尔等(Checherita-Westphal et al,2012)通过构建理论模型研究发现:政府债务资金如果合理地投入到公共项目,是有利于当地经济增长的,而且当债务水平即负债率控制在43%～63%时是最佳的。但是,卡内等(Caner et al,2010)、埃尔梅斯科夫和萨瑟兰(Elmeskov and Sutherland,2012)的研究发现:以上债务阈值可能是更低的水平,并通过实证检验得到:以上阈值分别为77%与66%。帕蒂略等(Pattillo et al,2002)指出:债务对经济的影响不仅体现在投资方面,还体现在宏观政策环境、政府管理水平等方面。所以,地方政府债务对经济增长的影响不仅受债务资金投资水平的影响,也受债务资金使用效率的影响。但是,佩斯卡托里(Pescatori,2014)认为政府债务和经济增长两者之间的关系在统计意义上是不显著的,大规模的政府债务只会加大产出的波动幅度。格雷纳(Greiner,2012)也指出,上述对两者存在相关性的研究结论均是基于同一假设条件,即财政赤字始终保持用于公共投资项目,因此两者之间的关系并不显著。戈什等(Ghosh et al,2013)同样发现:债务资金如果应用到生产性投资项目,则债务与经济增长正相关,然而两者存在的倒 U 型关系并不显著。但是,米娜和派润特(Minea and Parent,2012)通过构建面板平滑门限回归模型却得出了不同的结论:二者之间存在 U 型关系,即政府债务与经济增长是存在一种非线性的关系。

上述三个观点在中国国内学者的研究中均得到了不同程度的支持。譬如:陈思霞和陈志勇(2015)等认为地方政府债务会抑制当地的经济增长;尹恒(2006)指出:比较普遍的是,发展中国家的政府债务不利于实现经济的长期增长。通过构建动态面板数据的实证模型,吕健(2015)发现:合理的地方政府举债有利于经济增长,但过度的举债在长期将会抑制经济的增长。胡奕明等(2016)通过对审计署2011 年、2013 年的地方政府性债务审计相关数据进行研究,得出如下结论:地方政府债务与经济增长两者呈现出正相关关系。但是,徐长生等(2016)利用 2006—2013 年地级及以上城市的面板数据检验地方政府债务与经济增长的关系,结果发现地方政府举债对经济发展存在正效应,但是在落后地区这种关系不显著。

目前,许多学者认为政府债务与经济增长之间存在一种非线性关系(朱小黄等,2017)。例如,程宇丹和龚六堂(2014)运用系统广义矩估计动态面板和稳健性检验分析,进而发现政府债务对经济增长具有非线性影响。陈志刚等(2018)通过使用 2010—2015 年地方政府债务相关数据进行研究,发现地方政府债务可以显著促进经济增长,但是二者存在一种 U 型关系。陈诗一和汪莉(2016)通过构建三部门动态博弈模型研究发现:如果政府不存在债务约束,那么,政府债务与经济增长之间存在倒 U 型关系;反之,假设政府债务受到一定的制约,那么政府债务与经济增长之间便呈现负相关关系。毛捷和黄春元(2018)以中国地级市数据为基础进行研究,得出同样的结论——两者之间存在"倒 U 型"关系。郭步超和王博(2014)基于资本回报率的门槛效应进行分析,得出如下结论:政府债务与经济增长两者呈现门槛效应。而且,中国政府债务具备更多的生产性特点,政府净资产扩大了由于资本回报率下降以及利率上升对政府债务风险的影响。

总体而言:现有文献对地方政府债务与经济增长的关系尚未得出一致结论,促进、抑制、不确定三种观点都存在。而且多数研究并未使用最新的、更基层层级政府的数据,都是采用全国总体的数据或是省级面板数据进行实证分析,如缪小林等

(2017)的研究。因此,在已有研究的基础上,首先,本章利用 2010—2017 年地方政府债务数据,通过构建门限回归模型实证检验地方政府债务与经济增长之间的关系。其次,本章对样本进行划分,进一步考察两者关系是否存在异质性。最后,本章解释变量和被解释变量的滞后一期同样作为重要控制变量,以缓解模型可能存在的内生性问题,从而使得到的结果更加合理、更加精确。

第二节　模型的设定与估计方法

一、线性模型的设定

目前中国关于地方政府债务与经济增长的研究观点尚未统一,模型设定也不一致。结合现实来看,中国地方政府正式拥有自主发债权还是在 2014 年《预算法》修改以后。在这之前的文献实证研究中,债务数据或者相关信息仍旧在 2013 年之前,比较陈旧,并未体现债务的最新动态及相关信息。因此,本节采集了 2010—2017 年地方政府债务数据,对地方政府债务与经济增长的关系进行实证分析,并通过构建门限回归模型深入研究其影响可能存在的非线性关系。另外,考虑到不同地区的财政压力可能存在一定的异质性(朱军等,2019),本章的研究还充分考虑了地区差异问题,将样本做区域化处理,探究两者之间关系的区域异质性。

本节在模型构建之前,首先参考并总结了现有研究中相对合理、普遍采用的相关变量,以减少可能由于遗漏变量偏误或者降低其他因素导致的模型估计不精确的问题。因此,本章构建如下的计量模型:

$$pgdpr_{it} = \alpha + \beta_1 gdebt_{it} + \theta X_{it} + \varepsilon_{it} \tag{3.1}$$

式中,i 代表不同个体,即不同的省份地区;t 表示时间;ε_{it} 表示随机扰动项;被解释变量 $pgdpr_{it}$ 表示经济增长率,以代表人均实际 GDP 增长率;$gdebt_{it}$ 为核心解释变量,即地方政府债务规模(相关文献将其称为负债率),采用地方政府债务余额与本地区某段时间内的实际生产总值的比值来衡量,对其进行对数化处理;X_{it} 表示控制变量,包括:经济开放度,以外资企业年末投资总额占 GDP 的比重($gfdi$)指标来衡量,其投资金额采用年度平均汇率进行换算;人力资本(hc),关于人力资本这一指标的度量目前尚未得出一致测算方法。对此,林毅夫和孙希芳(2008)采用中等学校和高等学校在校人数占全部人口的比例来衡量,而本节采取的是平均受教育年限指标(郭熙保和罗知等,2009)。数据的获取主要是通过统计年鉴中的受教育情况进行折算得到的,具体方法是借鉴钞小静和沈坤荣(2014)的计算方法,分别设定为小学计 6 年,初中计 9 年,高中计 12 年,大学及大学以上统一计 16 年;科技创新投入($gsti$),用科技研发 R&D 的支出总额占地区生产总值的比值来表示;通货膨胀率($infl$),用居民消费价格指数(CPI)的年同比增长率衡量;

社会投资规模(gsi),用全社会固定资产投资总额与本地实际 GDP 衡量;财政赤字率($gfdr$),用财政赤字数值与 GDP 之比衡量,其中财政赤字的核算方法是用地方政府的公共财政一般预算收入减去公共预算支出;人均劳动资本(plc),采用通过价格调整后测算到的实际固定资产存量与各省份全社会就业人数的比值代表。核算方法与数据参考了朱军(2017)的研究文献,并在此基础上进行完善,具体是以每年的全社会固定资产投资总额作为当年新增固定资产投资 ΔK_t,设固定资产折旧率为 σ(实际计算取 5%),第 t 年固定资产投资的价格指数为 P_t^k,则有第 t 年的固定资产实际存量为:$K_t = \sigma K_{t-1} + \Delta K_t \cdot P_t^k$。

为更好地刻画各个省份之间可能存在的较大经济增长差异性,本节将代表地区样本个体异质性的固定效应 u_{it} 引入到上述计量模型中:

$$pgdpr_{it} = \alpha + \beta_1 gdebt_{it} + \theta X_{it} + u_i + \varepsilon_{it} \tag{3.2}$$

与此同时,本节的面板数据时间跨度选取 2010—2017 年,样本期内地方政府的政策措施由于受到中央政府的宏观政策调控作用,往往处于不断变化中,从而可能存在经济实际运行结果会受到时间周期的影响,所以将时间固定效应 φ_t 也引入到计量模型中:

$$pgdpr_{it} = \alpha + \beta_1 gdebt_{it} + \theta X_{it} + u_i + \varphi_t + \varepsilon_{it} \tag{3.3}$$

上述三种计量模型为基准模型设定,但在实际应用中还需要充分考虑到解释变量与被解释变量之间可能存在双向因果关系,从而导致模型的内生性问题。为更好地解决该问题,本章采取不同的方式继续对计量模型进行如下处理:

引入变量的滞后项,将静态面板改进成为动态面板。一方面,将被解释变量人均实际 GDP 增长率的滞后项 $pgdpr_{it-1}$ 引入到解释变量中,进而采用系统广义矩估计的方法进行估计:

$$pgdpr_{it} = \alpha + \beta_1 gdebt_{it} + \beta_2 pgdpr_{it-1} + \theta X_{it} + u_i + \varphi_t + \varepsilon_{it} \tag{3.4}$$

另一方面,将地方政府债务规模的滞后一期 $gdebt_{it-1}$ 作为其工具变量,以此处理双向因果关系:

$$pgdpr_{it} = \alpha + \beta_1 gdebt_{it} + \beta_3 gdebt_{it-1} + \theta X_{it} + u_i + \varphi_t + \varepsilon_{it} \tag{3.5}$$

二、非线性模型的构建

以上模型主要是检验、分析地方政府债务与经济增长之间是否存在线性关系。但是前面的分析并不能确定其影响关系不是非线性的。因此,对计量模型做出进一步修正,主要有两种方式:

一是将地方政府债务规模的二次项纳入计量模型中,即:

$$pgdpr_{it} = \alpha + \beta_1 gdebt_{it} + \beta_4 gdebt_{it}^2 + \theta X_{it} + u_i + \varphi_t + \varepsilon_{it} \tag{3.6}$$

二是建立门槛效应模型,借鉴汉森(Hansen,1999)对面板门槛模型的设定,即:

$$pgdpr_{it} = \alpha + \theta X_{it} + \gamma_1 Z_{it} \cdot I(Z_{it} \leqslant q) + \gamma_2 Z_{it} \cdot I(Z_{it} > q) + u_i + \varphi_t + \varepsilon_{it}$$
$$(3.7)$$

其中,Z_{it}为门限变量,既可以取解释变量,也可以取其他与解释变量无关的门限变量。本节选取地方政府负债率这一重要解释变量作为门限变量,q为某一门限值;$I(\cdot)$为一个指标性函数,当满足$Z_{it} \leqslant q$条件时取1,否则$Z_{it} > q$时取0。对公式(3.7)做进一步分解,可以更清晰地表示为:

$$pgdpr_{it} = \begin{cases} \alpha + \theta X_{it} + \gamma_1 gdebt_{it} + u_i + \varphi_t + \varepsilon_{it}, z_{it} \leqslant q \\ \alpha + \theta X_{it} + \gamma_2 gdebt_{it} + u_i + \varphi_t + \varepsilon_{it}, z_{it} > q \end{cases} \quad (3.8)$$

上式等价为:

$$pgdpr_{it} = \alpha + \theta X_{it} + \gamma gdebt_{it} + u_i + \varphi_t + \varepsilon_{it} \quad (3.9)$$

门槛模型设定后,首先需要采用去除组内均值的方法来抵消掉个体效应u_i,即 $pgdpr_{it}^* = pgdpr_{it} - \dfrac{1}{T}\sum\limits_{t=1}^{T} pgdpr_{it}$,因此对门限模型(3.7)的样本内所有截面数据取均值:

$$\overline{pgdpr_{it}} = \alpha + \theta \overline{X}_{it} + \gamma \overline{gdebt}_{it} + u_i + \varphi_t + \overline{\varepsilon}_{it} \quad (3.10)$$

其中,$\overline{pgdpr_{it}} = \dfrac{1}{T}\sum\limits_{t=1}^{T} pgdpr_{it}, \overline{X}_{it} = \dfrac{1}{T}\sum\limits_{t=1}^{T} X_{it}, \overline{\varepsilon}_{it} = \dfrac{1}{T}\sum\limits_{t=1}^{T} \varepsilon_{it}$,

$$\overline{gdebt}_{it} = \dfrac{1}{T}\sum\limits_{t=1}^{T} gdebt_{it}(q) = \begin{pmatrix} \dfrac{1}{T}\sum\limits_{t=1}^{T} gdebt_{it} \cdot I(gdebt \leqslant q) \\ \sum\limits_{t=1}^{T} gdebt_{it} \cdot I(gdebt > q) \end{pmatrix},$$

对式(3.9)与式(3.10)做差处理得到:

$$pgdpr_{it}^* = \theta X_{it}^* + \gamma gdebt_{it}^* + \varepsilon_{it}^* \quad (3.11)$$

在设定好门限回归模型后,首先需要对门限值q进行确定。具体确定方法为:对模型(3.7)先进行基准模型参数估计,得到参数估计值$\hat{\gamma}(q)$及其残差平方和$S(q)$,取其最小的残差平方和即为估计的门槛值(Chan,1993):$\hat{q}(q) = \arg\min S_1(q)$,进而可以得到估计系数值$\hat{\gamma}(q)$。

得到参数估计值后,进一步对其进行检验,一是门槛效应检验,其原假设为$H_0: \gamma_1 = \gamma_2$,对应的备择假设为$H_1: \gamma_1 \neq \gamma_2$,相应的$F$值检验统计量为:$F_1 = \dfrac{S_0 - S_1(\hat{q})}{\hat{\sigma}^2}$,其中$S_0$为在原假设条件$H_0$下得到的残差平方和。由于原假设条件$H_0$下,门限值是无法有效识别的,$F_1$统计量的分布非标准,故借鉴汉森(Hansen,1999)"自抽样方法"(Bootstrap)来获取其渐近分布,进而构造其P值。

第二个检验的原假设条件是$H_0: \hat{q} = q_0$,相应的似然比检验统计量为:$LR_1(q) =$

$\dfrac{S_1(q)-S_1(\hat{q})}{\hat{\sigma}^2}$,该统计量分布同样是非标准的。参考汉森(Hansen,1999)提供的公

式,当满足 $LR_1(q_0)\leqslant -2\ln(1-\sqrt{1-\alpha})$ 时,不能拒绝原假设,其中 α 为设定的显著性水平。并且,设定当 α 为 5% 时,临界值为 7.35,当 α 为 10% 时,临界值为 6.53(Hansen,1999)。

第三节　实证分析

一、数据来源与统计处理

在计量模型基本设定完成之后,本节首先对模型中选取的变量做出说明,对于指标的选择、变量的表达方式和数据来源分别做出进一步的介绍。本节的变量选取、数据来源及相关指标的测算均是在现有文献的参考下进行了处理。各变量的符号表示和指标选取见表 3—1。

表 3—1　　　　　　　　　　各变量的符号表示和指标选取

分　类	符　号	变量名称	指标说明	单　位
被解释变量	$pgdpr$	经济增长率	人均实际 GDP 增长率	%
重点解释变量	$gdebt$	地方政府债务规模	地方政府债务余额/GDP	%
控制变量	$gfdi$	经济开放程度	外资企业年末投资总额/GDP	%
	$gsti$	科技创新投入	科技研发(R&D)支出/GDP	%
	$infl$	通货膨胀率	居民消费价格指数(CPI)年同比增长率	%
	gsi	社会投资规模	全社会固定资产投资总额/GDP	%
	$gfdr$	财政赤字率	财政赤字/GDP 财政赤字:财政预算支出－财政预算收入	%
	plc	人均劳动资本	固定资产存量/全社会就业人数	万元/人
	hc	人力资本	不同学历平均受教育年限	年/人

本节采用的是 30 个省、自治区和直辖市 2010—2017 年的省级面板数据,分析地方政府债务规模对经济增长的影响。[①]　其中,各省 GDP、居民消费水平指数(CPI)、全社会就业人数、各省平均受教育年限和预算财政支出与收入的数据来源

---

① 样本缺乏西藏的数据。

于国家统计局历年《中国统计年鉴》《中国财政年鉴》。另外,各省份科技研发支出、固定资产指数以及外商投资企业金额数据来源于《中国固定资产统计年鉴》和EPS数据库。需要特别说明的是,地方性政府债务是一个较为广义的概念,不仅包含地方政府负有偿还责任的债务,而且地方政府负有担保责任的债务和承担的救助责任的债务也被包含在其中。有研究认为使用广义的地方政府债务更为准确(韩健和程宇丹,2018)。而本节2010—2017年30个省、自治区和直辖市的地方政府债务余额数据是通过长时间的整理统计获得,主要源于地方政府财政部门网站、政府信息公开网站中公布的政府财政决算报告、省级财政审计报告。由于部分地方政府网站信息透明度不足和数据的敏感性,难以获得较多的有效数据。为尽最大可能保证数据的准确性与完整性,研究团队向各省份财政厅/局、预决算处、市政府办公厅等机关单位邮寄近百封申请信函,得到了有效反馈。然而,依然有部分省市的债务余额数据无法获得,本节做剔除处理。具体来说,将西藏的数据在面板数据中剔除。变量的统计性描述见表3—2所示。

表 3—2　　　　　　　　　　　变量的统计性描述

代　码	变　量	均　值	标准误	最大值	最小值
$pgdpr$	经济增长率	10.70	0.070 7	27.31	−22.28
$gdebt$	地方政府债务规模	21.17	0.118 4	88.43	7.37
$gfdi$	经济开放程度	4.78	0.051 0	33.37	0.69
$gsti$	科技创新投入	1.80	0.013 6	7.64	0.29
$infl$	通货膨胀率	−0.21	0.043 4	14.56	−13.20
gsi	社会投资规模	71.11	0.220 7	136.95	22.43
$gfdr$	财政赤字率	11.94	0.091 1	47.72	1.34
plc	人均劳动资本	18.16	12.168 4	62.15	10.47
hc	人力资本	9.47	1.111 2	13.31	6.76

将样本数据借助软件将其散点分布刻画在图中,以经济增长率作为横轴,各变量指标作为纵轴,如图3—1所示。通过初步观察可以发现:债务规模、财政赤字率以及通货膨胀率显示出对经济增长率不是十分显著的负相关关系,这一负相关关系出现了斜率偏向正数的倾向;而人均劳动资本、固定总资产投资和人力资本则显示出斜率偏向负数的倾斜线,这表示对经济增长率可能具有正向作用关系。与上述趋势均不同的是,外商企业投资及科技研发投入的倾向性不明显,是一条偏向水平的直线。这表明可能与经济增长率的关系并不是十分密切,实际影响情况还需进行实证分析来最终确定。

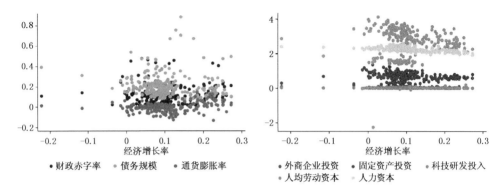

图 3-1　样本数据的散点分布图

二、线性模型的实证分析

(一)模型估计的结果分析

通过上述模型的设定过程和结果可以知道,本节依次采用时间固定效应模型 1、个体固定效应模型 2、双向固定效应模型 3、混合效应模型 4 以及加入了被解释变量经济增长率滞后一期、主要解释变量债务规模滞后一期作为工具变量的动态面板的差分矩估计模型 5、6,其回归结果如表 3-3 所示。

表 3-3　　　　　　　　　　　地方政府债务对经济影响的回归结果

	模型 1	模型 2	模型 3	模型 4	模型 5	模型 6
gdebt	0.030 9 **	0.031 0 **	0.036 4 ***	0.005 2 **	0.051 3	0.039 1 **
	(0.76)	(0.76)	(0.81)	(0.13)	(1.00)	(0.63)
gfdi	−0.463 **	−0.463 **	0.202	−0.426 *	0.498	−0.423
	(−3.88)	(−3.88)	(1.22)	(−3.58)	(0.60)	(−1.54)
gsti	0.550	0.550	0.677	0.549	0.303	0.443
	(−0.99)	(−0.99)	(−0.52)	(−1.03)	(−0.40)	(−0.34)
infl	−0.071 4 **	−0.071 4 **	−0.033 9 **	−0.002 5 *	−0.022 2 *	−0.017 1 **
	(0.48)	(0.48)	(−0.43)	(0.03)	(0.24)	(0.18)
gsi	0.003 4 *	0.003 4 *	0.025 4 **	−0.036 **	0.007 5 **	−0.106 **
	(0.09)	(0.09)	(0.57)	(−1.21)	(−0.01)	(−1.65)
gfdr	−0.022 7 **	−0.022 7 **	−0.694 ***	−0.046 1 **	−0.109 ***	0.04 **
	(−0.34)	(−0.34)	(−1.23)	(−0.70)	(−0.38)	(0.15)
lnplc	0.035 ***	0.035 ***	0.045 ***	0.023 ***	0.01 *	0.011 *
	(4.75)	(4.75)	(2.91)	(4.62)	(2.24)	(2.12)

续表

	模型 1	模型 2	模型 3	模型 4	模型 5	模型 6
lnhc	0.45***	0.45***	−0.078 1*	0.338***	0.059 5**	0.292**
	(6.24)	(6.24)	(−0.40)	(5.60)	(0.23)	(1.81)
gdebt 2	−0.034***	−0.034***	−0.001 2**	−0.033***		
	(−3.84)	(−3.84)	(−1.13)	(−3.73)		
L. pgdpr					0.627***	0.706***
					(4.22)	(3.76)
L. gdebt						0.017 5*
						(0.55)
时间固定效应	是	否	是	否	是	是
个体固定效应	否	是	是	否	是	是
sigma_u	0.023 6	0.023 6	0.078 9			
sigma_e	0.063 3	0.063 3	0.044 5			
AR(1)					P=0.181	P=0.223
AR(2)					P=0.501	P=0.312
GMM instruments Hansen test					P=0.337	P=0.264
IV Hansen test					P=0.461	P=0.580

注:*、**、***分别表示在10%、5%、1%的显著性水平上显著,括号内为稳健性标准误计算的 t 值。

　　首先根据模型结果可知:时间固定效应模型 1 和个体固定效应模型 2 的实证结果几乎是一致的。时间固定效应反映的是全国范围内宏微观经济因素同时对研究对象的实证结果可能产生的偏误;个体固定效应是考虑到每个地区的经济发展差异性可能对实证结果产生的影响。将两者区分开来分别进行模型设定、回归,结果显示出来的差异性较小,则表示本节样本选取和数据处理使得面板数据符合平衡面板的特征,不会产生由于个别因素的影响而产生很大偏误的可能。对于混合效应模型 4,由于其本身的局限性,并不能充分发挥出面板数据的特征,导致第三列的回归结果并不是十分可靠。一旦存在与误差项相关的个体效应或是时间效应,则会导致其结果是有偏的。模型 3 是综合了时间效应与个体效应的双向固定效应模型。该模型控制了经济周期和政策变化的干扰,但对于双向因果问题导致的内生性问题,仍然需要进一步借助引入经济增长率滞后一期的差分 GMM 模型 5 以及将债务规模滞后一期作为工具变量的动态面板 GMM 模型 6 来解释。

　　下面对各个解释变量及控制变量的实证结果进行分类分析:(1)核心解释变量

地方政府债务规模对经济增长率的影响系数均为正数,并且通过了显著性水平检验。这表示:在短期内,地方政府通过扩大债务规模是可以有效刺激经济增长的。这也与现实的发展情况相吻合。在地方政府官员面临财政压力逐渐加大、支出规模竞争性扩张的背景下,出于执政业绩的追求和拉动经济的需要,会通过地方融资平台大量举债来刺激消费、鼓励投资,以期取得显著性成效。(2)除了债务规模外,同样产生显著正效应的解释变量还有社会投资规模、人均劳动资本和人力资本。本节社会投资规模采用固定资产投资占 GDP 的比重来衡量,投资是促进经济增长的原动力,投资又分为固定资产投资和流动资产投资。其中,固定资产投资规模对经济增长的促进程度更高,固定资产投资不仅能带来当期的 GDP 增长,还能够促进未来 GDP 的增长。人均劳动资本是在实际固定资产存量的基础上,与该地区的全社会就业人口总数比值来核算的。人均劳动资本代表的是平均到社会上的每位劳动者身上的生产要素的分配情况。该比值越大,则反映出社会资源配置状况更加良好,对经济增长的刺激作用也会越大。人力资本变量是比较直接地用平均受教育年限来衡量的,没有考虑其他因素,反映出全体社会成员的知识素养、能力等各方面。人力资本的数值越大,很显然是有助于提高经济增长能力的,并且具有很好的可持续性。(3)相反的,产生显著的负效应的控制变量有通货膨胀率和财政赤字率。通货膨胀率反映的是在某一时期内,价格水平非常规的持续性上涨,生产投资的风险增大,使得经济结构与产业结构不够合理。这也导致了国民经济结果的不合理性,实证结果也显示出这样的负向影响。近年来,财政赤字率的不断增大是对当前中国分权制改革下地方政府财政压力逐渐加大的反映。在经济放缓时期,更需要"有为政府"的刺激经济计划,这都是以充足的政府财力为支撑的。但上涨的财政赤字率在不断压缩政府财力空间,无疑会对经济增长产生抑制作用。(4)其余的控制变量对经济增长的回归系数或为正数或为负数,但均是不显著的,如表 3—3 中的经济开放程度和科技创新投入。对经济开放程度指标,本节是以外资企业的年末投资规模来衡量的。没有通过显著性水平检验的实证结果表示:即使外资企业的投资规模加大,仍然不会对经济增长产生积极的刺激作用。这反映出中国在外资引进结构方面的不完善。在经济全球化的进程中,我国的"大国财政""大国金融"等新理念的推出也在逐渐深化对外开放改革。只有改变粗放式的吸引外资规模、提升质量,对外开放才可以改善债务的使用效率。科技创新投入的不显著性实证结果,也同样反映出我国在投入—产出方面的短板问题。由于科技研发创新其本身的周期长、风险高、投入大等特征,加之我国创新机制不够完善,导致虽然科技创新研发投入增加却没有直接带来产出的合理增加。

上述分析均是对原静态面板数据模型的实证结果进行分析。考虑到现实经济发展中经济增长会受到往期经济增长情况和举债规模惯性的影响,本节还分别构建了包含经济增长率滞后一期动态面板矩估计模型 5。模型 6 则是在模型 5 的基础上将债务规模的滞后一期作为工具变量来研究对经济增长的影响。实证结果也显示出,滞后一期的经济增长率对当期经济增长的影响是显著为正的,而往期债务规模则会产生显著的负效应。并且,回归后的汉森检验可以发现:GMM与IV工具变量的检验P值均在10%的显著性水平上大于0.1,即均不否定工具变量过度识别的原假设。所以,滞后一期的控制变量和工具变量的设定是合理的。

(二)稳健性检验

为尽可能降低变量选取内生性问题的影响,需要对模型进行稳健性检验。本节在对模型进行稳健性检验时采取的方法主要包括两个方面。一方面是模型的选取,从上述的计量模型设定及相应回归结果来看,选取更具代表性的双向固定效应模型、引入被解释变量滞后一期的动态面板GMM估计模型和引入主要解释变量滞后一期做工具变量的动态面板GMM估计模型来做稳健性检验。另一方面,在变量替代方面处理方法是采用当期政府债务余额与政府财政收入比值的近似债务率($fdebt$)来代替原设定的由政府债务余额占GDP比值的负债率($gdebt$),以该数据来刻画出政府债务规模这一指标。具体实证结果如表3—4所示,通过对比上述实证结果,可以看到各个变量的正负效应与显著性是基本一致的,即验证实证结果是可靠的。

表3—4　　　　地方政府债务(债务率)对经济影响的回归结果

	双向固定效应模型	动态面板模型 GMM1	动态面板模型 GMM2(IV)
$L.pgdpr$		0.329***	0.339***
		(3.33)	(3.38)
$L.fdebt$			0.005 2*
			(0.56)
$fdebt$	0.006 5*	0.008 2*	0.000 6**
	(0.099)	(0.67)	(0.03)
$gfdi$	0.005 4	0.005 5	−0.046
	(0.04)	(0.06)	(−0.33)
$gsti$	−0.14	0.412	0.470
	(−0.13)	(0.55)	(0.63)
$infl$	−0.062*	−0.52***	−0.53***
	(−0.64)	(9.28)	(9.34)
gsi	0.059**	0.040*	0.057**
	(1.00)	(1.34)	(−2.34)

续表

	双向固定效应模型	动态面板模型 GMM1	动态面板模型 GMM2(IV)
$gfdr$	-1.21^{***}	-0.126^{*}	0.073^{*}
	(-4.12)	(-1.31)	(-0.68)
plc	0.007^{*}	0.021^{***}	0.023^{***}
	(2.91)	(4.57)	(4.92)
hc	$0.179\,2^{**}$	$0.230\,8^{*}$	$0.219\,2^{*}$
	(1.45)	(0.59)	(1.50)
$fdebt2$	$-0.000\,65^{**}$		
	(-1.70)		
时间固定效应	是	是	是
个体固定效应	是	是	是
$sigma\_u$	$0.126\,2$		
$sigma\_e$	$0.037\,4$		
$AR(1)$		$P=0.200$	$P=0.194$
$AR(2)$		$P=0.405$	$P=0.393$
$Sargan\ test$		$P=0.337$	$P=1.00$
$Hansen\ teat$		$P=0.461$	$P=1.00$

注:*、**、***分别表示在10%、5%、1%的显著性水平上显著。另外,第一列括号内为稳健性标准误计算的t值,第二列、第三列括号内的数值为z值。

三、非线性模型的实证分析

(一)概述

本节在债务规模对经济增长的非线性影响上采取两种研究方式:第一种是在上一节模型中引入债务规模的平方项;第二种则是采用门槛效应模型。首先,在表3—3的实证结果显示中,债务规模平方项在各个模型中的回归系数是显著为负的,故债务规模对经济增长的影响大致呈现出"倒 U 型"的特征。即在达到某个临界值之前,债务规模扩张会有效拉动经济增长;而当超过这个界限时,则会抑制经济的增长。受模型设置的局限性,这只是非线性影响形式的其中一种,无法确定是否还会有其他诸如 L 型或 S 型的影响方式,故本节将继续采用门槛效应模型,深入考察地方政府债务与经济增长之间的非线性关系。

(二)门槛效应模型的检验

1. 门槛效应显著性检验

首先,需要对已经设定的模型(3.7)进行门槛个数的确定,依次采取无门槛值、一个门槛值和两个门槛值进行估计,从而确定门槛模型的具体形式。根据前文所述,在对面板数据进行了基准回归后,取其最小的残差平方和即为估计的门槛值(Chan,1993):$\hat{q}(q)=\arg\min S_1(q)$。具体过程是采用了网格渐近搜索法,首次搜索过程将确定唯一的一个类似门槛值,然后将该值固定住进行第二次搜索。每次搜索的循环次数是样本数据量,即 240 次,从而判断可能的门槛值有几个,最终搜索结果从图 3—2 可以初步判断,可能存在 2 个门槛值,分别出现在样本数据序列的第 39 个和第 103 个。

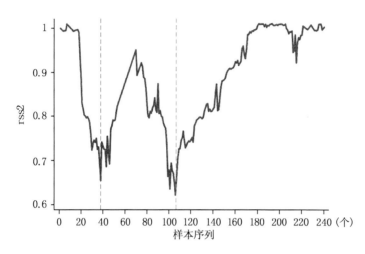

图 3—2 门槛搜索结果

上述门槛个数确定方法略显粗糙,精确度不足,而且无法确定门槛的具体数值是多少。所以,本节对门槛模型(3.7)分别展开单门槛、双重门槛以及三重门槛的检验,得到的 F 统计量和相应的 P 值如表 3—5 所示。在分别经过 200 次自抽样检验(Bootstrap)后,单一门槛和双重门槛获得的 F 值均通过了显著性检验,相应的自抽样获得的 P 值分别为 0.000 和 0.060,而三重门槛模型并没有通过显著性检验,其 P 值为 0.110,故可以确定本节的研究对象之间将基于双重门槛模型进行下一步的研究。

表 3—5　　　　　　　　　门槛个数及效果的 Bootstrap 抽样检验

模　型	F 值	P 值	Bootstrap 次数	临界值		
				1%	5%	10%
单一门槛	18.338***	0.000	200	9.599	5.040	3.286
双重门槛	5.067*	0.060	200	9.227	5.895	3.580
三重门槛	2.688	0.110	200	8.449	5.15	2.811

注:*、**、*** 分别表示在 10%、5%、1% 的显著性水平上显著。

2. 门槛似然比 LR 检验

进一步的对门槛模型进行似然比检验。为更直观地表示出检验结果,现将其反映在图中,如图 3—3 和图 3—4 所刻画的似然比函数图,能够帮助我们更加清晰地理解和分析门槛值的估计和置信区间的产生构成,具体产生的门槛估计值和相应的 95%置信区间的数值表示在表 3—6 中。在表 3—6 中可以看到,门槛参数及债务余额占 GDP 比例的估计值在该双重门槛模型中分别为 0.173 和 0.201。并且双重门槛模型的两个值的置信区间是已经将单一门槛模型和双重门槛模型的估计值包含在内的。从生成的门槛估计值对应的 LR 值可以发现:无论显著性水平设定为 5%还是 10%,现实值均满足小于其临界值 7.35 和 6.53。所以不能拒绝原假设,即原双重门槛假设通过似然比 LR 检验。

表 3—6　　　　　　　　　　　门槛估计值和置信区间

		门槛估计值	95%置信区间
单一门槛模型		0.194	[0.172,0.206]
双重门槛模型	Ito1	0.173	[0.114,0.312]
	Ito2	0.201	[0.126,0.250]
三重门槛模型		0.239	[0.116,0.328]

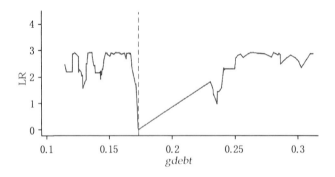

图 3—3　第一个门槛估计值及 LR 值

(三)门槛模型的结果分析

依据双重门槛计算得到的两个门槛值,对样本数据进行划分,具体分为低债务规模($gdebt \leqslant 0.173$)、中等债务规模($0.173 < gdebt \leqslant 0.201$)和高债务规模($gdebt > 0.201$)这三个等级。并且据此对样本数据进行统计分类。如表 3—7 和图 3—5 中所列出的不同年份下各个债务规模区间里地区的个数。首先可以看出,从 2010 年到 2017 年,高债务规模的地区数目整体经历了一个逐渐增多的过程,在 2015 年及以后的年份里有下降的趋势,但是数目仍然是比较多的,占样本总数的大约 40%。在 2014 年之前,低、中等债务规模地区数目均高于高债务规模,但 2014 年后逐渐出现逆转。当然,数目最多的还是低债务规模的地区,占总样本数的约 46%。

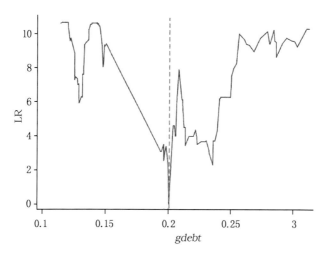

图 3—4 第二个门槛估计值及 LR 值

表 3—7 不同年份不同债务规模区间的样本数

时 间	低债务规模 $gdebt \leqslant 0.173$	中等债务规模 $0.173 < gdebt \leqslant 0.201$	高债务规模 $gdebt > 0.201$	合 计
2010	19	5	6	30
2011	20	3	7	30
2012	20	2	8	30
2013	10	9	11	30
2014	7	4	19	30
2015	10	5	15	30
2016	12	5	13	30
2017	12	4	14	30
合 计	110	37	93	240

在划分了不同等级的地方政府债务模型后,门槛模型的设定中门槛变量与虚拟变量的交互项表示为 $gdebtI_t$,I_1 和 I_2 分别表示低门槛值和高门槛值对应的门限虚拟变量。门槛模型回归采用的是固定效应的回归方法,考虑到异方差的稳健性标准误,本节还采用了稳健的固定效应回归方法。这一回归结果与不考虑异方差的固定效应模型基本一致,同时证明了门槛模型实证结果是科学稳健的。在实证结果中可以发现,控制变量中的财政赤字率与通货膨胀率对经济增长率的影响是显著为负的,结果与上文一致,导致的原因如前所述。相反的,社会固定资产投资规模、人力资本和人均劳动资本与经济增长率是显著正相关的;经济开放程度

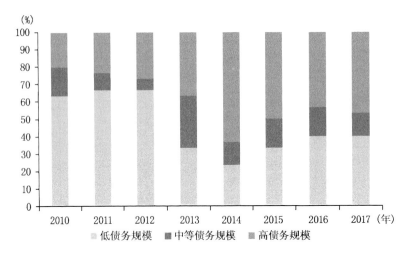

图 3—5　不同年份不同债务规模占比分布图

（外资企业年末投资规模）和科技创新研发投入规模的正向作用却是不显著的。这反映出我国在引进外资发展经济、科技创新投入—产出的体制机制方面还存在缺陷，仍需进一步优化对外开放战略和创新驱动战略的实施。这一结果也与上述线性模型的实证结果基本一致。此节重点分析的是债务规模与经济增长率的非线性关系，即重点考察变量 $gdebtI1(gdebt \leqslant 0.173)$、$gdebtI2(0.173 < gdebt \leqslant 0.201)$ 和变量 $gdebtI3(gdebt > 0.201)$ 的实证结果。从表 3—8 中的结果可以看到，低债务规模与经济增长率是显著负相关的，稳健性固定效应模型下满足 1% 的显著性水平检验，其影响系数为 -0.249，表示在债务水平较低尚未达到低门槛值 0.173 时，经济发展是受到抑制作用的；并且债务规模每降低 1 个百分点，经济增长率将下降约 0.249 个单位。可能导致的原因是地方政府的偏向风险规避政策措施，以保守型思想操作市场经济，使得社会经济发展活力不足，缺乏政府积极引导的刺激作用，从而使得经济发展受阻。变量 $gdebtI2$ 的实证结果是显著为正的，即在尚未达到高门槛值时，适当扩大债务规模是能够有效拉动经济增长的。在合理的范围内，地方政府扩大举债规模，弥补了部分财政赤字。而进一步加大财政资金支出、大量开展项目建设，能够为公众营造良好的经济发展预期氛围，进一步拓宽融资渠道，刺激公共消费、投资积极性，使得经济充满活力。然而，当债务规模水平超过高门槛值时，变量 $gdebtI3$ 的实证结果表明：债务水平过高会显著抑制经济增长，并且每增加一单位债务规模，经济增长率会下降 0.443 个单位。随着债务规模累积，风险逐渐加大，地方政府甚至出现收不抵支的情况，债务违约现象可能较多的出现。此时，地方融资平台发展会遭到打击，融资渠道阻塞，进一步加剧地方政府财政压力。这都将给经济发展带来不容忽视的破坏作用。

表 3－8   门槛模型的回归结果

变　　量	FE 固定效应	FE_Robust 固定效应
gdebt	0.240***	0.240***
	(3.36)	(3.36)
gfdr	−0.502*	−0.502*
	(−1.90)	(−1.90)
gfdi	0.163	0.163
	(1.03)	(1.03)
gsi	0.030 9**	0.030 9**
	(0.10)	(0.10)
infl	−0.051**	−0.051**
	(−0.75)	(−0.75)
gsti	0.960	0.960
	(1.13)	(1.13)
lnplc	0.011 9**	0.011 9**
	(2.40)	(2.40)
lnhc	0.030 3*	0.030 3*
	(0.20)	(0.20)
gdebtI1	−0.294*	−0.294***
	(−1.23)	(−3.04)
gdebtI2	0.115*	0.115***
	(2.02)	(3.33)
gdebtI3	−0.443*	−0.443***
	(−1.85)	(−5.38)
N	240	240
F	3.523	7.468

注：*、**、*** 分别表示在 10%、5%、1% 的显著性水平上显著,括号内的数值为稳健性标准误计算的 t 值。

四、实证分析结论

结论一：在线性模型设定下,实证结果表明政府债务规模对经济增长率的影响显著为正,即政府债务规模扩大会正向促进经济的发展,但这与实际经济发展是不相符的。近年来,在我国分税制改革体制下,地方政府的财政压力凸显。一方面为了拉动当地经济发展,另一方面为了更好地丰富财政资金支撑,地方政府逐渐开发出多种融资渠道,加大举债规模。但是,当前我国的经济发展总体形势是在逐步放缓的,目的是为追求高质量发展、稳中求进。这与日益增大的债务规模所预期产生的经济刺激效应显然是不匹配的。所以,在实证模型中,单纯借助线性计量模型已不能很好地解释政府债务规模扩张与经济增长之间的关系。

结论二:本章对债务扩张与经济增长之间的非线性关系的研究从两个方面进行。首先是在线性模型的基础上引入了代表地方政府债务规模变量的平方项,实证结果表明,平方项的回归系数是显著为负的。结合上述线性模型的实证结果,这样的数量关系表明,政府债务与经济增长之间存在一个倒 U 型的影响关系。即在某个限定的债务规模值以内,债务扩张是能够促进经济的发展的,但是,当超过某一限定值后,就会对经济增长产生显著的抑制作用。

结论三:采用引入平方项的方法研究债务规模对经济增长的非线性关系,仍然存在一些不足。一方面,加入平方项后产生的倒 U 型影响关系只是非线性关系的一种,如果引入三次方项或是其他的指数项又可能会产生不同的非线性结果,不能确定债务规模对经济非线性影响的唯一性。另一方面,倒 U 型的影响关系无法确定具体的债务规模临界值,只能得出这样的影响趋势,无法对进一步深入研究债务规模的合理范围做出解释,所以,构建门槛模型是十分必要的。通过门槛模型的门槛效应检验和门槛模型的 LR 检验,本章发现二重门槛模型是符合条件的。实证结果相应的低债务门槛值为 0.173,高债务门槛值为 0.201,当债务规模过低的时候,即低于 0.173 时,是不利于经济发展的。此时政府行为更趋向于保守型,使得经济发展缺乏活力,表现为传统的发展模式未做进一步转型和有效改善。而当债务规模超过 0.201 这一门槛值时,即债务规模过高时,同样会对经济发展起到显著的负效应。这也与现实经济发展状况相吻合。只有当现实中的债务规模介于低门槛值与高门槛值之间时,实证结果显示会显著刺激经济的增长。债务规模控制在合理的范围内（$0.173 < gdebt \leqslant 0.201$）,既可以避免由于举债规模过低、保守滞后的发展策略导致的经济发展阻滞不前,又能够防止债务规模过度扩张,导致债务风险加大。后者控制可避免由于地方政府偿债违约现象发生而导致损害政府融资信誉、加剧融资困难的问题,减少社会经济发展受到的负面消极影响。

结论四:在实证模型中为了解决变量的内生性,本章加入了七个控制变量,并将主要解释变量和被解释变量的滞后一期同样作为重要的控制变量。结果表明,财政赤字率和通货膨胀率会显著抑制经济增长。财政赤字率顾名思义会使财政收支差额加大,使得地方政府财政压力陡增。在经济放缓时期,更需要"有为政府"的刺激经济计划,这都是以充足的政府财力为支撑的。上涨的财政赤字率在不断压缩政府财力空间,无疑会对经济增长产生抑制作用。通货膨胀率上升使得某时期内价格水平非常规的持续性上涨,使得经济结构和产业机构不够合理,从而使整个国民经济的比例失衡,同样会抑制地区经济的发展。

结论五:在控制变量中,社会投资规模、人均劳动资本和人力资本对经济增长会产生显著的正向效应。投资是促进经济增长的重要因素,尤其是固定资产的投资,不仅可以促进当期国民生产总值的增长,还可以促进未来国民生产总值的增长;人均劳动资本越大,反映出社会资源配置状况更加良好,人均生产要素分配越充分,对经济增长的刺激作用也会越大;人力资本变量是全体社会成员的知识素养等各方面能力的体现,在人才强国战略的政策推动下,该数值越大越好。因为其是有助于提高经济增长能力的,并且具有很好的可持续性。意外的是,我国外资企业投资规模以及创新研发投入强度并没有起到很好的积极促进经济发展的作用,实证结果显示正向作用,但不显著。这从侧面反映出了我国在对外开放发展以及实施创新驱动战略的进程中,仍然存在很多需要改进的方面。

第四章

地方政府债务置换的理论分析

第一节　债务置换问题概述

自 2009 年主权债务危机之后,全球各国的国家债务问题成为学术界关注的焦点(Leeper and Zhou,2013;Leeper et al,2016)。而对于中国投资驱动的经济体而言,中国中央政府在 2008 年采用"4 万亿元"投资稳定经济增长,地方政府债务问题日益突出。并且 2016 年下半年强调新一轮的强财政刺激计划之后,使这一问题日益加重。虽然"4 万亿元"投资计划起到了一定的稳增长效应(Wen and Wu,2014),但是地方政府债务规模不断扩大,从而带来了影子银行风险,这也导致中国金融市场风险的加剧。而根据审计署的地方政府性债务审计结果(2013 年第 32 号公告),地方政府举债最重要的主体是融资平台公司。截至 2013 年 6 月,在各类举债主体当中融资平台公司的债务余额总量最高。而且,地方政府应当偿还以及需要承担部分偿还义务的债务余额分别为 4.08 亿元和 2.01 万亿元,在各类举债主体当中居首位,而地方政府负有担保责任的债务余额为 0.88 万亿元,仅次于政府部门和机构。目前中国地方政府融资平台在项目收益、资金运作以及按期偿债等方面都面临不同程度的风险,对金融系统的流动性和安全性均带来了一定程度的负面影响(王满红,2015)。

目前中国地方政府债务的形成过程如图 4—1 所示。

由图 4—1 可知:作为地方政府举债的重要载体,地方融资平台向银行市场借款,或者通过募集信托基金和发行"城投债"的形式融资,将资金主要用于公共基础设施建设和其他公用事业。公共基础设施在成功运营后获得的公共项目收益是政府偿债的来源之一。当然,地方政府债务主要是由地方税收、土地出让金和偿债基金作为偿债的主要来源。当地方政府难以获得足够的税收收入和土地出让收入时,地方政府债务的偿付危机就会到来。为了应对中国 2016 年、2017 年地方政府债务集中到期偿付,避免地方政府担保信誉破产的问题,中央政府提出以长期限、低成本的地方政府债务置换原有的存量政府债务的债务置换思路。2016 年 8 月

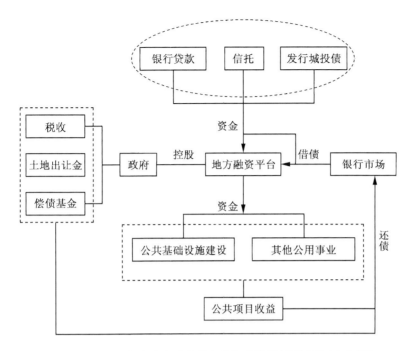

图 4—1　中国地方政府债务的资金流转过程(以平台为例)

31 日财政部部长楼继伟向全国人大常委会做预算执行情况报告时表示,截至 2016 年 7 月底已经置换地方政府债券 2.96 万亿元,在置换速度上已经超过 2015 年的置换速度。

　　但是自 2005 年中国允许地方政府自主发行地方政府债券之后,新的地方政府债务置换思路的提出、推行以及对隐性债务的控制不力,直接导致了我国地方政府债务的爆发式发展。根据万得(Wind)数据整理,2016 年中国地方政府债券发行额达到 6.04 亿元,与 2015 年的发行额相比增加了 34%。这只是纳入预算管理的政府债务情况。对于 2014 年开始的政府隐性债务的规模,目前还没有公开的数据。

　　对此,根据估算,2011 年以来我国地方政府全部债务的余额及其增速情况估计如图 4—2 所示(2014 年的定义全部为政府隐性债务;2015 年开始分为政府债务和政府性债务,我们以全口径的数据进行估计)。

　　在经济增速下降、存在一定的债务违约风险、房地产泡沫风险、影子银行风险、不良资产风险等多种风险因素聚集的背景下,大规模的地方政府债务置换给中国财政体系与金融市场带来了一定的冲击。其也使得地区间的债务风险控制水平呈现了差异,并且具有“越穷越借”的区域性特征(朱军和寇方超,2019)。

　　第一,2015 年以来,地方政府债务置换则发挥了重要的优势,即有效解决了政府的短期资金流动性问题,在一定程度上延长了地方政府偿还债务的期限,但是这

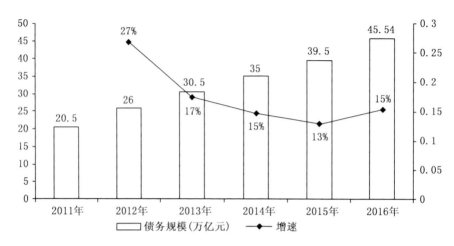

资料来源：根据万得资讯和苏宁金融研究院的统计结果整理形成。

图4—2　地方政府融资平台公司的有息债务规模和增速

种"借新还旧"的方法由于选择性较多，属于非市场化的特征。除武彦民和竹志奇（2017）开始关注这个问题外，目前理论上对地方政府债务置换的宏观经济效应还未引起足够的重视。第二，通过债务置换可以为地方政府节省一部分利息支付，但是这一置换对于长期债券的资产定价具有什么影响还未有理论模型进行定量分析。由于2015年到期的地方政府债务主要是"城投债"和银行贷款，利率均为7%左右，而用于债务置换的地方政府债利率约为4%，基本等同于同期限国债的利率，并享受20%利息税的减免优惠。差异化利率是否能够通过市场化的手段为金融体系所接受还存在一定的不确定性特征。目前2015—2018年主要是依靠政府行政力量牵头主导，因此在未来具有不确定性特征的情况下，地方政府债务置换的经济影响可能被削弱或是被放大。总之，目前的地方政府债务置换存在政府干预、主导的问题。如果全部交由市场化操作，则存在很大的政策不确定性特征，而现有的理论分析忽视了这个问题。第三，在地方政府债务置换实现推进的过程中，中国宏观经济未来面临经济风险积累、不确定性特征增强引致进一步探底的可能。因此，在不同的经济发展阶段讨论地方政府债务置换的经济增长效应也是一个突出的问题。最后，特别重要的是，从长期化解债务风险的视角讨论地方政府债务置换也是一个突出的问题。债务置换后融资平台债务系统内的余额减少了，平台的负担和包袱减轻了，但是债务压力却转移到财政部门，使得地方政府的实际债务增加不少。财政部在2016年12月29日的"全国财政工作会议"中强调，要妥善处理存量政府债务，加大发行地方政府债券置换存量债务工作力度；加强对地方落实债务管理制度情况的监督及查处违法违规举债融资行为和问责力度。由此可见，研究地方政府债务置换对中国经济增长的影响和福利损失效应，特别是结合中国未来债务处置的特征进行定量分析必不可少。龚强等（2011）综述认为，对于地方政府债务问题,亟待在借鉴已有研究结论的基础上结合中国的现实制度做进一步深入研究。

第二节　相关文献综述

关于地方政府债务的理论研究,现有文献主要从地方政府债务的成因、地方政府债务的发行问题、地方政府债务的增长与福利效应、地方政府债务的风险形成和债务管理方面进行了相应的分析。

在地方政府债务的形成原因方面,龚强等(2011)综述认为:中国的地方政府债务问题与分税制度不完善、地方官员激励扭曲、地方融资平台不规范、宏观调控和财政政策需要等多个问题交织在一起更加错综复杂。利用信号博弈模型,王雅龄和王力结(2015)发现房地产价格的一个信号作用是向金融中介机构传递信号,从而影响地方政府债务的形成机制。通过对 2004—2012 年我国省级、地级行政区发债数据的实证分析,罗党论和佘国满(2015)考察了地方官员变更与"城投债"发行概率与规模的关系。

在地方政府债务的发行与经济增长效应方面,朱军(2012)认为,加强我国债务预算框架体系建设、硬化债务预算约束、提高绩效评价的水平是发行政府债务的关键之举。基于内生增长的框架和债务规模决定的微观基础,何代欣(2015)认为,政府债务的适度规模会随着财富存量的增加而膨胀。王永钦等(2015)采用经典的财政分权模型并引入地方政府债券融资问题,研究了财政分权下地方政府债券的不同发行方式、效率及其福利效应。基于改进的 KMV 模型,吴先红等(2015)对 2013 年"城投债"发行规模进行合理测算,发现中国部分省市"城投债"已出现过度发行现象。罗荣华和刘劲劲(2016)认为,城投债的发行定价受到政府的财政收支状况的影响,并且以政府担保意愿与担保能力作为内在机制。也有学者用实验经济学、行为经济学等比较新颖的视角研究了政府债务的发行过程与规模安排。譬如,巴塔利尼等(Battaglini et al,2016)从实验经济学的视角出发,研究了政府债务形成的政治过程以及效率情况,结果发现:政府债务的形成与政治决策时期具有动态关系。

在分析所发行地方政府债务的增长效应方面,巴罗(Barro,1974)提出净财富,即用于偿债的财政收入现值低于政府债务的现值。而考曼迪(Kormendi,1983)研究发现:如果公债被预期到要用将来的税收偿还,那么公债就没有净财富效应,减税及政府债务是否具有净财富效应取决于公众的预期。林细细和龚六堂(2007)认为公债可以降低居民持有资产的成本,从而促进消费提高社会福利水平,但用于偿债的税收会产生收入分配效应和扭曲效应。莱因哈特和罗格夫(Reinhart and Rogoff,2010)认为公债与经济增长之间存在有阈值,突破阈值之后公债的增加将不利于经济增长。缪小林等(2013)认为地方政府性债务短期内对于经济有一定的促进作用,但是长期来看没有作用,甚至为负向作用。刘洪钟等(2014)利用61个国家30年的数据分析后研究发现:政府债务与经济增长之间普遍存在"倒U型"关系,但是阈值并不是唯一和确定的。德保利等(De Bortoli et al,2014)发现:在提高社会福利方面,降低平均借贷成本比减少财政政策波动更明显,并且政府可以通过限制其发行公债的工具实现对债务头寸的最优管理。吕健(2015)认为年新增债务与国内生产总值之比低于6%时,地方政府债务才能够充当财政政策的一种调节工作,促进地方经济的增长。吴友群等(2015)发现:提高债务水平较低国家的人均债务水平可以促进居民消费、增强社会福利,在债务水平高的国家则结果不同。

随着地方政府债务的不断积累,理论界也不断关注地方政府债务的风险问题。对此,黄芳娜(2010)认为我国地方政府债务体制存在风险隐患,总体规模较大、资金使用效率低、部分地方政府有很大的偿债压力等问题。合理的管控与防止财政风险的措施是以政府违约与逾期债务为基础的。对此,郭玉清(2011)通过量化分析进行了讨论,并对风险状况进行了相应的总体评估。吴盼文等(2013)则认为我国政府性债务缺乏可持续性,容易将财政风险传染到金融体系中,从而引起金融体系的不稳定。朱军(2014)在强调地方政府债务透明度的背景下,认为构建地方"规范、透明和高效"的资本项目运作体系是防范我国债务风险的关键。通过省级和地市级面板数据的实证分析,罗党论和佘国满(2015)研究发现:市委书记或市长的更替将导致"城投债"风险上升,并且提高发行债券的成本。通过实际利率和经济增长率的经验递归模型,庞晓波和李丹(2015)定量测度了中国的债务风险问题,估计认为债务风险的爆发时期将会在2019—2022年间。牛霖琳等(2016)采用无套利尼尔森—辛格尔(Nelson-Siegel)利率期限结构扩展模型研究2009—2014年间国债收益率和城投债利差的周数据,讨论了其中的联合动态与风险传导机制。王永钦等(2016)研究认为,中国地方政府债务的整体违约风险在2012年之后大幅飙升,并且普遍存在"软预算"问题。朱军和寇方超(2019)通过构建滞后期的动态面板模型,研究发现不同区域的地方政府举债导致债务规模扩张存在异质性。

而在控制地方政府债务方面,利珀等(Leeper et al,2016)则认为:采取温和的财政政策或货币政策可以使政府债务余额占GDP比重保持在合理比值。控制地方政府债务的另外一个视角则是基于实践操作,重点关注地方政府债务置换问题。对此,王燕武等(2014)对地方政府债务置换进行实证模拟后发现:如果债务置换降低了实际利率,那么GDP增长速度会有一定程度的提高。刁伟涛(2015)利用未定权益分析方法对债务置换之后的地方政府债务流动性风险进行了研究,发现地方政府的偿债压力在2016年及以后仍然很大。曹文炼和董运佳(2016)研究发现:债务置换主要是用作应对或者缓解地方政府债务偿还的压力,提高银行部门的金融资产质量,从而会影响地方政府的财政支出行为。武彦民和竹志奇(2017)则利用DSGE模型定量地从利率的负向冲击和财政规则变化两个方面讨论了地方政府债务置换对 GDP 的影响。

　　总结现有的研究文献我们发现:目前对于地方政府债务的研究集中于债务发行设计和经济增长的实证研究,鲜有构建多级政府的动态一般均衡模型从理论上研究中国的地方政府债务问题,从而也没有文献研究中国地方政府债务置换的经济效应和福利损失。其次,由于中国政府的自身体制影响,目前的文献在讨论地方政府债务置换问题时,基本都是以定量分析为主,对于地方政府债务置换的长期影响和短期效应还没有进行深入分析。最后,在具有中国特征的债务置换、债务管理模式下,对于债务管理方面还缺乏更为丰富的"反事实"研究,对于未来中国化解债务风险的财政规则变化还没有涉及。这些方面的不足正是本研究的关键动因。

　　结合中国多级政府的现实特征以及地方政府债务的发展特征,本章的理论研究着重实现以下三个方面的创新:(1)首次构建多级政府的财政 DSGE 模型,讨论中国地方政府债务置换的经济增长效应和福利损失。在建模中具体以中央政府和地方政府、发达地区和欠发达地区为研究对象,模拟中国现实经济进行理论分析。(2)通过 DSGE 模型的"反事实"仿真模拟的方法分别研究债务置换的短期和长期影响。本章通过具体设定不同的债务置换期、不同情境的财政政策乘数进行数值模拟。(3)从长期化解地方政府债务风险的视角出发,同时考虑未来中国地方经济运行的不确定性预期和整体财政框架下财政规则的变化,本章还采用"反事实"仿真的视角讨论了长期债务水平变化、经济不同发展阶段的债务置换和财政政策规则变化后的相关问题。

第三节　理论模型

　　本章以下重点区分不同的经济参与主体,讨论具体的理论建模问题。

一、理性经济人的优化问题

　　在一个经济系统中,假设消费者是理性的,并且是永续存活的。该代表性消费者效用函数的具体形式如下:

$$U\left(C_t^1, G_{ct}^1, L_t^1, \frac{M_t^1}{P_t^1}\right) = \frac{\left[C_t^1 (G_{Ct}^1)^\omega\right]^{1-\sigma}}{1-\sigma} - A_n^1 \cdot L_t^1 + \frac{1}{1-\xi^1}\left[\left(\frac{M_t^1}{P_t^1}\right)^{1-\xi^1} - 1\right] \quad (4.1)$$

　　其中,理性经济人在发达地区(地区 1)的消费数量为 C_t^1,经济人劳动的提供数量为 L_t^1。政府部门公共消费的开支为 G_{ct}^1,并且 $G_{ct}^1 = (G_{ct})^\varepsilon (G_{Lct})^{1-\varepsilon}$,$G_{ct}$ 为中央政府的公共消费支出,G_{Lct} 为地方政府的公共消费支出,M_t^1 为名义货币供给量,P_t^1 为物价水平(为避免地区间"窜货"和全国统一货币政策的需要,假定全国所有地区的物价水平是一致的,均为 P_t^1),其余为参数项。目前越来越多的研究考虑了政府支出的效用。从而,本文参照托洛维斯基(Turnovsky,1996)、布瓦兹和雷贝伊(Bouakez and Rebei,2007)、贾俊雪和郭庆旺(2012)等的研究设定效用函数。此时消费者的优化问题即为:Maximize:$E\sum_{t=0}^{\infty}\beta^t U\left(C_t^1,G_{ct}^1,L_t^1,\frac{M_t^1}{P_t^1}\right)$,其中$\beta$是贴现因子。消费者的预算约束方程为:

$$C_t^1+I_t^1+\frac{B_{S,t+1}^1}{R_{S,t}^1}+\frac{B_{L,t+1}^1}{R_{L,t}^1}+\frac{M_t^1}{P_t^1}$$

$$=(1-\tau_t^1)(W_t^1L_t^1+R_t^1K_t^1)+\frac{B_{S,t}^1}{\varphi_t^B}+(1+\rho_L)B_{L,t}^1+\frac{M_{t-1}^1}{P_t^1} \tag{4.2}$$

其中,理性经济人的私人投资支出为I_t^1,购买的政府债券为$B_{S,t}^1$(当前买入、下期卖出),是一种一期债券。理性经济人的长期债务购买数量为$B_{L,t}^1$,这是债务置换后的数额。经济人所购买债务的回报率为R_{bt}^1,τ_t为基于所得的宏观税负,W_t^1为劳动的实际工资水平,r_t^1为资本的投资回报率,φ_t^B为一个一阶自回归过程,反映了降低短期债务量的冲击,定义长期债券的退化率为ρ_L。需要说明的是,根据伍德福德(Woodford,2001),政府债券由指数下降的永续年金组成。假设在t时期发债,随后$j+1$时期支付ρ_L^j美元。对任意$j>0$,都有退化率$0<\rho_L<\beta^{-1}$。在最优控制下,$\rho_L=1$是安全环境。一般来说,在物价稳定的情况下,消费者购买的债务的到期时间是$(1-\rho_L\cdot\beta)^{-1}$。因此,以上假定对于分析债券的任意到期期限均是成立的。而这样的超过1期的债务设定,相关文献也进行了同样的设置(如Leeper and Zhou,2013;Leeper et al,2016)。具体债务置换的退化率和债务发行期的相关关系见表4—1。

表 4—1　　　　　　　　　　退化率与债务置换期限

ρ_L	0.758 8	0.884 4	0.926 3	0.947 2	0.959 8
债务置换期限(年)	1	2	3	4	5
ρ_L	0.968 1	0.974 1	0.978 6	0.982 1	0.984 9
债务置换期限(年)	6	7	8	9	10

假定代表性消费者的投资支出,利用"永续盘存法"形成资本K_t^1,而这些资本被厂商用于投资。那么资本积累的方程为[①]:

$$K_{t+1}=(1-\delta)\cdot K_t+I_t \tag{4.3}$$

根据代表性消费者的一阶优化条件(定义λ_t为拉格朗日乘子)可得:

$$\lambda_t^1=(C_t^1)^{-\sigma}(G_{ct}^1)^{\omega(1-\sigma)} \tag{4.4}$$

$$A_n^1=\lambda_t^1\cdot(1-\tau_t)W_t^1 \tag{4.5}$$

① 此处未考虑资本折旧水平的动态变化、投资的调整成本等更多的动态因素,以简化本文的经济系统。

$$\lambda_t^1 = \lambda_{t+1}^1 \cdot \beta \cdot [(1-\tau_{t+1}) \cdot R_{t+1}^1 + 1 - \delta] \tag{4.6}$$

$$\lambda_t^1 \cdot \frac{1}{R_{S,t}^1} = \lambda_{t+1}^1 \cdot \beta \cdot \frac{1}{\varphi_t^{B_1}} \tag{4.7}$$

$$\lambda_t^1 \cdot \frac{1}{R_{L,t}^1} = \lambda_{t+1}^1 \cdot \beta \cdot (1+\rho_L) \tag{4.8}$$

$$\left(\frac{M_t^1}{P_t^1}\right)^{-\xi^1} = \lambda_t^1 - \lambda_{t+1}^1 \cdot \beta \cdot \frac{P_t^1}{P_{t+1}^1} \tag{4.9}$$

类似地,可以获得地区 2 中代表性消费者的一阶优化条件,亦即:

$$\lambda_t^2 = (C_t^2)^{-\sigma}(G_{ct}^2)^{\omega(1-\sigma)} \tag{4.10}$$

$$A_n^2 = \lambda_t^2 \cdot (1-\tau_t)W_t^2 \tag{4.11}$$

$$\lambda_t^2 = \lambda_{t+1}^2 \cdot \beta \cdot [(1-\tau_{t+1}) \cdot R_{t+1}^1 + 1 - \delta] \tag{4.12}$$

$$\lambda_t^2 \cdot \frac{1}{R_{S,t}^2} = \lambda_{t+1}^2 \cdot \beta \cdot \frac{1}{\varphi_t^{B_2}} \tag{4.13}$$

$$\lambda_t^2 \cdot \frac{1}{R_{L,t}^2} = \lambda_{t+1}^2 \cdot \beta \cdot (1+\rho_L) \tag{4.14}$$

$$\left(\frac{M_t^2}{P_t^1}\right)^{-\xi^2} = \lambda_t^2 - \lambda_{t+1}^2 \cdot \beta \cdot \frac{P_t^1}{P_{t+1}^1} \tag{4.15}$$

二、地区企业的优化问题

假定在一个完全竞争市场环境中,企业生产最终产品。并且,假设企业生产中间产品是在垄断竞争市场环境中。

假设地区 1 中间产品企业的生产总量是 m,其中 m^1 自用,m^2 提供给地区 2,其产品的销售价格是 q_t^m;假设地区 2 中间产品企业的生产总量是 n,其中 n^2 自用,n^1 提供给地区 1,其产品的销售价格是 q_t^n。明显地:

$$m_t = m_t^1 + m_t^2 \tag{4.16}$$

$$n_t = n_t^1 + n_t^2 \tag{4.17}$$

相对最终产品的生产企业,假定其生产函数是复合的。假定该企业的具体生产函数是替代弹性不变的形式(CES)。具体形式如下:

$$Y_t^1 = [\theta(m_t^1)^\rho + (1-\theta)(n_t^1)^\rho]^{\frac{1}{\rho}} \tag{4.18}$$

其中假设地区 1 利用中间产品数量 m_t^1 生产本地产品,引进地区 2 中间产品数量 n_t^1 进行生产。根据企业利润最大化的最优条件,此处可得最终产品企业的优化均衡条件。最终产品生产企业的生产环境是完全竞争市场,其超额垄断利润为零。定义在此时的超额利润为 ζ_t^Y,根据市场出清的条件求解利润最大化下条件的结果:

$$\zeta_t^Y = [\theta(m_t^1)^\rho + (1-\theta)(n_t^1)^\rho]^{\frac{1}{\rho}} - q_t^m m_t^1 - q_t^n n_t^1 \tag{4.19}$$

从而有：

$$q_t^m = \left[\theta(m_t^1)^\rho + (1-\theta)(n_t^1)^\rho\right]^{\frac{1}{\rho}-1} \cdot \theta \cdot (m_t^1)^{\rho-1} \tag{4.20}$$

$$q_t^n = \left[\theta(m_t^1)^\rho + (1-\theta)(n_t^1)^\rho\right]^{\frac{1}{\rho}-1} \cdot (1-\theta) \cdot (n_t^1)^{\rho-1} \tag{4.21}$$

中国的公共投资支出具有较强的生产性，理论上也有越来越多的研究将政府公共投资支出置入生产函数中。例如，巴罗（Barro，1990）、利珀（Leeper et al，2012）、王国静和田国强（2014）、贾俊雪和郭庆旺（2012）、饶晓辉和刘方（2014）。本节构建了含不同类型、不同层级政府公共投资支出的生产函数，以区分不同支出政策的经济波动效应。具体定义中间产品厂商的生产函数如下：

$$m_t = A_t(G_{pt}^1)^\chi (K_t^1)^{\alpha_1}(L_t^1)^{1-\alpha_1} \tag{4.22}$$

在上式中，技术进步过程为 A_t。整个经济系统中政府部门投资的份额为 G_{pt}^1，定义中间产品企业投入的资本数量是 K_t^1，中间产品企业投入的劳动数量是 L_t^1。设定 $G_{pt}^1 = (G_{pt})^\varphi(G_{Lpt}^1)^{1-\varphi}$，其中 G_{pt} 为中央政府的公共投资支出，G_{Lpt}^1 为地方政府 1 的公共投资支出。

最后对于中间产品厂商而言，根据成本最小化的一阶优化条件，要求利润最大化：

$$\Pi_t^1 = q_t^m \cdot A_t(G_p^1)^\chi (K_t^1)^{\alpha_1}(L_t^1)^{1-\alpha_1} - W_t^1 L_t^1 - R_t^1 K_t^1 \tag{4.23}$$

对投入要素取一阶条件，由此可得：

$$\alpha_1 \cdot q_t^m \cdot A_t(G_p^1)^\chi (K_t^1)^{\alpha_1-1}(L_t^1)^{1-\alpha_1} - R_t^1 = 0 \tag{4.24}$$

$$(1-\alpha_1)q_t^m A_t(G_p^1)^\chi (K_t^1)^{\alpha_1}(L_t^1)^{-\alpha_1} - W_t^1 = 0 \tag{4.25}$$

亦即：

$$R_t^1 = \alpha_1 \cdot q_t^m \cdot \frac{m_t}{K_t^1} \tag{4.26}$$

$$W_t^1 = (1-\alpha_1)q_t^m \cdot \frac{m_t}{L_t^1} \tag{4.27}$$

设定地区 2 的最终品生产函数为 $Y_t^2 = \left[(1-\theta)(m_t^2)^\rho + \theta(n_t^2)^\rho\right]^{\frac{1}{\rho}}$，获得对应的一阶优化条件可得：

$$q_t^m = (1-\theta)\left[(1-\theta) + \theta\left(\frac{n_t^2}{m_t^2}\right)^\rho\right]^{\frac{1}{\rho}-1} \tag{4.28}$$

$$q_t^n = \theta\left[(1-\theta)\left(\frac{m_t^2}{n_t^2}\right)^\rho + \theta\right]^{\frac{1}{\rho}-1} \tag{4.29}$$

$$R_t^2 = \alpha_2 \cdot q_t^n \cdot \frac{n_t}{K_t^2} \tag{4.30}$$

$$W_t^2 = (1-\alpha_2)q_t^n \cdot \frac{n_t}{L_t^2} \tag{4.31}$$

$$n_t = A_t(G_p^2)^\chi (K_t^2)^{\alpha_2}(L_t^2)^{1-\alpha_2} \tag{4.32}$$

三、政府主体的问题

对于整个政府部门而言,艾亚加里—格特勒(Aiyagari-Gertler,1985)提供了一个预算平衡的框架。这个框架就是要求政府广义的资产平衡。具体形式如下。

对于中央政府,不同于单一政府的货币资产平衡,中央政府预算方程中包括了货币的流通过程,而地方政府则不包括。从而:

$$u_t\tau_t(W_t^1L_t^1+r_t^1K_t^1)+u_t\tau_t(W_t^2L_t^2+r_t^2K_t^2)+\frac{M_t^1}{P_t^1}+\frac{M_t^2}{P_t^1}$$

$$=G_{ct}+G_{pt}+G_{zt}+\frac{M_{t-1}^1}{P_t^1}+\frac{M_{t-1}^2}{P_t^1} \tag{4.33}$$

地方政府 1 的政府预算方程为:

$$(1-u_t)\tau_t(W_t^1L_t^1+R_t^1K_t^1)+\frac{B_{S,t+1}^1}{R_{S,t}^1}+\frac{B_{L,t+1}^1}{R_{L,t}^1}$$

$$=G_{Lct}^1+G_{Lpt}^1+G_{zt}^1+\frac{B_{St}^1}{\varphi_{B_S^1}}+(1+\rho_L)B_{Lt}^1 \tag{4.34}$$

地方政府 2 的政府预算方程为:

$$(1-u_t)\tau_t(W_t^2L_t^2+R_t^2K_t^2)+\frac{B_{S,t+1}^2}{R_{S,t}^2}+\frac{B_{L,t+1}^2}{R_{L,t}^1}$$

$$=G_{Lct}^2+G_{Lpt}^2+G_{zt}^2+\frac{B_{St}^2}{\varphi_{B_S^2}}+(1+\rho_L)B_{Lt}^2 \tag{4.35}$$

政府所发行地方政府债券的行为方程为:$\frac{B_{S,t}^1}{B_S^1}=\left(\frac{B_{S,t-1}^1}{B_S^1}\right)^{\rho_{B_S^1}}\cdot\left(\frac{Y_t^1}{Y}\right)^{\psi_{11}}$、$\frac{B_{S,t}^2}{B_S^2}$

$=\left(\frac{B_{S,t-1}^2}{B_S^2}\right)^{\rho_{B_S^1}}\cdot\left(\frac{Y_t^2}{Y}\right)^{\psi_{12}}$。许多研究认为,基于 GDP 竞争式增长是债务膨胀的重要原因。

对于货币政策而言,目前对于中国问题的研究,多数文献认为泰勒(Taylor,1993)的规则可以更好地刻画中国货币政策实践(谢平和罗雄,2002;张屹山和张代强,2007;李成等,2010;郑挺国和刘金全,2010 等)。在此,扩展泰勒(Taylor,1993)的规则进行设计。这个设计同贾俊雪和郭庆旺(2012)的设定类似。也就是说,假设货币政策瞄准预期通货膨胀和产出缺口进行反馈。具体形式如下:

$$\frac{R_t^1}{R^1}=\left(\frac{R_{t-1}^1}{R^1}\right)^{\rho_{R^1}}\cdot\left[\left(\frac{\pi_t}{\pi}\right)^{\varphi_{11}}\cdot\left(\frac{Y_t^1}{Y}\right)^{\varphi_{12}}\right]^{1-\rho_{R^1}}\cdot e^{v_t^1} \tag{4.36}$$

为了体现债务置换的总债务量不变的特征,由总量等价可知:

$$\frac{B_{S,t+1}^1}{R_{S,t}^1}-B_{S,t}^1=\frac{B_{L,t+1}^1}{R_{L,t}^1}-(1+\rho)B_{Lt}^1 \tag{4.37}$$

$$\frac{B_{S,t+1}^2}{R_{S,t}^2} - B_{S,t}^2 = \frac{B_{L,t+1}^2}{R_{L,t}^2} - (1+\rho)B_{L,t}^2 \tag{4.38}$$

实际上,这样的等价关系也是由债务置换的本质决定的。本节的债务置换模式是从流转机制的角度进行模拟现实的设计,不同于武彦民和竹志奇(2017)从利率的负向冲击进行的假设。具体债务置换的流程如图4—3。

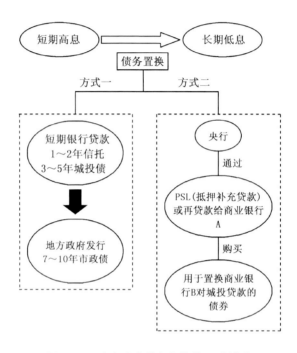

图4—3　地方政府债务置换的两种模式

由图4—3可知:地方政府债务置换是一个将短期转化为长期的过程,也是从高成本转向低成本的过程。也就是在政府甄别存量债务的背景下,将前期地方融资平台形成的理财产品和银行贷款等利率高、期限短的债务进行置换处理。债务置换主要通过两种途径实现:一种是由地方政府自主发行7~10年市政债(平均时期为6.5年),取代之前的3~5年"城投债"、短期银行贷款及1~2年信托。相应地,购买主体是商业银行、政策性银行及其他市场主体;另一种是中央银行通过PSL或再贷款给商业银行A(或政策性银行)去购买用于置换商业银行B对"城投债"贷款的债券。在构建理论模型方面,本节针对方式一进行模型构建,这反映在上述公式(4.37)、(4.38)中。

四、市场出清问题

整个经济系统实现市场出清的结果如下:

$$C_t^1 + K_{t+1}^1 - (1-\delta)K_t^1 + g_{ct}^1 + g_{pt}^1 + g_{zt}^1 - \frac{1}{2}G_{zt} + u_t\tau_t q_t^m \cdot m_t + q_t^m \cdot m_t^2 - q_t^n$$

$$\cdot n_t^1 = q_t^m \cdot m_t \tag{4.39}$$

$$C_t^2 + K_{t+1}^2 - (1-\delta)K_t^2 + g_{ct}^2 + g_{pt}^2 + g_{zt}^2 - \frac{1}{2}G_{zt} + u_t\tau_t q_t^n \cdot n_t + q_t^n \cdot n_t^1 - q_t^m \cdot$$

$$m_t^2 = q_t^n \cdot n_t \tag{4.40}$$

在整个经济系统中,相关财政政策变量在各个单元中的作用方向如图4-4所示:经济系统中存在多个经济主体。其中,由家庭向中间品厂商和最终品厂商提供劳动,厂商之间进行中间贸易往来,最终以消费品供给作为回报;家庭和厂商所在地区政府的支出分为公共消费和公共投资,而预算收入主要来源于税收和发行公债。另外,短期债市场和长期债市场的交织影响形成了债务置换特殊的市场运作环境。中央政府则实施有效的调控,采取平衡的财政政策和货币政策以构建良好规范的市场环境,缓解地方政府偿债压力。

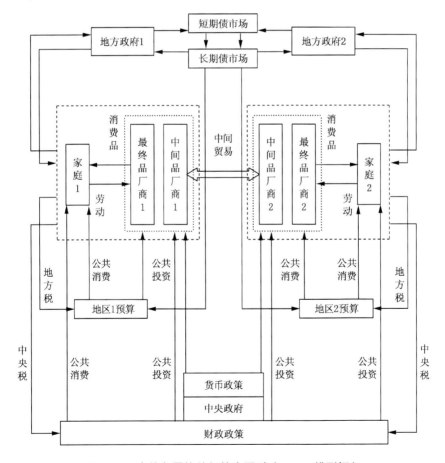

图4-4 含债务置换特征的中国财政 DSGE 模型框架

地方政府债务置换是一盘大棋,以空间换时间,既没有采取西方量化宽松(QE)政策滥发货币,同时又达到了缓解债务压力的目的。由于中国特殊的经济体制,地方政府债的机制设计、市场利率、发行环境等各个方面需要改善。债务置换在政府、家庭、厂商等多个经济系统中运作,以市场化方式推动地方政府债务置换的顺利实施,形成中央政府、地方政府、金融机构多方共赢的局面。

第四节　参数校准与脉冲效应

一、参数的校准过程

对于上述的经济系统,其内生变量包括:$\{G_{Lct}^1$、G_{Lpt}^1、C_t^1、L_t^1、K_t^1、W_t^1、$B_{S,t}^1$、$B_{L,t}^1$、$R_{S,t}^1$、$R_{L,t}^1$、R_t^1、q_t^m、m、m_1、m_2、M_t^1/P_t^1、G_{Lct}^2、G_{Lpt}^2、C_t^2、L_t^2、K_t^2、W_t^2、$B_{S,t}^2$、$B_{L,t}^2$、$R_{S,t}^2$、$R_{L,t}^2$、R_t^2、q_t^n、n、n_1、n_2、M_t^2/P_t^2、φ_t^B、G_{ct}、G_{pt}、A_t、π_t、τ_t、$u_t\}$。而根据假设和模型系统的设定,本节需要校准的参数包括:$\{\sigma$、ω、ε、β、δ、φ、α_1、α_2、χ、A_n^1、A_n^2、θ、ρ、ρ_L、ρ_a、ρ_τ、ρ_{gc}、ρ_{gp}、ρ_{g1c}、ρ_{g1p}、ρ_{g2c}、ρ_{g2p}、ρ_{φ_B}、$\rho_\nu\}$。此处,参照王文甫(2010)、张卫平(2012)等的估计,本节校准消费的风险厌恶系数 σ 为 2。公共消费与私人消费的替代需求弹性 ω,借鉴黄赜琳和朱保华(2015)的研究,校准为 0.35。根据我国 2005—2018 年的 CPI 价格指数校准消费贴现因子 β,其估算结果是 0.985。借鉴王国静和田国强(2014)等大多数研究设定的资本折旧水平,本节将季度数据的资本折旧水平 δ 设定为 10%。对于中央消费和地方消费在总公共消费中的相对权重 ε,目前没有文献对其进行校准,并且由于数据链比较短,无法通过实证分析进行校准。本节考虑中央和地方相同的权重,从而校准为 0.50,对 φ 进行相应的处理。对于资本的产出弹性 α_1("高资本产出区"的产出弹性)、α_2("低资本产出区"的产出弹性)[①],本节根据支出法 GDP 中的劳动份额估计,分别校准为 0.59 和 0.51。对于公共投资支出的产出弹性 χ,借鉴饶晓辉和刘方(2014)的分析将政府投资的产出弹性估算成 0.15。对于劳动负效用的相关系数 A_n^1、A_n^2,本节按照吴化斌等(2011)的估计,并考虑发达地区和欠发达地区之间的经济总量差距校准为 1。对于替代弹性生产函数中的 θ、ρ,根据模型可决定性的要求,估算成 0.35 和 2。地方政府债务置换平均期限为 6.5 年,本节基于 7 年期的债务置换期,将退化率 ρ_L 校准为 0.974 1。对于涵盖外生冲击过程的非结构性参数,其一阶自相关系数 $\{\rho_{gc}$、ρ_{gp}、ρ_{g1c}、ρ_{g1p}、ρ_{g2c}、ρ_{g2p}、ρ_{φ_B}、ρ_ν、$\rho_{g2p}\}$ 较难确定。假定模型中所有 AR(1)的参数服从 Beta 分布,假定其平均值和标准差分别为 0.80 和 0.10(见表 4—2)。

[①]　根据省级面板数据的劳动份额进行排名计算,获得"高资本产出区"和"低资本产出区"的结果。

表 4—2　　　　　　　　　　　　基本结构性参数的初步估计

参数符号	经济意义	估算值
σ	消费跨期替代弹性的倒数	2.00
ω	居民消费与政府消费的替代需求弹性	0.35
ε	中央消费和地方消费在总公共消费中的相对权重	0.50
β	贴现因子	0.98
δ	资本折旧水平	0.10
φ	中央投资和地方投资在总公共投资中的相对权重	0.25
α_1	"高资本产出区"的产出弹性	0.477 8
α_2	"低资本产出区"的产出弹性	0.401 1
χ	公共投资支出的产出弹性	0.15
A_n^1	劳动负效用的相关系数	1.00
A_n^2	劳动负效用的相关系数	1.35
θ	地区间中间产品的使用权重	0.25
ρ	地区间中间产品的替代弹性	2
ρ_L	长期债务偿债期对应的退化率	0.974 1
ξ^1	地区1货币的相对风险厌恶系数	2
ξ^2	地区2货币的相对风险厌恶系数	2

二、稳态值的获取

除了上述参数的校准之外,本章还需要获得一阶系统的稳态值结果(见表4—3)。本章采用数值逼近的 Broyden 方法,用 Matlab2014b 求解经济系统的外部稳态值。具体方法参见本章附录1。

表 4—3　　　　　　　　内生变量初始值的估计结果(带 s 代表稳态值)

变量	数值	变量	数值
$L^1 s$	4.121 8	$L^2 s$	4.224 2
$Q^m s$	0.433 0	$Q^n s$	0.433 0
$W^1 s$	0.124 8	$W^2 s$	0.129 1
$K^1 s$	3.289 4	$K^2 s$	2.548 9
Ms	2.279 0	Ns	2.103 7
$M^1 s$	1.775 0	$N^1 s$	0.591 7

续表

变 量	数 值	变 量	数 值
$M^2 s$	0.504 0	$N^2 s$	1.512 0
$C^1 s$	0.556 7	$C^2 s$	0.498 0
$G_c^1 s$	0.029 6	$G_c^2 s$	0.027 3
$G_p^1 s$	0.035 5	$G_p^2 s$	0.032 8
$G_z^1 s$	0.009 9	$G_z^2 s$	0.009 1
$G_c s$	0.069 1	$G_p s$	0.053 1
$M_p^1 s$	2.289 8	$M_p^2 s$	2.004 5
$B_l^1 s$	0.050 0	$B_l^2 s$	0.046 1
$B_s^1 s$	0.098 7	$B_s^2 s$	0.091 1
$G_c s$	0.069 1	$G_z s$	0.029 6

注:在校准的过程中考虑到经济系统稳态的存在性和市场的可决性。

对于经济系统中内生变量的稳态值,需要根据参数迭代求解。本章按照公布的《新中国 60 年统计资料汇编》《中国财政年鉴 2014》《中国统计年鉴》等相关数据求得相关变量的比例值,再假定一些内生变量的结果是已知的。对于内生的资本回报率的稳态结果可以按照 $\overline{R_b^1} = (1-\overline{\tau}) \cdot \overline{r^1} + (1-\delta)$ 估计形成;部分稳态是根据其他稳态值和等式方程获得的,如 $\overline{g_p}/\overline{GDP^1}$、$\overline{g_p^1}/\overline{GDP^1}$ 等。所需校准的稳态值如表 4—4 所示。

表 4—4   系统中所需稳态值的校准结果

稳态值	含 义	估计结果
$\overline{\tau}$	平均的宏观税负水平	0.16
$\overline{u}$	中央与地方之间的收入分配水平	0.50
$\overline{R^1} = \overline{R^2}$	稳态的资本回报率	$(1/\beta - 1 + \delta)/(1-\tau)$
$\overline{B_S^1}$	稳态的短期债务回报率	$1/\beta$
$\overline{B_L^1}$	稳态的长期债务回报率	$1/[\beta(1+\rho_L)]$
$\overline{B_S^1}/\overline{GDP^1}$	地区 1 短期债务占本地 GDP 的平均水平	0.025
$\overline{B_S^2}/\overline{GDP^2}$	地区 2 短期债务占本地 GDP 的平均水平	0.025
$\overline{G_c}/\overline{GDP^1}$	中央公共消费支出占地区 1GDP 的平均水平	0.070 0
$\overline{G_p}/\overline{GDP^1}$	中央公共投资支出占地区 1GDP 的平均水平	0.030 0

续表

稳态值	含　义	估计结果
$\overline{G_c^1}/GDP^1$	地区 1 公共消费支出占本地 GDP 的平均水平	0.030 0
$\overline{G_p^1}/GDP^1$	地区 1 公共投资支出占本地 GDP 的平均水平	0.010 0
$\overline{G_c^2}/GDP^1$	地区 2 公共消费支出占本地 GDP 的平均水平	0.030 0
$\overline{G_p^2}/GDP^1$	地区 2 公共投资支出占本地 GDP 的平均水平	0.010 0

三、基本模型的脉冲响应结果

图 4—5 中的脉冲响应图表明了地方政府债务置换对宏观经济中各变量的影响。总的来说,债务置换对中国经济总的 GDP 水平具有明显的增长效应,这在不发达地区的表现更为直观强烈。相对来说,债务置换抑制了总消费和总投资,不发达地区消费的响应略高于发达地区,而投资的响应低于发达地区。

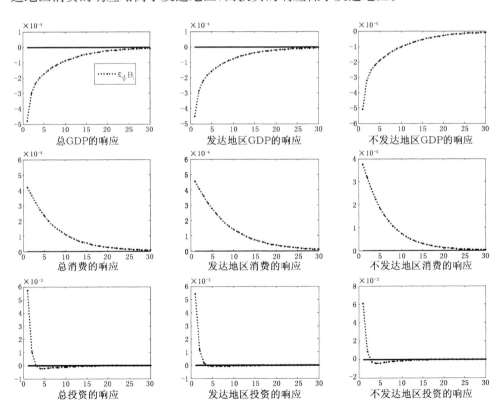

图 4—5　地方政府债务置换对宏观经济的影响

　　地方政府发行地方政府债务之后,无论本金如何,每年的利息是一个非常大的负担。对此,本章以下还分析了地方政府债务置换对于债务回报率的影响。

　　由图4—6可知,在短期中,地方政府债务置换对发达地区和欠发达地区的债务回报率均有明显的负效应,且对两者的影响差距不大;在长期中,欠发达地区长期债务回报率对债务置换的响应高于发达地区。

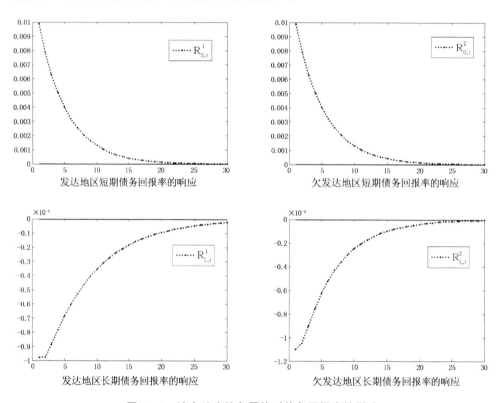

图4—6　地方政府债务置换对债务回报率的影响

　　如图4—7所示,地方政府债务置换对欠发达地区短期债的影响高于发达地区,而总长期债务规模对债务置换的响应在发达地区和欠发达地区有着类似的经济增长效应。

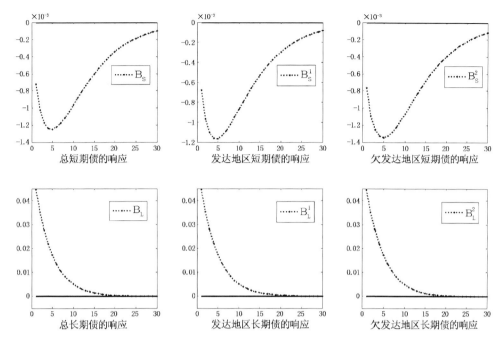

图 4—7 地方政府债务置换对长短期债务量的影响

图 4—8 表明了债务置换对通货膨胀的影响是显著的,而对于地区间商品流通的经济增长效应呈现了明显的驼峰状态。

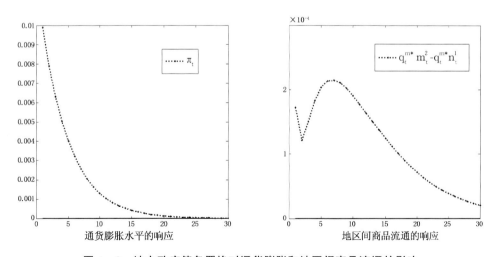

图 4—8 地方政府债务置换对通货膨胀和地区间商品流通的影响

四、债务置换背景下的财政乘数分析

参考布兰查德和佩罗蒂(Blanchard and Perotti,2002)的静态乘数与芒特福德和尤利格(Mountford and Uhlig,2009)、法尔希和韦宁(Farhi and Werning,2012)关于动态财政政策乘数的标准设定,本章参照设定现值的财政政策乘数为:

$$\frac{\Delta Y}{\Delta G}(k) = \frac{E_t \sum_{j=0}^{k}\left(\prod_{i=0}^{j}(1+r_{t+i})^{-j}\right)\Delta Y_{t+k}}{E_t \sum_{j=0}^{k}\left(\prod_{i=0}^{i}(1+r_{t+i})^{-j}\right)\Delta G_{t+k}}, k=1,5,10,20,40 \qquad (4.41)$$

根据上述公式,本章首先比较基准模型和含不确定性政策模型的财政政策乘数结果。不同财政政策的乘数效应具体见表4-5。

表4-5 "债务置换"模型中的财政政策乘数

财政政策乘数		$t=1$	$t=5$	$t=10$	$t=20$	$t=40$
$\Delta GDP/\Delta G_{pt}$ 中央公共投资支出乘数	含债务置换	0.485 8	0.669 2	0.898 2	1.088 0	1.150 3
	不含债务置换	0.490 8	0.675 6	0.906 5	1.097 9	1.160 7
$\Delta GDP^1/\Delta G_{pt}^1$ 发达地区公共投资支出乘数	含债务置换	0.146 6	0.089 5	0.054 8	0.028 4	0.019 7
	不含债务置换	0.144 2	0.085 7	0.049 2	0.021 0	0.011 7
$\Delta GDP^2/\Delta G_{pt}^2$ 欠发达地区公共投资支出乘数	含债务置换	1.506 2	2.365 4	3.241 7	3.938 1	4.164 9
	不含债务置换	1.526 0	2.390 4	3.268 3	3.961 5	4.186 2
$\Delta GDP/\Delta\tau_t$ 欠发达地区公共投资支出乘数	含债务置换	1.397 0	2.280 7	3.134 5	3.802 6	4.020 9
	不含债务置换	1.409 7	2.300 1	3.160 1	3.832 8	4.052 7
$\Delta GDP^1/\Delta\tau_t$ 欠发达地区公共投资支出乘数	含债务置换	1.160 1	1.835 7	2.507 0	3.036 2	3.210 6
	不含债务置换	1.166 7	1.850 7	2.534 3	3.077 0	3.257 1
$\Delta GDP^2/\Delta\tau_t$ 欠发达地区公共投资支出乘数	含债务置换	1.655 3	2.766 0	3.818 7	4.638 3	4.904 4
	不含债务置换	1.674 6	2.790 1	3.842 5	4.657 0	4.920 2

表4-5表明,基准模型和含不确定性政策模型的财政政策的乘数效应是明显不同的。关于中央公共投资支出乘数,含债务置换的乘数在 t 取不同值时均低于不含债务置换情况下的乘数,例如在 $t=1$ 期时,含债务置换的中央公共投资支出乘数为0.485 8,低于不含债务置换的相应乘数0.490 8。比较看来,发达地区公共投资支出乘数在债务置换下的结果则有着相反的作用机制,含债务置换的乘数均大于不含债务置换下的乘数。债务置换对于欠发达地区投资支出乘数的影响与中央公共投资支出乘数的结果均是一致的,例如依然取 $t=1$ 期,含债务置换的欠发达地区公共投资支出乘数为1.506 2,低于不含债务置换的相应乘数1.526 0。比

较有关文献,王国静和田国强(2014)同样在动态随机一般均衡(DSGE)框架下估计政府支出乘数,他们估算的公共部门长期的政府消费乘数为0.790 4,相应的公共部门长期的政府投资乘数为6.113 0。短期脉冲结果表明:政府公共消费支出冲击和政府公共投资的冲击对宏观经济系统的影响截然不同。同时,陈诗一和陈登科(2015)首次定量考察了我国财政支出乘数与经济周期之间的关系,研究发现我国财政支出乘数平均为0.64,并具有明显的逆周期特征,与本章结果基本一致。

五、估计参数的敏感性分析

对于经济系统中数值模拟的结果,本章对深层次的结构性参数$\{\sigma、\omega、\varepsilon、\beta、\delta、\varphi、\alpha^1、\theta、\chi、A_n^1、\rho、\xi^1\}$校准系统的稳健性,分别考察了$\sigma$为1.92~3,$\omega$为0.32~0.4,$\varepsilon$为0.4~0.7,$\beta$为0.987~0.99,$\delta$为8%~11%,$\varphi$为0.20~0.30,$\alpha^1$为0.465~0.50,$\theta$为0.22~0.27,$\chi$为0.10~0.20,$A_n^1$为0.70~1.50,$\rho$为1.8~2.5,$\xi^1$为1.20~2时的脉冲反应。敏感性分析表明,经济系统对上述估计的参数校准值反应较为稳健。限于本章的篇幅,此处只展示出总GDP产出、分地区GDP产出、总消费C、分地区消费、总投资I、分地区投资稳健性检验的脉冲响应结果。具体结果见本章附录2的参数敏感性分析。

第五节　债务因素变化的“反事实”模拟

对于我国的地方政府债务问题,债务置换期的选择、长期稳态债务水平的控制、债务控制过程中不确定性水平的变化、基于不同经济时期的债务处置及其财政政策规则的变化都是影响我国债务管理的现实问题。从化解地方政府债务存量的视角出发,本书以下分析了债务置换各个特征变化及化债手段变化后的动态影响。

一、债务置换期变化的动态影响

以下本书设定不同的债务置换期,长期债券的退化率ρ_L分别为0.974 1、0.978 6、0.982 1和0.984 9,对应的偿债期分别为3年、5年、7年和10年,则在这一情景下债务置换的经济影响如图4—9所示。

由图4—9可知:偿债期的变化并不影响债务置换的宏观经济影响。从GDP来看,在债务置换的冲击下,无论偿债期如何变化,各个宏观经济变量对其冲击的响应程度和响应形式几乎是无差异的。其他变量的结果也是不变的,限于篇幅,本书不再列出相应的结果。从而债务置换期变化对于整个社会福利的变化没有影响。

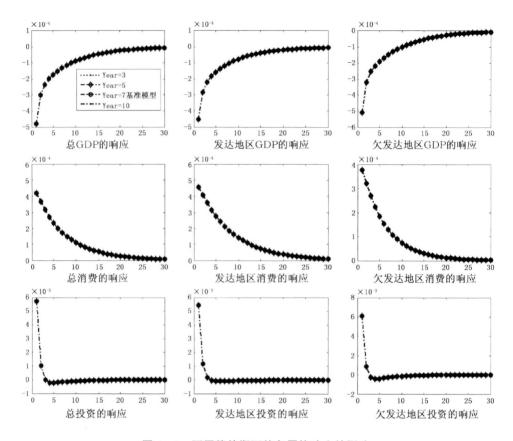

图4—9　不同偿债期下债务置换冲击的影响

二、稳态债务水平变化的动态影响

以下本书设定不同的稳态时,短期债占本地 GDP 的水平分别为 2.5%、1%、5% 和 7%,则在这一情景下债务置换的经济影响如下。

(一)稳态债务水平变化的长期增长影响

针对主要宏观变量,获得不同稳态水平下债务置换的脉冲结果如图 4—10 所示。

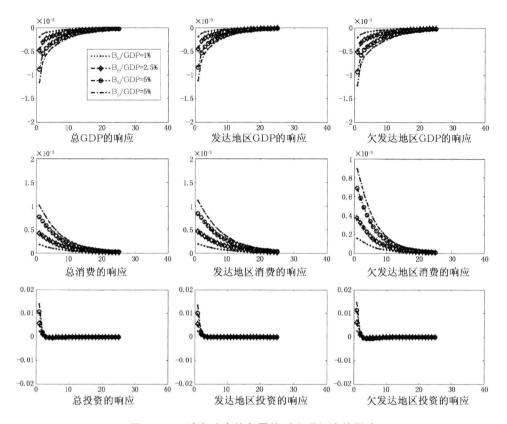

图4—10　地方政府债务置换对宏观经济的影响

由图4—10中的脉冲响应可知:债务置换对总体GDP水平的影响在债务水平较高情况下更加明显,而发达地区和欠发达地区的响应效果几乎相同。在总消费对于债务置换的响应的分析中,欠发达地区的增长效应高于发达地区。比较来说,发达地区和欠发达地区的总投资水平对于债务置换的响应差距不大。图4—11表明了不同债务水平对发达地区和欠发达地区短期债务回报率的影响趋势类似。而在长期中,较高债务水平的发达地区和欠发达地区债务回报率的增长效应更加明显。

由图4—12可分析得出:不同债务水平对于不同地区长期债市场的影响差距不大,比较来看,对于短期债的影响却各有不同。较高债务水平下发达地区短期债对于债务置换的响应高于其他水平,这种影响机制在欠发达地区依然成立。图4—13表明较高债务水平下,通货膨胀对债务置换的响应更加波动,而地区间商品流通对其的响应则呈现出明显的驼峰形态。

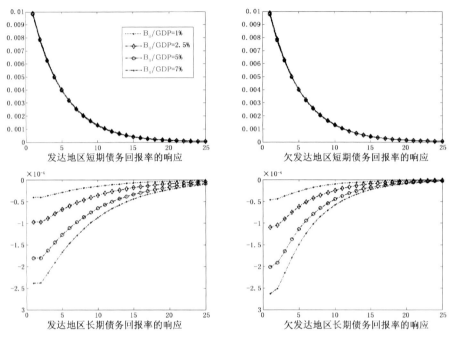

图 4—11　债务置换对债务回报率的影响

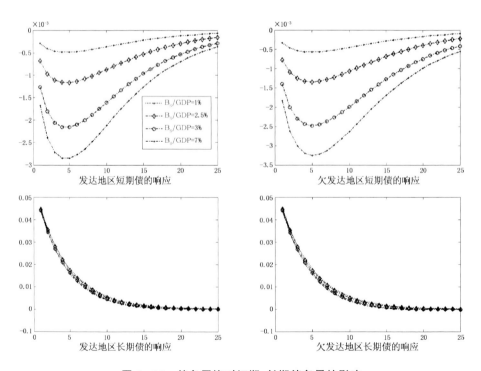

图 4—12　债务置换对短期、长期债务量的影响

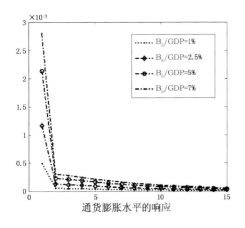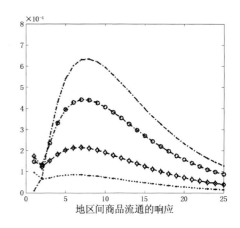

图4-13 债务置换对通货膨胀和地区间商品流通的影响

(二)稳态债务水平变化的福利效应

对于长期债务的稳态水平,假定长期可保证政府资产平衡的债务水平是可变的,此时整个经济系统面临债务置换的长期增长效应和福利效用分析如下。一方面,对于长期的经济增长水平、长期债务水平的变化和全要素生产率可以模拟获得。另一方面,使用卢卡斯(Lucas,1987)提出的等价性变换来衡量长期债务水平变化带来的社会福利变动,采用该经济福利指标作为标准,具体计算公式如下:

$$\frac{[(1+\Xi)C_{benck}^i(G_{C,benck}^i)^\omega]^{1-\sigma}}{1-\sigma} - A_n^i \cdot L_{benck}^i + \frac{1}{1-\xi^i}\left[\left(\frac{M_{benck}^i}{P_{benck}^i}\right)^{1-\xi^i}-1\right]$$

$$=\frac{[C_{current}^i(G_{Ccurrent}^i)^\omega]^{1-\sigma}}{1-\sigma} - A_n^i \cdot L_{current}^i + \frac{1}{1-\xi^i}\left[\left(\frac{M_{current}^i}{P_{current}^i}\right)^{1-\xi^i}-1\right], i=1,2$$

$$(4.42)$$

表4-6中,每个指标的变化各不相同。总体来说,对比2.5%水平,在1%、5%和7%三个稳态条件下,总GDP稳态值、发达地区及欠发达地区的GDP稳态值、地区间差异变化、地区1和地区2的福利等指标逐渐降低,发达地区和欠发达地区长期债占本地GDP水平的百分比在逐渐上升。具体通过趋势对比如图4-14所示。

表4-6 不同稳态下短期债水平的增减变化

稳态时短期债占本地GDP的水平	2.5%	1%	5%	7%
GDP稳态值	1.922 6	1.927 5	1.914 4	1.907 8
增减变化(%)	—	0.25%	−0.68%	−0.34%
发达地区GDP稳态值	0.999 9	1.002 5	0.995 6	0.992 1

续表

稳态时短期债占本地 GDP 的水平	2.5%	1%	5%	7%
增减变化(%)	—	0.26%	−0.69%	−0.35%
欠发达地区 GDP 稳态值	0.922 7	0.925	0.918 8	0.915 7
增减变化(%)	—	0.25%	−0.67%	−0.34%
发达地区长期债占本地 GDP	2.50%	1.00%	5.00%	7.00%
增减变化(%)	—	−60.00%	400.00%	40.00%
欠发达地区长期债占本地 GDP	1.27%	0.51%	2.53%	3.55%
增减变化(%)	—	−59.84%	396.08%	40.32%
地区间差异的比例	1.083 8	1.083 9	1.083 6	1.083 5
增减变化(%)	—	0.01%	−0.03%	−0.01%
地区1福利的变化(三)	—	0.37%	−0.64%	−1.16%
地区2福利的变化(三)	—	0.34%	−0.54%	−1.00%
地区1的全要素生产率	0.269 4	0.27	0.268 4	0.267 7
增减变化(%)	—	0.37%	−0.64%	−1.16%
地区2的全要素生产率	0.267	0.267 5	0.266	0.265 3
增减变化(%)	—	0.37%	−0.64%	−1.16%

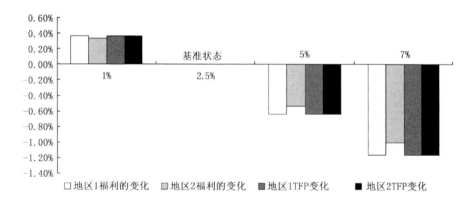

图 4—14　债务水平变化的长期福利效应与 TFP 提升效应

图 4—14 表示债务水平变化的长期福利效应与 TFP 提升效应,随着债务水平的提高,其总体上呈下降趋势。

三、债务置换"不确定性"特征的经济影响

中国地方政府债务置换是由中央银行和财政部牵头各商业银行的政府主导型宏观调整政策。行政干预的存在及其经济运行的不确定性预期使得地方政府债务置换具有强烈的不确定性特征。对此,伏润民等(2012)就认为:地方政府债务置换重点还需要考虑地方经济运行的不确定性预期、经济主体危机发生的概率、政府担保债务转嫁的可能性等一系列问题。另一方面,2015 年以来中国资本外流、外汇储备进入持续下降通道,并且中国商业环境的改变和各类成本的上升使得社会私人投资下降。2020 年的突发疫情加大了经济下行压力。这一现实导致对政府公共项目投资的需求急剧攀升,进而必定会增加地方政府债务的存量规模。这两个方面的问题使得地方政府债务置换问题不再是"一锤子的买卖",具有较强的不确定性特征。因而在宏观经济增长问题的讨论中,越来越多的研究关注政策不确定性、投资的不确定性的经济影响。这方面,采用时变 VAR 的实证分析和 NK-DSGE 模型的理论分析,费尔南多—比利亚韦德等(Fernández-Villaverde et al,2015)研究了未预期到的财政政策对经济波动的冲击,发现对美国的影响比较大。博思和普法伊菲(Born and Pfeifer,2013)则发现这个结果相对不是很大,并且其模型考虑了货币政策。贝克等(Baker et al,2016)构建了主要经济体的经济政策不确定性指数和财政货币政策的不确定性指数,并通过实证研究经济政策不确定性的不利影响。而本书此处研究中借鉴贝克等(Baker et al,2016)的方法,通过搜集中国主流媒体——《人民日报》《经济日报》《光明日报》的相关信息发现:中国有关地方政府债务的经济政策存在不确定性特征,并且在 2010 年之后不确定性政策变化很大。具体做法见朱军(2017)的研究,对比序列之间的相关关系发现,这一政策不确定性特征是稳健性的——因为基于《经济日报》指数的结果与基于《人民日报》指数的结果相关系数为 0.83,基于《光明日报》指数的结果与基于《人民日报》指数的结果相关系数为 0.73,都是明显强正相关的。具体指数情况如图 4—15 所示。

在此,本书通过"反事实"模拟的方式考虑债务置换的不确定性问题,设定债务置换政策具有不确定性特征时的政策影响变化。亦即:

$$\log(\varphi_t^B) = \rho_{\varphi^B} \cdot \log(\varphi_{t-1}^B) + \exp(\sigma_t^{\varphi^B}) \cdot \varepsilon_t^{\varphi^B},$$ 其中 $\sigma_t^{\varphi^B}$ 是一个一阶自回归的形式。这个过程描述了不确定性的债务置换政策。此时全要素生产率和 GDP 的响应结果如图 4—16 所示。

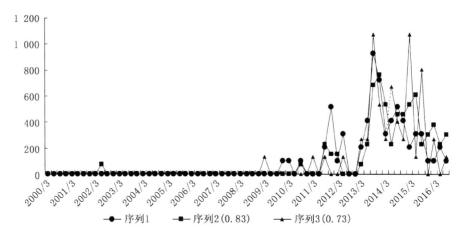

注：参考贝克等（Baker et al,2016）的方法估计并进行统计分析。

图4—15　地方政府债务的不确定性特征

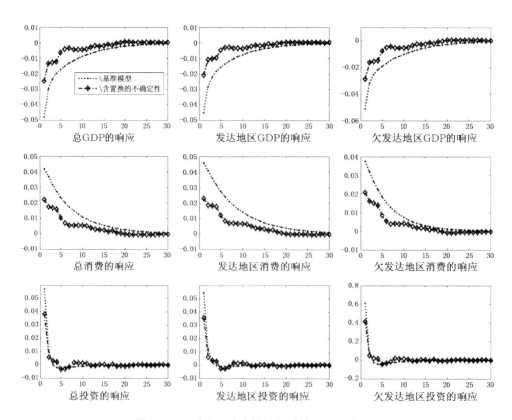

图4—16　对比不确定性特征时的宏观经济响应

　　由图4－16可知:在包含置换的不确定性条件情况下,债务置换对总体GDP水平的影响被"削弱了",其在发达地区和欠发达地区的作用机制同样成立。总消费对债务置换的响应在基准模型中的增长效应高于加入不确定性条件的情形。两种状态下总投资的响应差距不大,而欠发达地区投资的总体效应略高于发达地区。

　　由图4－17可知:在含置换不确定性的条件下,不管在发达地区还是欠发达地区,短期债务回报率对债务置换的响应非常小。相对来说,长期债务回报率的增长效应明显,但仍低于基准模型,且欠发达地区的响应强于发达地区。

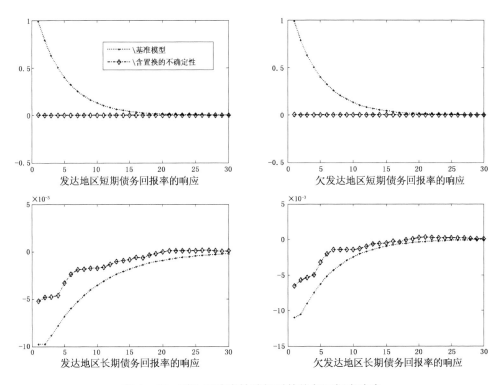

图4－17　对比不确定性特征时的债务回报率响应

　　图4－18所示:相比于基准模型,含置换的不确定性特征条件下短期债总量对于债务置换的响应更持久,这个结论在发达或者欠发达地区均适用。而长期债市场中,加入不确定性约束,两个地区对其债务置换的响应几乎没有考虑到通货膨胀和地区间商品流通等经济变量。

　　图4－19表明,加入置换的不确定性因素,债务置换对地区间商品流通的影响较强烈,而对于通货膨胀的影响不大。

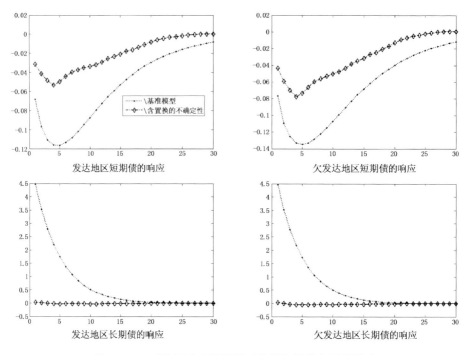

图4—18　对比不确定性特征时的长短期债务量的影响

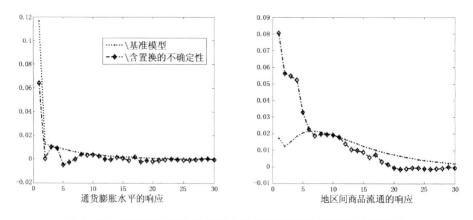

图4—19　对比不确定性特征时的通货膨胀和地区间商品流通响应

四、不同经济发展时期债务置换的影响

　　对比国际研究发现,在经济繁荣时期政府债务风险不断积聚,但是风险表露特征不明显。在经济萧条时期政府债务风险积累速度缓慢,但是风险表露特征明显,并伴随着经济衰退下的高财政压力。在经济向好的发展阶段,政府的债务规模普

遍降低。而在政府债务水平较高的时期,一般化债压力最困难的阶段处在经济发展衰退或者经济危机等阶段。因此在不同的经济时期政府财政政策及其对债务的使用和处置是不同的。对此,关于不同时期的财政乘数,学者有不同的认识和处理。雷米(Ramey,2011)采用标准向量自回归(VAR)的识别方法,发现政府财政支出提高了消费和实际社会工资,并构建了关于1939—2008年支出数据的模型,分析得出财政支出乘数的波动区间为[0.6,1.2]。通过搜集分析两次世界大战和经济大萧条时期美国政府和加拿大政府的历史数据,欧阳等(Owyang et al,2013)发现,与以往研究结果相反,加拿大政府的财政支出乘数在经济萧条时期更大一些,而美国政府的财政乘数反而不高。雷米等(Ramey et al,2014)在经济萧条期和利率接近零下限两个典型的经济发展阶段,根据涵盖经济大波动时的美国新季度的历史数据构建状态依赖模型,由最终的脉冲响应图示得出,政府财政支出在大萧条时期的乘数不一定高于平均值。而从现有文献和债务管理来看,主要是通过法律、行政、市场竞争等方式对政府债务进行约束。现有文献并没有考虑经济周期背景下的政府债务风险问题,也没有文献讨论不同经济时期债务置换的经济影响。在此,对比基准模型的结果与经济繁荣时期、经济萧条时期结果,本书获得债务置换的经济影响如图4—20、图4—21所示。

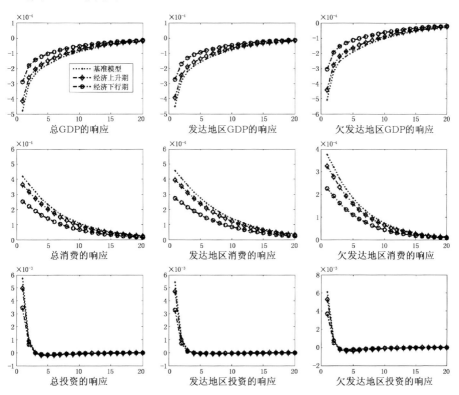

图 4—20　不同经济发展时期地方政府债务置换的经济影响

由图4—20的脉冲响应结果,本书发现:债务置换对总体GDP水平的影响在经济上升时期高于经济下行时期,对消费的抑制效应也是在经济上升时期表现明显。关于对投资的影响,债务置换在经济上升时期和经济下行时期的响应趋势几乎相同,但欠发达地区的增长效应略高于发达地区。图4—21则表明了不同经济时期债务置换对债务回报率的短期和长期影响,具体分析同图4—20,不再赘述。

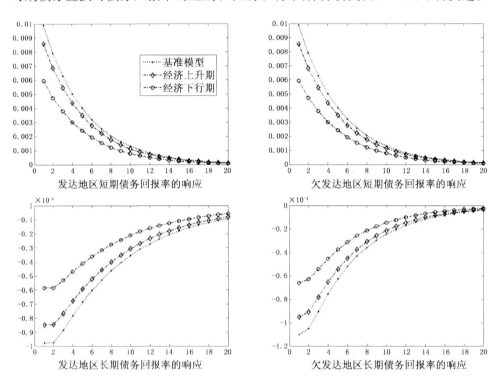

图4—21　不同经济发展时期地方政府债务置换对债务回报率的响应

如图4—22所示,对比基准模型,发达地区短期债对债务置换的响应在经济上升期和下行期均呈现"U"型,经济上升期的响应强度高于经济下行期,且欠发达地区的变化趋势同发达地区。长期债总量的响应在两个地区没有什么区别,且经济上升期的增长效应均高于经济下行期。

图4—23表明,地区间商品流通在不同时期经济下对债务置换的响应均呈现驼峰形态。经济上升期债务置换对通货膨胀的作用总体趋势一致,但增长效应略高于下行期。

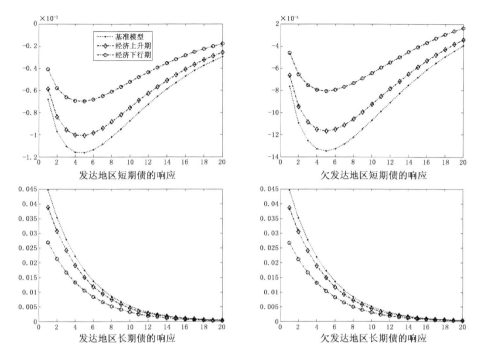

图4—22　不同经济发展时期地方政府债务置换对长短期债务量的影响

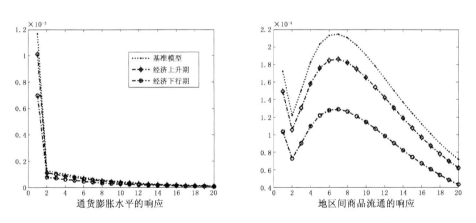

图4—23　不同经济时期的通货膨胀和地区间商品流通响应

五、财政规则变化的相应影响

政府是经济活动的重要主体之一，为了使经济达到均衡以实现社会福利最大化，政府的行为需受到财政规则和货币规则的约束。通过构建两部门内生增长迭代模型，贾俊雪和郭庆旺(2011)研究表明财政规则对于促进经济的长期增长和政府债务规模有着积极的作用。张佐敏(2013)在动态随机一般均衡(DSGE)框架下研究了政府购买规则、融资规则和自动稳定规则之间的影响,发现当扭曲税率根据历史债务规模变化灵活调整时,经济中存在的税率弹性空间最大。同样在DSGE模型下讨论中国财政政策规则演变,朱军(2013)采用贝叶斯估计进行数值模拟发现,在开放经济中政府应利用"盯住产出规则"发挥主导作用,政府债务可采取"宽松"债务约束的政策效应。利用1992—2001年期间我国省级政府层面面板数据进行实证研究,周波(2014)建议应着力改革我国财政体制、实施规则式财政政策。基于以往研究,本书构建了新凯恩斯动态随机一般均衡模型,考虑含不确定性因素影响的情况下,不同财政规则下债务置换对于我国经济的长期影响,力求为中国财政货币政策实施提供更丰富的理论借鉴。

(一)财政紧缩政策的影响

假定政府采取紧缩的财政政策,则设定政府均形成一个负向的外生冲击,譬如以公共消费支出为例:

$$G_{Lct}^1 = (\overline{G_{Lc}^1})^{1-\rho_{g1c}} \cdot (G_{Lct-1}^1)^{\rho_{g1c}} \cdot e^{-\xi_{g1c}} \tag{4.43}$$

$$G_{Lct}^2 = (\overline{G_{Lc}^2})^{1-\rho_{g2c}} \cdot (G_{Lct-1}^2)^{\rho_{g2c}} \cdot e^{-\xi_{g2c}} \tag{4.44}$$

$$G_{ct} = (\overline{G_c})^{1-\rho_{gc}} \cdot (G_{ct-1})^{\rho_{gc}} \cdot e^{-\xi_{gc}} \tag{4.45}$$

此时,债务置换的经济影响如图4—24所示。

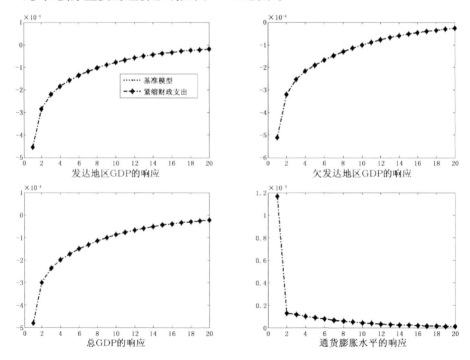

图4—24 财政紧缩政策下债务置换的影响

由图4－24的脉冲响应结果可知,发达地区和欠发达地区的GDP水平对债务置换的响应在基准模型和紧缩财政支出条件下几乎是相同的。在0至2期,通胀水平的响应最为强烈,随后渐趋稳定。而同时在这一情景下,债务置换对于GDP的影响与基准模型是一致的,没有变化。限于篇幅,不再列出其他宏观变量的响应结果。

(二)债务行为方程变化的影响

假定改变债务的行为,债务的变化不再考虑对本地GDP的变化,也就是模拟的情景 $\phi_{11}=0$、$\phi_{12}=0$,从而债务的行为方程转变为:$\dfrac{B_{S,t}^1}{B_S^1}=\left(\dfrac{B_{S,t-1}^1}{B_S^1}\right)^{\rho_{B_S^1}}$、$\dfrac{B_{S,t}^2}{B_S^2}=\left(\dfrac{B_{S,t-1}^2}{B_S^2}\right)^{\rho_{B_S^1}}$。此时债务置换的经济影响如图4－25所示。

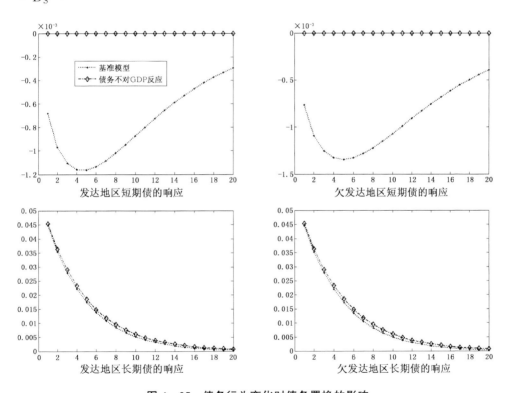

图4－25　债务行为变化时债务置换的影响

由图4－25可知:对比基准模型,若债务不对GDP变化做出调整,其债务置换对短期债的影响几乎不存在,这种作用机制在发达地区和欠发达地区是相同的,但响应强度和持久度不同。在长期债市场中,基准模型和债务不对GDP反应两种情况下,债务置换对其的影响曲线是重合的,表明响应强度几乎没有差距。

（三）公共投资支出行为方程变化的影响

假定各个地区的财政支出从刚性增长转为控制债务的支出规则，也就是

$\frac{G^1_{Lpt}}{G^1_{Lp}} = \left(\frac{G^1_{Lpt-1}}{G^1_{Lp}}\right)^{\rho_{g1p}} \cdot e^{\xi_{g1p}}$ 转变为：

$$反应债务率：\frac{G^1_{Lpt}}{G^1_{Lp}} = \left(\frac{G^1_{Lpt-1}}{G^1_{Lp}}\right)^{\rho_{g1p}} \cdot \left(\frac{B^1_{L,t}/\overline{B^1_L}}{GDP^1_t/\overline{GDP^1}}\right)^{-\Phi} \cdot e^{\xi_{g1p}} \qquad (4.46)$$

$$反应债务增量：\frac{G^1_{Lpt}}{G^1_{Lp}} = \left(\frac{G^1_{Lpt-1}}{G^1_{Lp}}\right)^{\rho_{g1p}} \cdot \left(\frac{B^1_{L,t}}{\overline{B^1_L}} - \frac{B^1_{L,t-1}}{\overline{B^1_L}}\right)^{-\Phi} \cdot e^{\xi_{g1p}} \qquad (4.47)$$

地区 2 的财政支出反应是同样的。此时债务置换的影响如下。

由图 4-26 中的脉冲响应可知，首先把支出规则分为两种：支出对债务率强烈响应和支出对债务增量强烈响应。分析可得，支出对债务率强烈响应的强度总是高于支出对债务增量强烈响应的情况，这个结论对于总体 GDP 水平和发达及欠发达地区 GDP 的影响同样适用。对于通货膨胀水平在不同支出规则下对债务置换的响应，0 至 3 期响应强烈，后期渐趋于稳定。

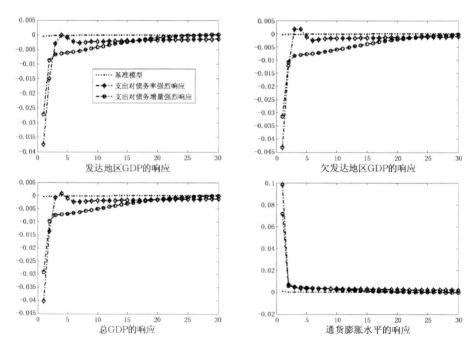

图 4-26　支出规则变化时债务置换对 GDP 和通胀的影响

由图 4-27 可知，在支出对债务增量强烈响应的支出规则下，债务置换对长期债和短期债的作用较另一种支出规则要明显，而在发达地区和欠发达地区的作用趋势几乎相同。

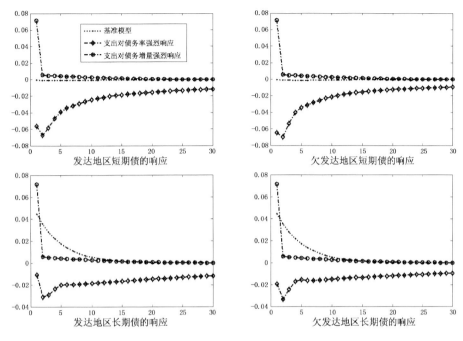

图 4—27　支出规则变化时债务置换

第六节　小　结

　　基于中国多级政府与地方投资驱动经济增长的现实特征,本章首次系统分析了中国地方政府债务置换的经济增长效应和福利损失效应。同时基于未来中国经济走势和财政管理完善的预期特征,本章通过 DSGE 模型"反事实"模拟的方法研究了债务置换的经济影响。本章研究发现:(1)债务置换对中国经济总的水平具有明显的抑制效应,这在不发达地区的表现更为直观、强烈。相对来说,债务置换虽提升了总消费和总投资,但却降低了地区的贸易水平,从而降低了总的 GDP 水平。(2)设定不同的债务置换期发现,不同债务置换期选择对于宏观经济的影响没有差别。在包含置换的不确定性条件的情况下,债务置换对总体 GDP 水平的影响被"削弱了",其在发达地区和欠发达地区的作用机制同样成立。(3)对比基准模型的结果与经济繁荣时期、经济萧条时期结果,本章获得债务置换的经济影响:债务置换对总体 GDP 水平的影响在经济上升时期高于经济下行时期,对消费的抑制效应也是在经济上升时期表现明显。关于对投资的影响,债务置换在经济上升时期和经济下行时期的响应趋势几乎相同,但欠发达地区的增长效应略高于发达地区。发达地区和欠发达地区的 GDP 水平对债务置换的响应在基准模型和紧缩财政支出条件下几乎是相同的。(4)本章还在考虑含不确定性因素影响的情况下,研究不同财政规则下债务置换对于我国经济的长期影响。由脉冲响应结果可知,发达地区和欠发达地区的 GDP 水平对于债务置换的响应在基准模型和紧缩财政支出条件下几乎是相同的。而同时在这一情景下,债务置换对于 GDP 总体水平的影响与基准模型是一致的。

总而言之,地方政府债务置换的积极作用表现为:提高财政的可持续性、降低财政压力、改善银行资产负债表和改善货币政策的传导机制。地方政府债务置换为中国经济的增长起到不可忽视的作用。与此同时,在中国经济下行发展的压力下,防范债务风险和稳定经济增长无疑是两个需要平衡的目标。这给地方政府债务置换带来了新的挑战,既要避免风险的积累和恶化,也要采取长远和系统性政策对政府债务问题进行根本性管理,实现社会最优福利。这有待后续进一步的深入研究。

第七节　技术附录

一、附录 1:稳态值的估计方法与结果

Broyden 方法是求解非线性方程组的方法。本章利用这种方法进行数值逼近、求解稳态值,用 Matlab 2014b 求解经济系统的外部稳态值。设定 $L_t^H, L_t^F, P_t^U,$ P_t^V, U, V 为已知的结果,在求解 V_t^H 和 V_t^F 的过程中,需要基于假定已知的 U、V、$U_t = U_t^H + U_t^F$、$V_t = V_t^H + V_t^F$,通过生产函数获得的相关关系进行求解,亦即:

$$\begin{bmatrix} V_H \\ V_F \end{bmatrix} = \begin{bmatrix} \dfrac{\left[\left(\dfrac{P_t^V}{\theta}\right)^{\frac{\rho}{1-\rho}} - \theta\right]^{-\frac{1}{\rho}}}{1-\theta} & \dfrac{\left[\left(\dfrac{P_t^U}{1-\theta}\right)^{\frac{\rho}{1-\rho}} - (1-\theta)\right]^{-\frac{1}{\rho}}}{\theta} \\ 1 & 1 \end{bmatrix}^{-1} \cdot \begin{bmatrix} U \\ V \end{bmatrix} \qquad (4.48)$$

其他结果通过稳态的一阶优化结果获得。而 $L_t^H, L_t^F, P_t^U, P_t^V, U, V$ 则由以下 6 个方程决定:

$$P_t^V - (1-\theta)\left[\theta(U_t^H)^\rho + (1-\theta)(V_t^H)^\rho\right]^{\frac{1}{\rho}-1}(V_t^H)^{\rho-1} = 0 \qquad (4.49)$$

$$P_t^V - \theta\left[(1-\theta)(U_t^F)^\rho + \theta(V_t^F)^\rho\right]^{\frac{1}{\rho}-1} \cdot (V_t^F)^{\rho-1} = 0 \qquad (4.50)$$

$$a_n^H - (C_t^H)^{-\sigma}(g_{ct}^H)^{\omega(1-\sigma)}(1-\tau_{t+1}^H)W_t^H = 0 \qquad (4.51)$$

$$a_n^F - (C_t^F)^{-\sigma}(g_{ct}^F)^{\omega(1-\sigma)}(1-\tau_t^F)W_t^F = 0 \qquad (4.52)$$

$$U_t - A_t^H(g_{pt}^H)^{ee}(K_t^H)^{\gamma^H}(L_t^H)^{1-\gamma^H} = 0 \qquad (4.53)$$

$$V_t - A_t^F(g_{pt}^F)^{ee}(K_t^F)^{\gamma^F}(L_t^F)^{1-\gamma^F} = 0 \qquad (4.54)$$

根据以上的参数校准和所必需的稳态值校准,可以获得整个系统的外部稳态

值,见表 4—4。

二、附录 2:估计参数的敏感性分析

对于经济系统中数值模拟的结果,本章对深层次的结构性参数 $\{\sigma、\omega、\varepsilon、\beta、\delta、$ $\varphi、\alpha^1、\theta、\chi、A_n^1、\rho、\xi^1\}$ 校准系统的稳健性,分别考察了 σ 为 $1.92\sim3,\omega$ 为 $0.32\sim$ $0.4,\varepsilon$ 为 $0.4\sim0.7,\beta$ 为 $0.987\sim0.99,\delta$ 为 $8\%\sim11\%,\varphi$ 为 $0.20\sim0.30,\alpha^1$ 为 $0.465\sim0.50,\theta$ 为 $0.22\sim0.27,\chi$ 为 $0.10\sim0.20,A_n^1$ 为 $0.70\sim1.50,\rho$ 为 $1.8\sim$ $2.5,\xi^1$ 为 $1.20\sim2$ 时的脉冲反应。敏感性分析表明,经济系统对上述估计的参数校准值反应较为稳健。限于本章的篇幅,此处只展示出总 GDP 产出、分地区 GDP 产出、总消费 C、分地区消费、总投资 I、分地区投资敏感性分析的脉冲响应结果。外生冲击为债务置换的冲击,限于篇幅本书未列出其他冲击的结果。

对于相对风险厌恶系数 σ,本章采用常规的估值结果 2。为体现本章估计采用的参数更加稳健,此处列出了采用不同的参数取值 1.92、2、3 情况下的模拟结果(见图 4—28)(边界值不能无限大或无限小,因为系统取值超出一定的区间时将会出现复数形式的稳态值,后同)。根据数值模拟的结果发现:模拟结果中变量的脉冲反应结果的方向并未出现实质性变化,并未显示出发散或者较大的差异。因此,此处结果对于该参数是稳健的。

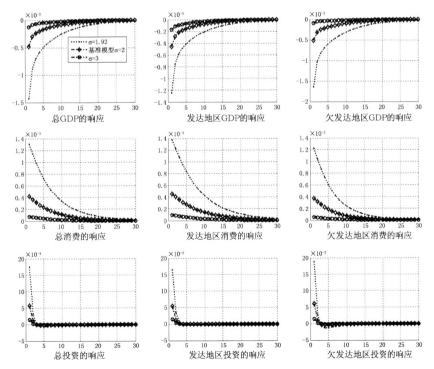

图 4—28　相对风险厌恶系数 σ 的敏感性分析

对于居民消费与政府消费的替代需求弹性 ω,本章采用常规的估值结果 0.35。为体现本章估计采用的参数更加稳健,此处列出了采用不同的参数取值 0.32、0.35、0.40 情况下的模拟结果(见图 4-29)。根据数值模拟的结果发现:模拟结果中变量的脉冲反应结果没有发生根本性的方向变化,而少部分宏观变量的反应大小则会在前 10 期有较小的差异,但在总体上是稳定的。因此,本书此处的结果对于该参数是稳健的。

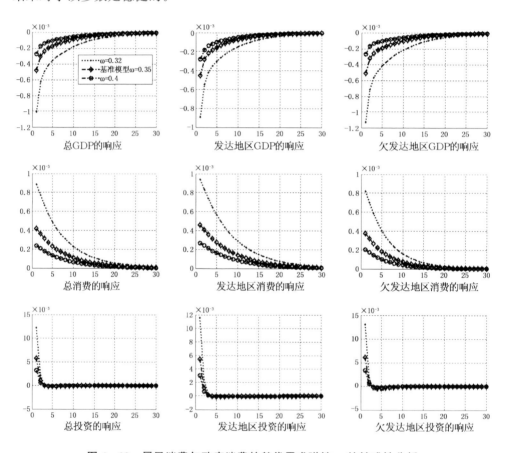

图 4-29　居民消费与政府消费的替代需求弹性 ω 的敏感性分析

对于公共消费与私人消费权重 ε,本章采用常规的估值结果 0.5。为体现本章估计采用的参数更加稳健,此处列出了采用不同的参数取值 0.4、0.5、0.7 情况下的模拟结果(见图 4-30)。根据数值模拟的结果发现:模拟结果中变量的脉冲反应结果没有发生根本性的方向变化;劳动供给量的响应差异稍大,其他宏观变量的反应大小则会有较小的差异,但在总体上是稳定的。因此,本书此处的结果对于该参数是稳健的。

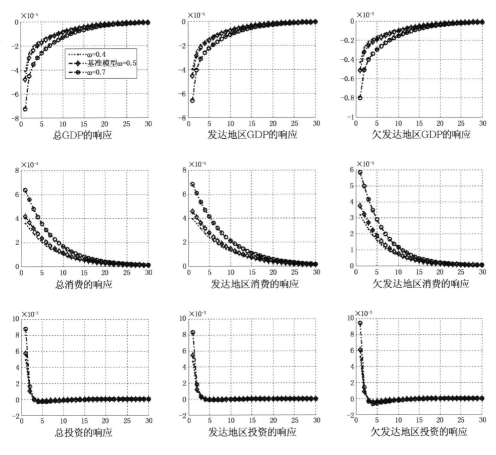

图4-30　公共消费与私人消费权重ε的敏感性分析

对于贴现因子 β,本章采用常规的估值结果 0.985。为体现本章估计采用的参数更加稳健,此处列出了采用不同的参数取值 0.985、0.987、0.99 情况下的模拟结果(见图4-31)。根据数值模拟的结果发现:模拟结果中变量的脉冲反应结果没有发生根本性的方向变化;劳动供给量的响应差异稍大,其他宏观变量的反应大小则会有较小的差异,但在总体上是稳定的。因此,本书此处的结果对于该参数是稳健的。

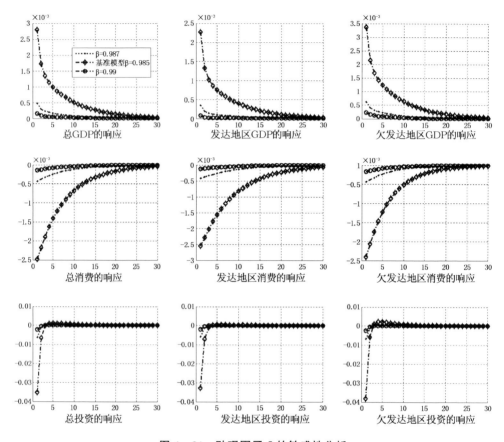

图4—31　贴现因子 β 的敏感性分析

对于年度的资本折旧率δ,本章采用常规的估值结果10%。为体现本章估计采用的参数更加稳健,此处列出了采用不同的参数取值8%、10%、11%情况下的模拟结果(见图4—32)。根据数值模拟的结果发现:模拟结果中变量的脉冲反应结果没有发生根本性的方向变化;劳动供给量的响应差异稍大,其他宏观变量的反应大小则会有较小的差异,但在总体上是稳定的。因此,本书此处的结果对于该参数是稳健的。

对于政府间投资权重φ,本章采用常规的估值结果0.25。为体现本章估计采用的参数更加稳健,此处列出了采用不同的参数取值0.20、0.25、0.30情况下的模拟结果(见图4—33)。根据数值模拟的结果发现:模拟结果中变量的脉冲反应结果没有发生根本性的方向变化,并且结果几乎是重合一致的。因此,本书此处的结果对于该参数是稳健的。

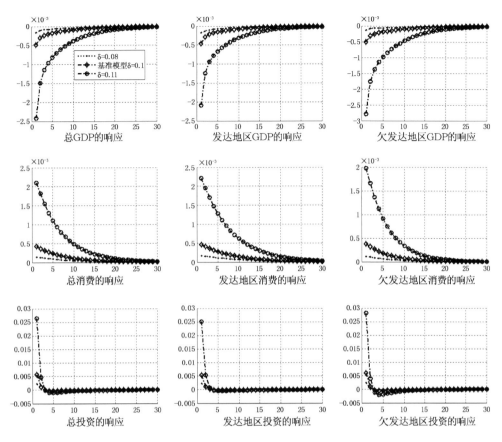

图 4—32 年度的资本折旧率 δ 的敏感性分析

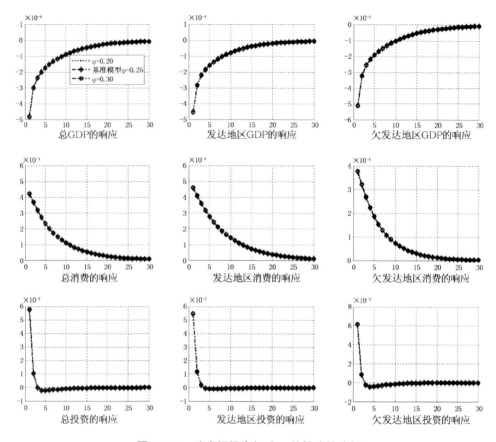

图4—33 政府间投资权重 φ 的敏感性分析

对于发达地区资本的产出弹性 α^1,本章采用常规的估值结果 0.477 8。为体现本章估计采用的参数更加稳健,此处列出采用不同的参数取值 0.465、0.477 8、0.50 情况下的模拟结果(见图4—34)。根据数值模拟的结果发现:模拟结果中变量的脉冲反应结果没有发生根本性的方向变化;同样劳动供给量的响应差异稍大,其他宏观变量的反应大小则会有较小的差异,但在总体上是稳定的。因此,本书此处的结果对于该参数是稳健的。

对于中间品使用的权重 θ,本章采用常规的估值结果 0.25。为体现本章估计采用的参数更加稳健,此处列出了采用不同的参数取值 0.22、0.25、0.27 情况下的模拟结果(见图4—35)。根据数值模拟的结果发现:模拟结果中变量的脉冲反应结果没有发生根本性的方向变化,并且结果几乎是重合一致的,因而本书此处的结果对于该参数是稳健的。

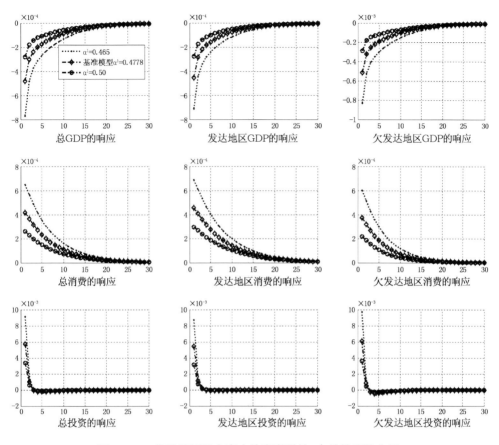

图 4—34　发达地区私人资本的产出弹性 α^1 的敏感性分析

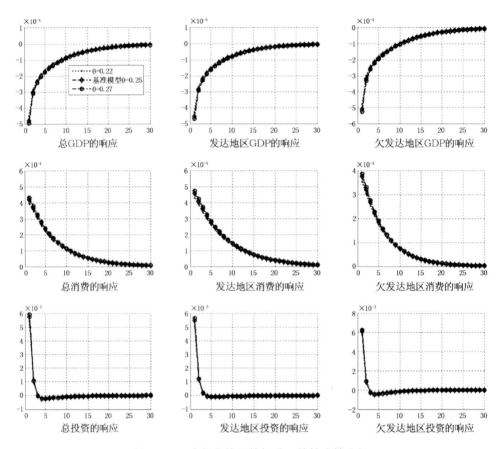

图4—35　中间品使用的权重 θ 的敏感性分析

对于公共资本产出弹性 χ，本章采用常规的估值结果0.15。为体现本章估计采用的参数更加稳健，此处列出了采用不同的参数取值0.10、0.15、0.20情况下的模拟结果（见图4—36）。根据数值模拟的结果发现：模拟结果中变量的脉冲反应结果没有发生根本性的方向变化，未发生系统爆炸和出现实质性变化。因此，该参数在结构模型中是相对稳健的。

对于劳动负效用反应系数 A_n^1，本章采用常规的估值结果1。为体现本章估计采用的参数更加稳健，此处列出了采用不同的参数取值0.7、1、1.50情况下的模拟结果（见图4—37）。根据数值模拟的结果发现：模拟结果中变量的脉冲反应结果没有发生根本性的方向变化，未发生系统爆炸和出现实质性变化。因此，此处的结果对于该参数是稳健的。

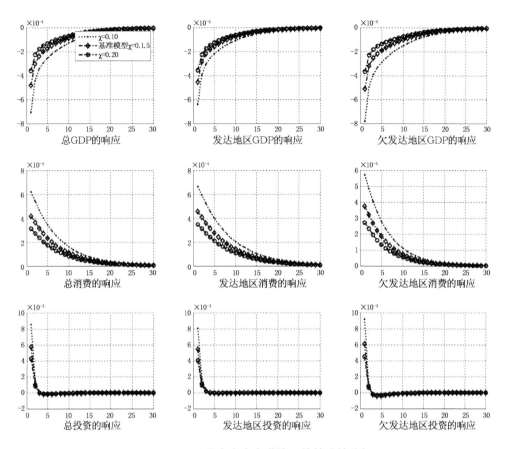

图 4—36 公共资本产出弹性 χ 的敏感性分析

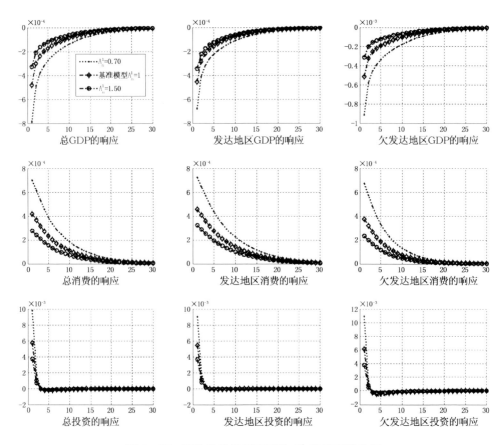

图4—37　劳动负效用反应系数 A_n^1 的敏感性分析

对于 CES 生产函数中的替代弹性 ρ，本章采用常规的估值结果 2。为体现本章估计采用的参数更加稳健，此处列出了采用不同的参数取值 1.8、2、2.5 情况下的模拟结果（见图4—38）。根据数值模拟的结果发现：模拟结果中变量的脉冲反应结果没有发生根本性的方向变化，并且结果几乎是重合一致的，因而本书此处的结果对于该参数是稳健的。

对于货币效用跨期需求弹性 ξ^1，本章采用常规的估值结果 1.5。为体现本章估计采用的参数更加稳健，此处列出了采用不同的参数取值 1.20、1.50、2 情况下的模拟结果（见图4—39）。根据数值模拟的结果发现：模拟结果中变量的脉冲反应结果没有发生根本性的方向变化，并且结果几乎是重合一致的，因而本书此处的结果对于该参数是稳健的。

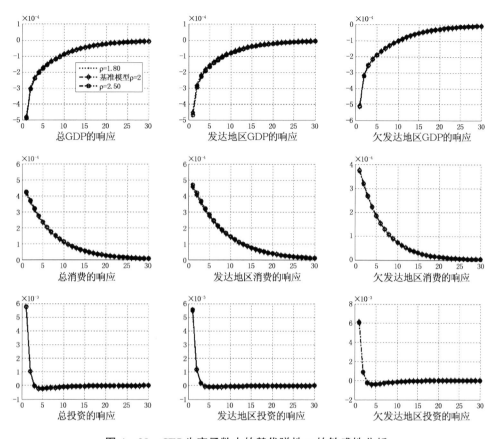

图 4—38　CES 生产函数中的替代弹性 ρ 的敏感性分析

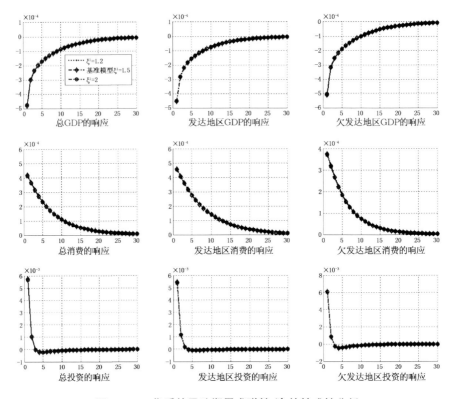

图 4—39　货币效用跨期需求弹性 ξ^1 的敏感性分析

三、附录 3：基准模型的程序

具体的 code 如下：

将所有的 code 放在一个文件夹中。

（一）Broyden 算法稳态值

首选 Broyden 计算方法。对于 dynare 具体 mod 类型的 code 而言，首先是测试问题，以便检查错误。对于前述的财政 DSGE 基本模型，Testss. m 的内容如下：

```
clc;
clear all;
sigma = 2;
omega = 0.35;
epsilo = 0.5;
beta = 0.98;
delta = 0.1;
phi = 0.25;
gama1 = 0.4778;
gama2 = 0.4011;
theta = 0.25;
ee = 0.15;
gcoqm = 0.07;    % central public consumption/developed area′s GDP
gzoqm = 0.03;    % central public transfer/developed area′s GDP
g1coqm = 0.03; %%local 1′s public consumption/developed area′s GDP
g1zoqm = 0.01; %%local 1′s public transfer/developed area′s GDP
g2coqn = 0.03; %%local 2′s public consumption/undeveloped area′s GDP
g2zoqn = 0.01; %%local 2′s public transfer/undeveloped area′s GDP
an1 = 1;
an2 = 1.35; % make the gdp1/gdp2=1.35
us = .50;
rho = 2;%
taubar = 0.16;
rhob1 = 0.9741;
rhob2 = 0.9741;
bs1soqm =.1;
bs2soqn =.1;
ksi1=2;
ksi2=2;

ParaSet = [sigma omega epsilo beta delta phi gama1 gama2    theta ee gcoqm    gzoqm
g1coqm g1zoqm g2coqn g2zoqn    an1 an2 us rho taubar rhob1 rhob2 bs1soqm bs2soqn ksi1
ksi2];
xini = [ 4.1278   4.2242   0.4330   0.4330   2.2790   2.1037]′;
[xopt,fval]=broyden(@(x)SolveSteadyState(x,ParaSet),xini);
l1s=xopt(1);
l2s=xopt(2);
qms=xopt(3);
qns=xopt(4);
```

```
ms=xopt(5);
ns=xopt(6);
[l1s l2s qms qns w1s w2s k1s k2s ms m1s m2s ns n1s n2s c1s c2s gcs gzs gps glcs glps
glzs g2cs g2ps  g2zs mp1s mp2s bs1s bs2s bl1s bl2s]=FullSteadyState(xopt,ParaSet);
xopt'
display('[l1s l2s qms qns w1s w2s k1s k2s ms m1s m2s ns n1s n2s c1s c2s]')
[l1s l2s qms qns w1s w2s k1s k2s ms m1s m2s ns n1s n2s c1s c2s]
display('[gcs gzs gps glcs glps glzs g2cs g2ps  g2zs mp1s mp2s bs1s bs2s bl1s bl2s]')
[ gcs gzs gps glcs glps glzs g2cs g2ps  g2zs mp1s mp2s bs1s bs2s bl1s bl2s]
```

（二）调用外部的 SolveSteadyState.m 函数，内容如下：

```
function [res]=SolveSteadyState(x,ParaSet)
sigma =ParaSet(1);   % subjective discounting rate
omega =ParaSet(2);   % depreciation rate
epsilo=ParaSet(3);   % steady-state labor
beta =ParaSet(4);   % steady-state labor
delta =ParaSet(5);   % steady-state labor
phi =ParaSet(6);   % steady-state labor
gama1 =ParaSet(7);   % steady-state labor
gama2 =ParaSet(8);   % steady-state labor
theta =ParaSet(9);   % steady-state labor
ee=ParaSet(10);
gcoqm =ParaSet(11);
gzoqm =ParaSet(12);
glcoqm =ParaSet(13);
glzoqm =ParaSet(14);
g2coqn =ParaSet(15);
g2zoqn  =ParaSet(16);
an1 =ParaSet(17);
an2 =ParaSet(18);
us=ParaSet(19);
rho=ParaSet(20);
taubar = ParaSet(21);
rhob1 = ParaSet(22);
rhob2 = ParaSet(23);
bs1soqm= ParaSet(24);
bs2soqn= ParaSet(25);
ksi1= ParaSet(26);
```

```
ksi2= ParaSet(27);
l1s=x(1,1);
l2s=x(2,1);
qms=x(3,1);
qns=x(4,1);
ms=x(5,1);
ns=x(6,1);
r1kbar=(1/beta-1+delta)/(1-taubar);
r2kbar=(1/beta-1+delta)/(1-taubar);
rs1bar=1/beta;
rs2bar=1/beta;
rl1bar=1/(beta * (1+rhob1));
rl2bar=1/(beta * (1+rhob2));
k1s=gama1 * qms * ms/r1kbar;
k2s=gama2 * qns * ns/r2kbar;
bs1s=bs1soqm * qms * ms;
bs2s=bs2soqn * qns * ns;
bl1s=bs1s * (1/rs1bar-1)/(1/rl1bar-(1+rhob1));
bl2s=bs2s * (1/rs2bar-1)/(1/rl2bar-(1+rhob2));
w1s=(1-gama1) * qms * ms/l1s;
w2s=(1-gama2) * qns * ns/l2s;
gcs=gcoqm * qms * ms;
gzs=gzoqm * qms * ms;
gps=us * taubar * qms * ms+us * taubar * qns * ns-gcs-gzs;
gpoqm=gps/qms/ms;
gcoqn=gcs/qns/ns;
gpoqn=gps/qns/ns;
glcs=glcoqm * qms * ms;
glzs=glzoqm * qms * ms;
glps=(1-us) * taubar * (w1s * l1s + r1kbar * k1s)+bl1s * (1/rl1bar-(1+rhob1))+
bs1s * (1/rs1bar-1)-glcs-glzs;
glpoqm=glps/qms/ms;
g2cs=g2coqn * qns * ns;
g2zs=g2zoqn * qns * ns;
g2ps=(1-us) * taubar * (w2s * l2s + r2kbar * k2s)+bl2s * (1/rl2bar-(1+rhob2))+
bs2s * (1/rs2bar-1)-g2cs-g2zs;
g2poqn=g2ps/qns/ns;
bg1coqmm=gcoqm^epsilo * g1coqm^(1-epsilo);      %% G1c/GDP 1
```

```
bg2coqnn＝gcoqn^epsilo * g2coqn^(1－epsilo);        %% G2c/GDP 2
bg1poqmm＝gpoqm^phi * g1poqm^(1－phi);        %% G1p/GDP 1
bg2poqnn＝gpoqn^phi * g2poqn^(1－phi);        %%  G2p/GDP 2
mn1＝((qms/theta)^(rho/(1－rho))－theta)/(1－theta);
m1on1＝mn1^(－1/rho);
mn2＝((qms/(1－theta))^(rho/(1－rho))－1＋theta)/theta;
m2on2＝mn2^(－1/rho);
Coef ＝ [m1on1 m2on2; 1 1];
nvec ＝ inv(Coef) * [ms; ns];
n1s ＝ nvec(1);
n2s ＝ nvec(2);
m1s ＝ m1on1 * n1s;
m2s ＝ m2on2 * n2s;
c1s＝qms * ms－delta * k1s－(g1coqm＋g1poqm) * qms *
ms－g1zs－us * taubar * qms * ms＋1/2 * gzs－qms * m2s＋qns * n1s;
c2s＝qns * ns－delta * k2s－(g2coqn＋g2poqn) * qns * ns－g2zs－us * taubar * qns * ns＋
1/2 * gzs－qns * n1s＋qms * m2s;
mp1s＝((1－beta) * ((c1s^(－sigma)) * (qms * ms * bg1coqmm)^((1－sigma) * omega)))
^(－1/ksi1);
mp2s＝((1－beta) * ((c2s^(－sigma)) * (qns * ns * bg2coqnn)^((1－sigma) * omega)))^
(－1/ksi2);
res(1,1)＝(1－theta) * (n1s^(rho－1)) * (theta * m1s^(rho)＋(1－theta) * n1s^(rho))^(1/
rho－1)－qns;
res(2,1)＝theta * (n2s^(rho－1)) * ((1－theta) * m2s^(rho)＋theta * n2s^(rho))^(1/rho－
1)－qns;
res(3,1)＝an1－(c1s^(－sigma)) * (qms * ms * bg1coqmm)^((1－sigma) * omega) * (1－
taubar) * w1s;
res(4,1)＝an2－(c2s^(－sigma)) * (qns * ns * bg2coqnn)^((1－sigma) * omega) * (1－
taubar) * w2s;
res(5,1)＝ms－((bg1poqmm * qms * ms)^ee) * k1s^gama1 * l1s^(1－gama1);
res(6,1)＝ns－((bg2poqnn * qns * ns)^ee) * k2s^gama2 * l2s^(1－gama2);
```

（三）再报一次稳态结果的 FullSteadyState 函数

具体内容与 SolveSteadyState 函数基本一致,内容如下:

```
function [l1s l2s qms qns w1s w2s k1s k2s ms m1s m2s ns n1s n2s c1s c2s gcs gzs gps g1cs
g1ps g1zs g2cs g2ps  g2zs mp1s mp2s bs1s bs2s bl1s bl2s]＝FullSteadyState(x,ParaSet);
sigma ＝ParaSet(1);    % subjective discounting rate
omega ＝ParaSet(2);    % depreciation rate
```

```
epsilo＝ParaSet(3); % steady－state labor
beta ＝ParaSet(4); % steady－state labor
delta ＝ParaSet(5); % steady－state labor
phi ＝ParaSet(6); % steady－state labor
gama1 ＝ParaSet(7); % steady－state labor
gama2 ＝ParaSet(8); % steady－state labor
theta ＝ParaSet(9); % steady－state labor
ee＝ParaSet(10);
gcoqm ＝ParaSet(11);
gzoqm ＝ParaSet(12);
g1coqm ＝ParaSet(13);
g1zoqm ＝ParaSet(14);
g2coqn ＝ParaSet(15);
g2zoqn ＝ParaSet(16);
an1 ＝ParaSet(17);
an2 ＝ParaSet(18);
us＝ParaSet(19);
rho＝ParaSet(20);
taubar ＝ ParaSet(21);
rhob1 ＝ ParaSet(22);
rhob2 ＝ ParaSet(23);
bs1soqm＝ ParaSet(24);
bs2soqn＝ ParaSet(25);
ksi1＝ ParaSet(26);
ksi2＝ ParaSet(27);
l1s＝x(1,1);
l2s＝x(2,1);
qms＝x(3,1);
qns＝x(4,1);
ms＝x(5,1);
ns＝x(6,1);
r1kbar＝(1/beta－1+delta)/(1－taubar);
r2kbar＝(1/beta－1+delta)/(1－taubar);
rs1bar＝1/beta;
rs2bar＝1/beta;
rl1bar＝1/(beta * (1+rhob1));
rl2bar＝1/(beta * (1+rhob2));
k1s＝gama1 * qms * ms/r1kbar;
k2s＝gama2 * qns * ns/r2kbar;
```

```
bs1s＝bs1soqm * qms * ms;
bs2s＝bs2soqn * qns * ns;
bl1s＝bs1s * (1/rs1bar－1)/(1/rl1bar－(1+rhob1));
bl2s＝bs2s * (1/rs2bar－1)/(1/rl2bar－(1+rhob2));
w1s＝(1－gama1) * qms * ms/l1s;
w2s＝(1－gama2) * qns * ns/l2s;
gcs＝gcoqm * qms * ms;
gzs＝gzoqm * qms * ms;
gps＝us * taubar * qms * ms+us * taubar * qns * ns－gcs－gzs;
gpoqm＝gps/qms/ms;
gcoqn＝gcs/qns/ns;
gpoqn＝gps/qns/ns;
g1cs＝g1coqm * qms * ms;
g1zs＝g1zoqm * qms * ms;
g1ps＝(1－us) * taubar * (w1s * l1s+r1kbar * k1s)+bl1s * (1/rl1bar－(1+rhob1))+
bs1s * (1/rs1bar－1)－g1cs－g1zs;
g1poqm＝g1ps/qms/ms;
g2cs＝g2coqn * qns * ns;
g2zs＝g2zoqn * qns * ns;
g2ps＝(1－us) * taubar * (w2s * l2s+r2kbar * k2s)+bl2s * (1/rl2bar－(1+rhob2))+
bs2s * (1/rs2bar－1)－g2cs－g2zs;
g2poqn＝g2ps/qns/ns;
bg1coqmm＝gcoqm^epsilo * g1coqm^(1－epsilo);        %% G1c/GDP 1
bg2coqnn＝gcoqn^epsilo * g2coqn^(1－epsilo);        %% G2c/GDP 2
bg1poqmm＝gpoqm^phi * g1poqm^(1－phi);        %% G1p/GDP 1
bg2poqnn＝gpoqn^phi * g2poqn^(1－phi);        %% G2p/GDP 2
mn1＝((qms/theta)^(rho/(1－rho))－theta)/(1－theta);
m1on1＝mn1^(－1/rho);
mn2＝((qms/(1－theta))^(rho/(1－rho))－1+theta)/theta;
m2on2＝mn2^(－1/rho);
Coef = [m1on1 m2on2; 1 1];
nvec = inv(Coef) * [ms; ns];
n1s = nvec(1);
n2s = nvec(2);
m1s = m1on1 * n1s;
m2s = m2on2 * n2s;
c1s＝qms * ms－delta * k1s－(g1coqm+g1poqm) * qms * ms－g1zs－us * taubar * qms *
ms+1/2 * gzs－qms * m2s+qns * n1s;
```

```
c2s=qns * ns−delta * k2s−(g2coqn+g2poqn) * qns * ns−g2zs−us * taubar * qns * ns+
1/2 * gzs−qns * n1s+qms * m2s;
mp1s=((1−beta) * ((c1s^(−sigma)) * (qms * ms * bg1coqmm)^((1−sigma) * omega)))
^(−1/ksi1);
mp2s=((1−beta) * ((c2s^(−sigma)) * (qns * ns * bg2coqnn)^((1−sigma) * omega)))^
(−1/ksi2);
res(1,1)=(1−theta) * (n1s^(rho−1)) * (theta * m1s^(rho)+(1−theta) * n1s^(rho))^(1/
rho−1)−qns;
res(2,1)=theta * (n2s^(rho−1)) * ((1−theta) * m2s^(rho)+theta * n2s^(rho))^(1/rho−
1)−qns;
res(3,1)=an1−(c1s^(−sigma)) * (qms * ms * bg1coqmm)^((1−sigma) * omega) * (1−
taubar) * w1s;
res(4,1)=an2−(c2s^(−sigma)) * (qns * ns * bg2coqnn)^((1−sigma) * omega) * (1−
taubar) * w2s;
res(5,1)=ms−((bg1poqmm * qms * ms)^ee) * k1s^gama1 * l1s^(1−gama1);
res(6,1)=ns−((bg2poqnn * qns * ns)^ee) * k2s^gama2 * l2s^(1−gama2);
```

(四)债务置换模型完整的 dynare 主程序(debtswap1. mod)
具体如下：

```
clc;
close all;
var B1gc B1gp g1c   g1p   g1z c1 l1 k1 w1 r1k rs1b rl1b qm m m1 m2 bs1 bl1 mf1 lamda1 pi
phib   %%local 1   22
B2gc B2gp g2c   g2p   g2z c2 l2 k2 w2 r2k rs2b rl2b qn n n1 n2 bs2 bl2 mf2
lamda2            %%local 2   20
gc gp gz tau   a   v            %% extra 6 in total:48
c gdp gdp1 gdp2 inv1 inv2 centg loctg1 loctg2 dgdp inv nexpt   bs bl
varexo eg1c eg2c eg1p eg2p egc egp ea etau ephib ev;   %%
parameters   sigma omega epsilo beta delta phi gama1 gama2   theta ee gcoqm gpoqm
g1coqm g1zoqm g2coqn g2zoqn an1 an2 us rho taubar rhob1 rhob2 bs1soqm bs2soqn ksi1
ksi2
rhogc   rhogp   rhoa rhotau rhog1c rhog1p rhog2c rhog2p rhophib rhobs1 rhobs2
r1kbar r2kbar rs1bar rs2bar rl1bar rl2bar
gcs gps gzs g1cs g1ps g1zs g2cs g2ps   g2zs
cs gdps gdp1s gdp2s   inv1s inv2s centgs loctg1s loctg2s dgdps bss bls
rhor1k rhov phil1 phil2   psil1 psil2 bs1s bs2s qms ms qns ns;
```

```
sigma =2;
omega =0.35;
epsilo=0.5;
beta   =0.98;
delta =0.1;
phi    =0.25;
gama1 =0.4778;
gama2 =0.4011;
theta =0.25;
ee=0.15;
gcoqm =0.07;    % central public consumption/developed area's GDP
gzoqm =0.03;    % central public transfer/developed area's GDP
g1coqm =0.03; %%local 1's public consumption/developed area's GDP
g1zoqm =0.01; %%local 1's public transfer/developed area's GDP
g2coqn  =0.03; %%local 2's public consumption/undeveloped area's GDP
g2zoqn  =0.01; %%local 2's public transfer/undeveloped area's GDP
an1 = 1;
an2 = 1.35; % make the gdp1/gdp2=1.35
us  =  .50;
rho = 2;  %
taubar =0.16;
rhob1 =0.9741;
rhob2 =0.9741;
bs1soqm=.025;
bs2soqn=.025;
ksi1=2;
ksi2=2;
rhogc  =0.9113;  %%
rhogp  =0.5057;
rhoa   =0.9400;
rhotau =0.3904;
rhog1c=0.5312;
rhog1p=0.3439;
rhog2c=0.4391;
rhog2p=0.4428;
rhophib=0.8;
rhor1k=0.4;
rhov=0.8;
phi11=1;
```

```
phi12=4;
rhobs1=0.8;
rhobs2=0.8;
psi11=1.5;
psi12=1.5;

r1kbar=(1/beta-1+delta)/(1-taubar);
r2kbar=(1/beta-1+delta)/(1-taubar);
rs1bar=1/beta;
rs2bar=1/beta;
rl1bar=1/(beta*(1+rhob1));
rl2bar=1/(beta*(1+rhob2));

ParaSet=[sigma omega epsilo beta delta phi gama1 gama2  theta ee gcoqm  gzoqm
glcoqm glzoqm g2coqn g2zoqn  an1 an2 us rho taubar rhob1 rhob2 bs1soqm bs2soqn ksi1
ksi2];
xini=[4.4471   4.4796   0.4330   0.4330   2.1363   1.9769]';
[xopt,fval]=broyden(@(x)SolveSteadyState(x,ParaSet),xini)
l1s=xopt(1);
l2s=xopt(2);
qms=xopt(3);
qns=xopt(4);
ms=xopt(5);
ns=xopt(6);
[l1s l2s qms qns w1s w2s k1s k2s ms m1s m2s ns n1s n2s c1s c2s gcs gzs gps glcs glps
glzs g2cs g2ps  g2zs mp1s mp2s bs1s bs2s bl1s bl2s]=FullSteadyState(xopt,ParaSet);
k1s=gama1*qms*ms/r1kbar;
k2s=gama2*qns*ns/r2kbar;
bs1s=bs1soqm*qms*ms;
bs2s=bs2soqn*qns*ns;
bl1s=bs1s*(1/rs1bar-1)/(1/rl1bar-(1+rhob1));
bl2s=bs2s*(1/rs2bar-1)/(1/rl2bar-(1+rhob2));
w1s=(1-gama1)*qms*ms/l1s;
w2s=(1-gama2)*qns*ns/l2s;
gcs=gcoqm*qms*ms;
gzs=gzoqm*qms*ms;
gps=us*taubar*qms*ms+us*taubar*qns*ns-gcs-gzs;
gpoqm=gps/qms/ms;
```

```
gcoqn=gcs/qns/ns;

gpoqn=gps/qns/ns;

g1cs=g1coqm * qms * ms;

g1zs=g1zoqm * qms * ms;

g1ps=(1-us) * taubar * (w1s * l1s+r1kbar * k1s)+bl1s * (1/rl1bar-(1+rhob1))-

g1cs-g1zs+bs1s * (1/rs1bar-1);

g1poqm=g1ps/qms/ms;

g2cs=g2coqn * qns * ns;

g2zs=g2zoqn * qns * ns;

g2ps=(1-us) * taubar * (w2s * l2s+r2kbar * k2s)+bl2s * (1/rl2bar-(1+rhob2))-

g2cs-g2zs+bs2s * (1/rs2bar-1);

g2poqn=g2ps/qns/ns;

bg1coqmm=gcoqm^epsilo * g1coqm^(1-epsilo);        %% G1c/GDP 1

bg2coqnn=gcoqn^epsilo * g2coqn^(1-epsilo);        %% G2c/GDP 2

bg1poqmm=gpoqm^phi * g1poqm^(1-phi);        %% G1p/GDP 1

bg2poqnn=gpoqn^phi * g2poqn^(1-phi);        %% G2p/GDP 2

cs=c1s+c2s;

gdps=qms * ms+qns * ns;

gdp1s=qms * ms;

gdp2s=qns * ns;

inv1s=delta * k1s;

inv2s=delta * k2s;

centgs=gcs+gps+gzs;

loctg1s=g1cs+g1ps+g1zs;

loctg2s=g2cs+g2ps+g2zs;

dgdps=gdp1s/gdp2s;

bss=bs1s+bs2s;

bls=bl1s+bl2s;

model;

exp(lamda1)=exp(-sigma * c1+(1-sigma) * omega * B1gc);        %% 001 local
1 consumer

an1=exp(lamda1) * (1-exp(tau)) * exp(w1);        %% 002

exp(lamda1)=beta * exp(lamda1(+1)) * ((1-exp(tau(+1))) * exp(r1k(+1))+1-del-
ta);        %% 003

exp(lamda1)=beta * exp(lamda1(+1)+rs1b-phib);        %% 004

exp(lamda1)=beta * (1+rhob1) * exp(lamda1(+1)+rl1b);        %% 005

exp(-ksi1 * mf1)=exp(lamda1)-beta * exp(lamda1(+1)-pi(+1));        %% 006

exp(B1gc)=exp(epsilo * gc+(1-epsilo) * g1c);        %% 007
```

exp(c1)+exp(k1)−(1−delta)*exp(k1(−1))+exp(g1c)+exp(g1p)+exp(g1z)−.5*exp(gz)+us*exp(tau+qm+m)+exp(qm+m2)−exp(qn+n1)=exp(qm+m)；　%% 008

exp(r1k)=gama1*exp(qm+m−k1(−1))；　　%%　009 local 1 firm

exp(w1)=(1−gama1)*exp(qm+m−l1)；　　%%　010 local 1 firm

exp(B1gp)=exp(phi*gp+(1−phi)*g1p)；　%%　011

exp(qm)=theta*exp((rho−1)*m1)*(theta*exp(rho*m1)+(1−theta)*exp(rho*n1))^(1/rho−1)；　%%　012

exp(qn)=(1−theta)*exp((rho−1)*n1)*(theta*exp(rho*m1)+(1−theta)*exp(rho*n1))^(1/rho−1)；　%%　013

exp(m)=exp(m1)+exp(m2)；　%%　014

exp(m)=exp(a+ee*B1gp+gama1*k1+(1−gama1)*l1)；　%%　015

(1−us)*(exp(tau+qm+m))+exp(bl1(+1)−rl1b)+exp(bs1(+1)−rs1b)=exp(g1c)+exp(g1p)+exp(g1z)+(1+rhob1)*exp(bl1)+exp(bs1−phib)；　%%　016

g1c=(1−rhog1c)*log(g1cs)+rhog1c*g1c(−1)+eg1c；　%%　017

g1p=(1−rhog1p)*log(g1ps)+rhog1p*g1p(−1)+eg1p；　%%　018

phib = rhophib*phib(−1)+ephib；　%%　019

exp(r1k)/r1kbar=((exp(r1k(−1))/r1kbar)^rhor1k)*(exp(phi11*pi)*(exp(gdp)/(gdps))^(phi12))^(1−rhor1k)*exp(v)；　%%　020

exp(lamda2)=exp(−sigma*c2+(1−sigma)*omega*B2gc)；　%%　021　local 1 consumer

an2=exp(lamda2)*(1−exp(tau))*exp(w2)；　　%%　022

exp(lamda2)=beta*exp(lamda2(+1))*((1−exp(tau(+1)))*exp(r2k(+1))+1−delta)；　%%　023

exp(lamda2)=beta*exp(lamda2(+1)+rs2b−phib)；　　%%　024

exp(lamda2)=beta*(1+rhob2)*exp(lamda2(+1)+rl2b)；　%%　025

exp(−ksi2*mf2)=exp(lamda2)−beta*exp(lamda2(+1)−pi(+1))；　%%　026

exp(B2gc)=exp(epsilo*gc+(1−epsilo)*g2c)；　%%　027

exp(c2)+exp(k2)−(1−delta)*exp(k2(−1))+exp(g2c)+exp(g2p)+us*exp(tau+qn+n)−.5*exp(gz)+exp(qn+n1)−exp(qm+m2)=exp(qn+n)；%%028

exp(r2k)=gama2*exp(qn+n−k2(−1))；　　%%　029 local 2 firm

exp(w2)=(1−gama2)*exp(qn+n−l2)；　　%%　030 local 2 firm

exp(B2gp)=exp(phi*gp+(1−phi)*g2p)；　%%　031

exp(qm)=(1−theta)*exp((rho−1)*m2)*((1−theta)*exp(rho*m2)+theta*exp(rho*n2))^(1/rho−1)；　%%　032

exp(qn)=theta*exp((rho−1)*n2)*((1−theta)*exp(rho*m2)+theta*exp(rho*n2))^(1/rho−1)；　　%%　033

exp(n)=exp(n1)+exp(n2)；　　　　%% 034

exp(n)=exp(a+ee*B2gp+gama2*k2+(1−gama2)*l2)；　　　　%% 035

$(1-us)*(\exp(tau+qn+n))+\exp(bl2(+1)-rl2b)+\exp(bs2(+1)-rs2b)=\exp(g2c)+$
$\exp(g2p)+\exp(g2z)+(1+rhob2)*\exp(bl1)+\exp(bs2-phib)$；%%036
g2c＝(1－rhog2c)＊log(g2cs)＋rhog2c＊g2c(－1)＋eg2c；　　　　%%　037
g2p＝(1－rhog2p)＊log(g2ps)＋rhog2p＊g2p(－1)＋eg2p；　　　　%%　038
//exp(r2k)/r2kbar＝((exp(r2k(－1))/r2kbar)ˆrhor1k)＊(exp(phi11＊pi)＊(exp(gdp2)/
(gdp2s))ˆ(phi12))ˆ(1－rhor1k)＊exp(v)；　%%　020
us＊exp(tau+qm+m)＋us＊exp(tau+qn+n)＋exp(mf1)＋exp(mf2)＝exp(gc)＋exp
(gp)＋exp(gz)＋exp(mf1(－1)－pi)＋exp(mf2(－1)－pi)；%%041
gc＝(1－rhogc)＊log(gcs)＋rhogc＊gc(－1)＋egc；　　　　　　%%　040
gp＝(1－rhogp)＊log(gps)＋rhogp＊gp(－1)＋egp；　　　　　　%%　041
tau＝(1－rhotau)＊log(taubar)＋rhotau＊tau(－1)＋etau；　　　%%　042
a ＝ rhoa＊a(－1)＋ea；　　　　　　%%　043
v ＝ rhov＊v(－1)＋ev；　　　　　　%%　044
exp(bs1(+1)－rs1b)－exp(bs1)＝exp(bl1(+1)－rl1b)－(1+rhob1)＊exp(bl1)；
exp(bs2(+1)－rs2b)－exp(bs2)＝exp(bl2(+1)－rl2b)－(1+rhob2)＊exp(bl2)；
exp(bs1)/bs1s＝((exp(bs1(－1))/bs1s)ˆrhobs1)＊(exp(qm+m)/(qms＊ms))ˆpsil1；
exp(bs2)/bs2s＝((exp(bs2(－1))/bs2s)ˆrhobs2)＊(exp(qn+n)/(qns＊ns))ˆpsil2；
exp(c)＝exp(c1)＋exp(c2)；
exp(gdp)＝exp(qm+m)＋exp(qn+n)；
exp(gdp1)＝exp(qm+m)；
exp(gdp2)＝exp(qn+n)；
exp(inv1)＝exp(k1)－(1－delta)＊exp(k1(－1))；
exp(inv2)＝exp(k2)－(1－delta)＊exp(k2(－1))；
exp(centg)＝exp(gc)＋exp(gp)＋exp(gz)；
exp(loctg1)＝exp(g1c)＋exp(g1p)＋exp(g1z)；
exp(loctg2)＝exp(g2c)＋exp(g2p)＋exp(g2z)；
exp(dgdp)＝exp(gdp1)/exp(gdp2)；
exp(inv) ＝ exp(inv1)＋exp(inv2)；
exp(nexpt)＝exp(qn+n1)－exp(qm+m2)；
exp(bs) ＝ exp(bs1)＋exp(bs2)；
exp(bl) ＝ exp(bl1)＋exp(bl2)；
end；

initval；
c1＝log(c1s)；
l1＝log(l1s)；
k1＝log(k1s)；
w1＝log(w1s)；
r1k＝log(r1kbar)；

```
rs1b=log(rs1bar);
rl1b=log(rl1bar);
qm=log(qms);
m=log(ms);
m1=log(m1s);
m2=log(m2s);
bs1=log(bs1s);
bl1=log(bl1s);
g1c=log(g1cs);
g1p=log(g1ps);
g1z=log(g1zs);
B1gc=log((gcs)^epsilo * (g1cs)^(1−epsilo));
B1gp=log((gps)^phi * (g1ps)^(1−phi));
mf1=log(mp1s);
c2=log(c2s);
l2=log(l2s);
k2=log(k2s);
w2=log(w2s);
r2k=log(r2kbar);
rs2b=log(rs2bar);
rl2b=log(rl2bar);
qn=log(qns);
n=log(ns);
n1=log(n1s);
n2=log(n2s);
bs2=log(bs2s);
bl2=log(bl2s);
g2c=log(g2cs);
g2p=log(g2ps);
g2z=log(g2zs);
B2gc=log((gcs)^epsilo * (g2cs)^(1−epsilo));
B2gp=log((gps)^phi * (g2ps)^(1−phi));
mf2=log(mp2s);
gc=log(gcs);
gp=log(gps);
gz=log(gzs);
tau=log(taubar);
a=0;
```

```
v=0;
pi=0;
phib=0;
c=log(cs);
gdp=log(gdps);
gdp1=log(gdp1s);
gdp2=log(gdp2s);
inv1=log(inv1s);
inv2=log(inv2s);
centg=log(centgs);
loctg1=log(loctg1s);
loctg2=log(loctg2s);
bs=log(bss);
bl=log(bls);
eg1c=0; eg2c=0; eg1p=0; eg2p=0; egc=0; egp=0; ea=0; etau=0;ephib=0;ev=0;
end;
shocks;
var   eg1c;stderr 0.01;
var   eg2c;stderr 0.01;
var   eg1p;stderr 0.01;
var   eg2p;stderr 0.01;
var   egc;stderr   0.01;
var   egp;stderr   0.01;
var   ea;stderr    0.01;
var   etau;stderr 0.01;
var   ephib;stderr 0.01;
var   ev;stderr 0.01;
end;
steady;
check;
%% stoch_simul(order=1,hp_filter=100,irf=30,conditional_variance_decomposition=
[1,8,24,40]) bs bs1 bs2 bl bl1    bl2;
stoch_simul(order=1,irf=30,conditional_variance_decomposition=[1,8,24,40])gdp gdp1
gdp2 c c1 c2 inv inv1 inv2;
    %%    c c1 c2   gdp gdp1 gdp2 inv inv1 inv2 bs1 bl1 bs2 bl2;
```

第五章

关于地方政府债务的风险预警机制研究

第一节　债务风险预警现状

一、我国地方政府债务的风险预警现状

当前,地方政府债务问题已经成为威胁中国金融稳定和经济增长的重要因素(梁琪等,2019)。为应对我国地方政府债务的急剧扩张以及融资平台规模的不断扩大问题,需要进一步改善我国的财政管控措施,完善财政风险或者债务风险的控制举措。中共十八大《关于全面深化改革若干重大问题的决定》中,对债务管理提出新的要求,即"实施全面规范、公开透明的预算制度,建立规范合理的中央和地方政府债务管理及风险预警机制"。在此背景下,我国地方政府债务风险预警模式或者风险预警机制存在如下特点。

第一,地方政府基本忽视债务风险预警机制的重要性。目前,我国地方政府尚未组建专门的债务化解管理以及债务相关风险预警组织。同时我国地方政府在债务风险预警方面缺乏专业的机构与人员,也缺乏相应的制度与法律的保障,导致地方政府对自身债务并不能合理掌控。因此,当债务危机或者债务风险产生时,没有有效的预警系统向政府相关部门发出信号。长此以往,地方政府全凭直觉或经验进行主观判断与决策,导致地方政府债务问题日益突出,也迫使地方政府财政压力与债务风险上升。而造成地方政府重视程度不够的原因主要有两点:一是对中央政府的依靠,地方政府可以通过中央政府的兜底预期、救助预期实现风险的降低或者规避,这也造成地方政府在债务风险预警方面的谨慎性与重视性不够;二是目前地方政府债务理论,尤其是地方政府债务风险预警机制相关理论不够系统。因此,这也在一定程度上降低了政府对其的重视程度,一些学者的相关研究也往往被忽视。从而,在这样的背景下,地方政府还未清醒地认识到地方政府债务风险预警的重要性。

第二,现有研究共享程度低。当前,针对我国地方政府债务风险预警机制的研究比较多,各种实证方法以及模型构建等比较丰富,但是,相关研究的研究方法、风

险预警模型构建过程与思路并未公开,导致研究的复现存在困难。然而,对外公开研究方法、风险预警机制或者模型的构建过程等,有利于后续研究在此基础上做出进一步的丰富与完善,使得模型预警结果更加合理准确。基于此种原因,本书在附录部分,将数据的采集过程、指标的构建过程、风险预警模型的构建过程等进行详细说明。另外,本书还附有 Matlab 程序供相关研究使用,并以截图的方式对主要步骤做出详细说明。

第三,地方政府缺乏新思维,即缺乏对债务风险预警的意识。对地方政府债务风险进行有效的甄别以及组建相应的配套措施如风险预警机制,有利于地方政府债务风险的管理与控制(赵全厚,2017)。但是许多地方政府仍旧停留在只要经济增长、追求 GDP 增长的层面,只考虑通过各种形式发债为经济增长、发展筹集资金,思想观念过于陈旧。在实际工作运行中,一些地区即便意识到政府债务预警机制的重要性,但是由于缺乏统一的、科学合理的预警模式或者相关指标等,依然导致地方政府债务风险预警机制不能真正发挥作用。当前学者在研究或者制定债务预警指标体系的过程中,普遍的做法是仅仅关注政府的直接债务,而对或有债务的忽视较为严重,但是或有债务在制定预警指标体系时又是十分重要的,从而也导致当前的债务预警机制存在许多不合理的地方。

第四,地方政府财政以及债务相关信息透明度较低。主要体现为以下几个方面:一是政府债务信息公开程度较低,大部分地方政府仅公布年度总的债务余额或者限额,并未具体细分债务,相关信息不够完善,从而无法判断地方政府的偿债能力强弱以及债务风险等级高低,进而制定的相关债务预警指标也可能存在不必要的误差;二是对于债务相关数据或者信息,依申请公开难度较大,许多地方政府拒绝向科研人员提供精确的数据。即便提供了所需信息,由于周期比较长,也会导致精确研究风险预警机制存在许多困难;三是统计口径不够统一,政府相关部门对地方政府债务的统计与测算的口径存在一定的差异,导致不同地方政府之间的债务规模等无法进行更精准的衡量。这也导致构建一个具有适用性的预警指标体系存在很大的困难。总而言之,由于政府债务信息公开的程度较低,不仅给风险预警模型的指标构建造成困难,还在一定程度上导致构建出的债务风险预警模型存在一定不必要的偏差。

二、风险预警机制不完善的原因

(一)政府部门责任划分不清晰

在经济发达国家,如果政府预算与会计制度严格,则其能够将债务风险以及债务危机认定为是政府债务的违约行为。这主要是因为:政府财政部门的收入与支出有明确的责任与要求,政府与市场是相互制约的,等等。但是,我国目前不同政府部门之间存在责任与义务的交叉,不同部门之间权责划分并不明确的问题。这也导致地方政府的财政支出行为没有明确的相关责任人或者相关责任部门的问题。而且,我国地方政府存在许多被动债务——如经济历史问题欠账、各机构的在建工程,导致地方政府承担了许多不属于自身的债务。这都体现出我国政府债务层次不够明确清晰,同时也导致我国地方政府尚未形成债务风险的具体负责人或者负责部门。

（二）缺乏统一口径以及法律约束

由于我国地方政府债务并未设立专门的债务负责部门（目前归财政部门的预算口子兼管）,而且债务信息比较分散与复杂。因此,各地方政府或同一政府的不同部门在进行债务测算等活动时,往往很难统一口径,从而导致地方政府债务风险预警指标体系构建的难度较大。同时,我国目前也缺乏一套比较健全的债务管理以及风险预警体系,不利于全面掌握地方政府的财政状况或者债务风险级别等信息。另外,我国目前缺少与地方政府债务相关的法律法规,对地方政府的举债行为以及债务资金的使用缺乏强有力的法律约束,从而产生地方政府债务资金使用的低效等弊端。而且,在缺乏强有力的法律约束的制度下,地方政府变相举债的行为难以得到遏制,而这部分信息又不对外公开或者披露,从而导致地方政府债务风险预警指标构建的难度增大以及精度较低等问题。

（三）地方政府债务信息披露制度不完善

当前,我国地方政府债务风险预警机制的建立与完善主要的阻碍因素之一是信息公开制度的不完善,尤其是与政府债务相关的信息,其披露制度存在许多不足,导致相关信息的透明度较低。这是因为我国2015年后的《预算法》虽然规定地方政府可以自行发行债券,但是在政府实际运行过程中,地方政府会通过各种方式进行变相举债,而这部分债务没有披露与公开,公开发债或变相借债时主动披露的也少。另外,我国地方政府目前缺乏专门的债务协同管理机构,不同的债务信息可能位于不同部门。这也使得地方政府很难对债务做出精确合理的管理,从而导致地方政府债务信息的分散与隐蔽。因此,地方政府债务信息的公开程度较低,信息披露制度还有待进一步完善。

三、地方政府债务风险预警的意义

地方政府债务风险预警机制是对地方政府债务风险的度量,对于地方政府债务的监管与防范具有现实意义。其主要意义体现在以下几个方面。

首先,债务风险预警系统可以体现政府的债务风险等级。由于债务风险预警指标与经济发展水平以及财政收支状况等紧密相关,因此可以以政府债务和政府资产两者为基点,观察地方政府债务的风险状态,并且还可以观察出这种风险是由哪些因素导致的。

其次,风险预警系统可以对地方政府债务风险进行预测。通过选取科学合理的预警指标以及先进科学的预警方法等,对地方政府债务的走势进行客观的判断,既能观测到当前债务风险所处级别,又可以对未来债务风险的走势进行预测,从而在债务危机即将来临时,采取相应的应对措施。

最后,通过判断当前风险等级以及未来风险走势,预警系统在防范化解债务风险方面也具有重要意义。通过对债务风险的预警分析,可以判断债务风险发生的可能性,并对预警系统实行动态关注。在预警系统发出信号后,通过预警分析地方政府可以快速反应,采取应对措施,有针对性地实施债务风险化解对策。

第二节　地方政府债务风险预警方法的比较

经济预警方法起源于 19 世纪的巴黎统计学大会,即以不同的色调将经济状态进行区分。20 世纪 30 年代进入活跃时期,到 20 世纪 50 年代,预警方法不断完善、不断发展,并纳入许多实际应用中。至 20 世纪 60 年代,经济预警方法不断成熟,得到进一步的发展与广泛的应用。截至目前,主要方法为以下几种。

一、采用经济景气指数的预警措施

利用经济景气指数的预警方法是指利用经济变量之间的时差不同从事预警研究。具体是利用建立的分析指标监控宏观经济运行状态,实现经济提前预报的目的。

经济景气指数的预警方法具体原理是:(1)宏观经济变量之间的时差关系存在不同,利用该不同可以得到经济良好或者恶劣的动态变化。(2)时差关系景气状态的不同可以通过采用扩散的指标或是合成的指标给予呈现。(3)在这一总的思路下,建立反映经济变量时差关系的对标体系,实现基准的循环是建立景气指数的重要环节。(4)通过合理的经济运行的本质特征和关键要素选择合理的指标。(5)根据前面选择的指标,定义滞后的指标、同步的指标和先行的指标。(6)根据滞后的指标、同步的指标和先行的指标分类别构建、设置合成的指标和扩散的指标。(7)根据经济运行特征和可获得的数据,在分类形成滞后的指标、同步的指标和先行的指标时需要采用一些合理的统计方法。这些方法可以包括判别统计方法、模糊逼近方法和灰色关联度分析方法。

例如,许阳千(2013)通过时差相关分析的方法,构建出具有代表性的指标,并根据广西壮族自治区的经济特征,得出扩散指数曲线以及近 1 年的预警信号灯,对当前的经济现状与未来趋势做出分析与预测,进而实现了广西壮族自治区预警系统的不断完善。而陈磊等(2019)充分考虑先行景气指数的前瞻预警作用,对宏观经济进行更精准的预测,从而实现实时监测我国经济景气的状况,并且为预测提供了一个新的视角。

二、采用自回归条件异方差模型的预警措施

自回归条件异方差模型是计量经济学中的一个概念。这个方法的原理是采用

历史误差来分析未来预测误差的技术分析方法。在实际操作中是采用时间序列的经济计量方法、依赖高频数据(通常是日数据、周数据、月数据或季度数据)构建预警模型进行分析。在预测的过程中,利用模型条件异方差的问题设立包括经济运行特征的警戒线。预警的结果要能够和实际经济系统的运行特征相吻合。

该类预警措施的特征如下:(1)能够相对精确地测量经济周期波动的预测误差,提供相对合理的风险警戒线。(2)采用计量经济学的置信区间使预测结果的置信区间相匹配。具体是利用跨期变化的条件异方差的置信区间与实际经济序列的置信区间大致相吻合,这样来反映不同时期预测误差的大小。因而风险预警的警戒线能够很好地反映经济系统实际运行的特征。(3)能够改善常规的经济预警模型的预测结果,对于非线性的宏观经济系统运行也能得到预警反馈。

三、采用平行分散处理的预警措施

平行分散处理的预警措施也就是人工神经网络方法。而所谓的人工神经网络方法是指:将经济系统中的每个单元看作是神经元,而每个神经元是批量处理的,并且可以通过网络连接构成一个完整的整体,相互联动、平行分散处理。平行分散处理的预警措施是对人体大脑中神经网络化的经济系统的一个抽象处理。它将经济运行中的每个模块的功能、结构、基本特性与人体的神经网络相对照,映射成人体网络结构中的相应模块,并形成一个完整的信息系统。这种人体神经网络的分析思路就可以用于平行分散处理的预警措施。这个措施具有以下几个方面的特点:(1)具有自我学习、自我更新的能力,能够根据最新的信息数据进行自我学习、自我更新,并根据内部既有的信息存储参数进行自我调节,适应环境的变化。(2)具有良好的经济运行模式的识别能力,并且能够突破前面两种基于统计方法的预警措施的瓶颈,能够有更强的适应能力。(3)拥有一定的容错能力,对于统计数据的某一分布的要求并不非常严格。在数据信息不全或者有误的情况下也能得到处理。现有很多相关研究都采用这种方法进行预警研究。

具体在预警过程中,一种措施是利用平行分散处理的预警措施得到的预警结果结合专家在事先提供的、控制经济风险标准的指标参数,形成风险预警的警戒线。另一种方法是在平行分散处理方法的基础上增加风险预警的模块,经过一定的调试和处理之后直接形成风险预警的结果。总而言之,这些方法包括输入模块、运行和隐藏模块、输出模块,是利用人工神经网络的预测功能实现对政府债务的风险预警处理。

四、采用统计判别的预警措施

采用统计判别的预警措施是对经济中不同系统的类别分别进行判定的一种风险预警方法。对不同系统的类别进行分类判别,需要对经济系统中的不同观察目标进行不同的分类,或是对经济系统中不同观察目标特征对应的指标值进行分类。

统计判别的理论分析就是要从前面的研究对象中排序选择出能够反映经济主要特征的信息指标、经济变量,并据此建立相应的统计判别函数。这样的函数必须要符合对观察对象进行分类时错误率最低的要求。统计判别的理论分析过程是根据已有宏观经济变量的指标的预警分类,并将相应观察指标的变量值提取出来用于构建统计判别函数。在此基础上,把观察值指标的数值代入统计判别函数之中得到相应的结果,根据不同的类别对结果进行区别分析。在实际应用过程中,统计判别的预警措施可以分成单一指标的统计方法和综合指标的统计方法。

（一）采用单一指标的统计方法

在对宏观经济系统进行风险分析和风险预警时,经济研究工作需要依赖一些经济变量（主要是一些核心经济变量）的指标值。这些方面的指标往往是长期的时间序列指标。基于这些指标,综合国内外的相关研究讨论这些指标的选择合理性,形成相对固定的科学指标。在此基础上,根据这些指标的区间范围判断宏观经济系统是否在正常的范围内运转。如果超出这些范围,则表明经济系统不安全、不稳定。如果多次超出这些范围,则表明经济系统存在很高的风险,达到了风险预警的目的。这就是采用单一指标的统计方法进行分析预警的原理。

单一指标的统计方法具有一些优点,譬如:得到的结果简单明了,很容易看懂。数据变量的需求总量比较少,处理过程也非常简单明了。但是,在实际运用时也会存在一些缺陷,这些缺陷包括:（1）单个的统计指标难以涵盖综合指标的信息流,在选择单一指标时难免会遗漏掉实际经济信息。（2）国内外各个国家的政治体制、经济体制、经济运行依赖的宗教、文化环境各不相同。这些指标的区间范围边界是多少、是否适用于本国经济运行的边界,往往不能得到科学的、准确的回答,因而这方面存在明显不足。

（二）采用综合指标的统计方法

1. 综合多个变量的统计判别方法

由前面单一指标的统计方法不足可知:单一指标会遗漏许多数据信息,不能涵盖经济总体的运行状况和特征,因而采用综合指标的统计方法是现实的选择。综合指标的统计方法可以反映出更多的数据流、信息流、经济总体的运行特征和经济环境要素。当然,毫无疑问地,综合多个变量的统计判别方法分析过程肯定更加复杂,研究更加困难。

为解决单一指标的统计方法的不足,研究人员提出了采用综合指标的统计方法,具体的分析过程是:（1）在反映宏观经济系统特征的原始变量中,尽可能多地选择反映经济本质变化特征、核心要素和架构的变量。（2）将主要变量和对应的经济数据之间建立相应的数学函数关系,进而构建理论模型。（3）将核心变量模拟结果的标准差和理论模型得出的标准差进行对照,差距越小,则表明函数模型模拟的结果越好。（4）将宏观经济系统中的观察值纳入构建的模型中就可以得到模型的模拟变化结果,根据设定的临界值进行风险预警分析。

综合指标的统计方法具有一些优点,譬如:能够综合尽可能多的信息和数据,流程简化的分析模型可以得到结构明晰的、效率比较高的风险预警结果。但是在实际运用时也会存在一些缺陷,这些缺陷包括:(1)建立函数关系时的变量选择难以科学确定,函数变量的权重大小也难以确定。(2)相关研究人员采用计量统计方法进行确定,还是采用专家打分法进行确定,在实际过程中存在一定的争议。

2. 利用变量权重的模糊变化法

如前所述,在采用综合指标的统计方法时,不可避免地会采用一些定性指标,这些定性指标会对结果的科学性产生很大的影响,这对风险预警模型的科学性产生了困扰。因而有学者将数学分析中的算子理论考虑进来。在确定经济变量的权重系数时,或者在确定数学函数中观察变量的权重时采用算子分析来讨论经济变量的模糊变化。随后,采用综合多个变量的统计判别方法进行经济系统的风险预警分析。

这一方法的优点是效率比较高、操作相对不是很复杂。但是在进行算子分析时仍然依赖于主观判断。主观判断下对权重决定的定性分析不可能完全与现实经济一致,因而使得风险预警的效果受到一定的影响。但其结果比综合多个变量的统计判别方法有所改进。例如,杨凌云(2018)通过该方法并采用多个指标构建了河南省企业债务融资与风险的自相关博弈模型,实现对企业债务融资的风险预警与决策。

而在应用债务预警方法方面,郭玉清(2019)指出:自 20 世纪 70 年代以来,地方政府债务风险预警评估方法先后克服了权重赋值、阈值判定、风险内生性、指标交互影响等技术问题,预警评估技术不断提升。在具体应用上,王俊(2015)运用 KMV 模型以及 VAR 模型对地方政府债务风险进行了预警分析。通过采用格兰杰非因果关系检验方法,徐占东等(2017)使用贝叶斯网络推理,测算地方政府债务风险预警指标的变化,并应用到省级政府的债务违约概率分析中。吕函枰等(2017)将 GCA 以及 BP 神经网络相结合,形成以 GCA-BP 神经网络为基础的地方政府债务风险预警系统。洪源等(2018)运用 TOPSIS-AHP 法和 K-均值聚类法测算中国省级政府债务综合风险输出指标,运用噪声信号比法确定预警输入指标,将两者导入 GA-BP 神经网络中开展债务风险预警的训练和检验。张小锋(2018)运用 PCA 方法构建哈尔滨市地方政府债务风险指标体系并进行预警分析。

第三节　全新视角的地方政府债务风险
预警模型的设计与应用

本节的目标是构建一个反映地方政府债务风险的综合风险预警指标,并在此基础上利用中国实际数据对地方政府债务风险进行实证分析。

一、预警模型

本书将地方政府的债务信息与偿债资源相结合以构建更加完善的地方政府债务风险预警指标。同时考虑地方政府的负债和资产,分别从地方政府负债、财政收支、经济发展水平以及发展潜力四个角度来构建地方政府债务风险的子指标。然后将这四个子指标汇总成最终的综合预警指标。这一方法与前面不同,有自身鲜明的特色和优势。

(一)变量的选取

在变量选取方面,本节遵循了以下三个标准:第一,每个变量应反映地方政府债务风险的一个或多个特征;第二,变量之间不应包含相同的信息,但应尽量提供关于地方政府债务风险特征的互补信息;第三,变量所需数据可以获得。最终,参考曼昆等(Mankiw et al)、莱文(Levine)关于经济增长研究的设置,本节综合考虑了财政、金融、教育、投资、就业等数据,构建了 12 个变量,其中每个子指标分别包含 3 个变量。表 5—1 概括了变量的主要信息,接下来我们分别对它们进行解释说明。

表 5—1　　　　　　　　　　地方政府债务风险指数的变量选取

	变量名称	计算方法	变量性质	单位
债务负担	全市负债水平($X_{1,1}$)	全市地方政府债务余额与 GDP 之比	正向	%
	市本级负债水平($X_{1,2}$)	市本级地方政府债务余额与 GDP 之比	正向	%
	贷款余额/GDP($X_{1,3}$)	人民币各项贷款余额与 GDP 之比	正向	%
财政收支	收入/GDP($X_{2,1}$)	一般公共预算收入与 GDP 之比	负向	%
	支出/GDP($X_{2,2}$)	一般公共预算支出与 GDP 之比	正向	%
	一般公共服务支出占比($X_{2,3}$)	一般公共服务支出/一般公共预算支出	正向	%
经济状况	GDP 增速($X_{3,1}$)	GDP 增速	负向	%
	城镇就业率($X_{3,2}$)	城镇单位从业人员人数/年末常住人口	负向	%
	物价水平($X_{3,3}$)	以居民消费价格分类指数代表	适度	无
发展潜力	教育普及率($X_{4,1}$)	普通中等学校招生人数/年末常住人口	负向	%
	固定投资/GDP($X_{4,2}$)	整个社会固定资产投资与 GDP 之比	负向	%
	外资利用/GDP($X_{4,3}$)	当年实际使用外资金额与 GDP 之比	负向	%

1. 债务负担:债务风险的直接影响因素

全市负债水平($X_{1,1}$):全市地方政府债务余额与 GDP 之比,衡量地方经济对政府债务的承载能力。因此负债水平越高,则地方政府债务风险越高,该变量为正向变量。①

市本级负债水平$(X_{1,2})$:市本级地方政府债务余额与 GDP 之比。市本级为地级市的经济和政治中心,其安全性对全市具有举足轻重的意义。因此,市本级负债水平越高,则地方政府债务风险越高,该变量为正向变量。

贷款余额/GDP$(X_{1,3})$:全市人民币各项贷款余额与 GDP 之比。人民币贷款主要包括住户贷款、企业及机关团体贷款,因而该变量衡量了个人和企业的债务负担。个人和企业作为经济的基本单元,其安全性影响着经济稳定以及地方政府的财政收入,从而影响地方政府债务风险。因此,该变量越大,则地方政府债务风险越高,为正向变量。

2. 财政收支:地方政府的偿债能力

收入/GDP$(X_{2,1})$:一般公共预算收入/GDP,衡量地方政府的收入水平。一般公共预算收入是地方政府的主要收入来源,而财政收入是地方政府的主要偿债资源。因此,该变量越大,地方政府的偿债能力越强,债务风险越低,为负向变量。

支出/GDP$(X_{2,2})$:一般公共预算支出/GDP,衡量地方政府为了履行其职能的支出水平。财政支出是与财政收入相对应的概念,二者共同决定了地方政府的财政平衡情况,如果财政支出大于财政收入,导致财政赤字,可能增加地方政府债务负担。反之为财政盈余,地方政府的偿债资源增加。因此,该变量越大,地方政府财政赤字的可能性越大,债务风险越高,为正向变量。

一般公共服务支出占比$(X_{2,3})$:一般公共服务支出/一般公共预算支出。一般公共服务支出是为了保证机关事业单位正常运转的支出,它是非生产性支出。因而一般公共服务支出占比越高,财政支出的效率越低,为正向变量。

3. 经济状况:衡量地方经济总体发展水平

一方面,经济状况决定地方政府财政收入水平,另一方面,经济状况也影响着地方政府调节经济所需的财政支出。因而,经济状况越好,地方政府债务风险越低。

GDP 增速$(X_{3,1})$:是衡量地方经济状况的最佳指标,GDP 增速越大,则地方政府债务风险越低,因而该变量为负向变量。

城镇就业率$(X_{3,2})$:城镇单位从业人员期末人数/年末常住人口。就业率是反映经济健康状况的指标,就业率越高,表明地方经济健康发展,地方政府债务风险下降,因而,该变量为负向变量。

物价水平$(X_{3,3})$:以居民消费价格分类指数(总指数)代表。物价水平是反映地方经济水平的又一重要指标,物价水平稳定表明地方经济状况稳定,地方政府财政收支平衡且稳定,地方政府债务风险较低。而过高或者过低的物价水平都不利

---

① 这里变量的方向性是相对于地方政府债务风险而言的。如果某变量越大,债务风险越高,则该变量为正向变量,反之则为负向变量。如果当变量超出一定范围时导致债务风险升高,则变量为适度变量。

于经济状况的稳定。因而,该变量为适度变量。

4. 发展潜力:地方经济将来的发展状况,影响地方政府将来的财政收支水平,进而影响将来的地方政府债务风险水平

教育普及率($X_{4,1}$):普通中等学校(高中、初中、中职)招生人数/年末常住人口,反映了潜在劳动力的受教育水平。教育普及率越高,劳动力素质越高,越有利于经济的健康发展,因而地方政府债务风险越低,该变量为负向变量。

固定投资/GDP($X_{4,2}$):整个社会的固定资产投资与 GDP 之比。固定资产投资是社会固定资产再生产的主要措施,对促进经济发展具有重要作用,因而该变量为负向变量。

外资利用/GDP($X_{4,3}$):当年实际使用外资金额与 GDP 之比。利用外资有利于弥补地方建设资金的不足,促进投资增长,进一步促进地方经济的发展,因而该变量为负向变量。

(二)指标的构建

接下来构建综合性的地方政府债务风险指标。首先,为了消除数据量纲以及极端观测的影响,需要对变量进行标准化处理;其次,由于变量较多,需要对变量进行降维,构建子指标;再次,确定子指标的权重,构建综合性指标;最后,根据指标的取值对地方政府债务风险进行识别,确定识别标准。

1. 变量标准化

变量量纲的不同,导致它们之间缺乏可比性,不加处理势必导致指标失真,因而变量无量纲化已经成为构建简约化模型的常规步骤。最常用的标准化处理方法是变量减去样本均值,再除以样本标准差。该方法隐含假定变量服从正态分布,这对于时间序列数据或者长面板数据来说问题不大。但研究地方政府债务风险的相关变量多为宏观变量,数据频率普遍较低,样本大多为横截面数据或者短面板数据,因而采用该方法可能导致比较严重的问题。此外,不同地区经济发展水平往往极度不均衡,数据观测差异巨大,上述变量标准化方法也无法应对数据极端观测问题。[①] 因此,本节基于样本累积分布函数方法(Cumulative Distribution Function, CDF)计算序数统计量(转换后的变量)对变量进行标准化。

假定变量 $x = (x_1, x_2, \cdots, x_n)$,在样本中观测数为 n。

(1)对于正向变量(取值越大,风险越高),按照递增的顺序对变量进行重新排序,记为:

$$\hat{x} = (x_{[1]}, x_{[2]}, \cdots, x_{[n]}),\text{其中 } x_{[1]} \leqslant x_{[2]} \leqslant \cdots \leqslant x_{[n]} \tag{5.1}$$

这里$[r]$为样本中某个观测 x_i 对应的序数值。因此,在重新排序后,$x_{[1]}$代表变量 x 观测的最小值(风险最小),$x_{[n]}$为变量观测的最大值(风险最大)。基于变量的实证 CDF,$F_n(x)$,标准化后的变量 z 按如下方式计算得出:

[①] 实证部分关于数据描述,可以很清楚地看出很多变量都存在观测差异巨大的问题。

$$z_i = F_n(x_i) := \begin{cases} \dfrac{r}{n}, x_{[r]} \leqslant x_i < x_{[r+1]}, r=1,2,\cdots,n-1 \\ 1, x_i \geqslant x_{[n]} \end{cases} \quad (5.2)$$

(2)对于负向变量(取值越大,风险越低),按照递减的顺序对变量进行重新排序,记为:

$$\hat{x} = (x_{[1]}, x_{[2]}, \cdots, x_{[n]}), \text{其中 } x_{[1]} \geqslant x_{[2]} \geqslant \cdots \geqslant x_{[n]} \quad (5.3)$$

因此,在重新排序后,$x_{[1]}$代表变量 x 观测的最大值(风险最小),$x_{[n]}$为变量观测的最小值(风险最大)。类似式(5.2),标准化后的变量 z 按如下方式计算得出:

$$z_i = F_n(x_i) := \begin{cases} \dfrac{r}{n}, x_{[r]} \geqslant x_i > x_{[r+1]}, r=1,2,\cdots,n-1 \\ 1, x_i \leqslant x_{[n]} \end{cases} \quad (5.4)$$

(3)对于适度变量(取值在一定范围内,风险较低),选取变量的样本均值作为基准值,变量取值越接近基准值,风险越小,否则风险越大。为此,首先,将变量 x 的所有观测减去样本均值,并取绝对值,得到新的观测序列 y:

$$y = (y_1, y_2, \cdots, y_n)$$
$$= (|x_1 - mean(x)|, |x_2 - mean(x)|, \cdots, |x_n - mean(x)|) \quad (5.5)$$

其次,按照递增的顺序对序列 y 进行排序:

$$\hat{y} = (y_{[1]}, y_{[2]}, \cdots, y_{[n]}), \text{其中 } y_{[1]} \leqslant y_{[2]} \leqslant \cdots \leqslant y_{[n]} \quad (5.6)$$

同样式(5.6)中$[r]$为样本中某个观测 x_i 对应的序数值,$y_{[1]}$对应风险最小值,而 $y_{[n]}$对应风险最大值。标准化后的变量 z 按如下方式计算得出:

$$z_i = F_n(y_i) := \begin{cases} \dfrac{r}{n}, y_{[r]} \leqslant y_i < y_{[r+1]}, r=1,2,\cdots,n-1 \\ 1, y_i \geqslant y_{[n]} \end{cases} \quad (5.7)$$

如果在变量的观测序列中存在重复观测,那么重复观测被赋予相同的序数,且等于它们对应序数的平均值。例如,在观测数为 10 的样本中某个观测值出现了两次,在对变量进行排序时对应的序数分别为 3 和 4,那么在计算标准化变量时两个观测值对应的序数值为$(3+4)/2=3.5$,标准化变量值为 $3.5/10=0.35$。按照上述方式标准化之后的变量是无量纲的,取值在 0 和 1 之间,且具有相同的均值和标准差。

2. 子指标

由于变量较多,很难直接准确确定其权重,为此有必要首先进行降维处理。最常用的降维方法为基于主成分技术的因子分析方法。这种方法的前提是变量的正态性假定以及相对应的变量标准化处理方法,因而对样本内的数据结构以及极端观测比较敏感。但是在地方政府债务风险研究领域,样本为变量在不同地区的横截面观测,由于地区经济发展水平严重失衡,变量常与正态分布存在明显差异,且大多存在极端观测情况,因而这种方法并不适用。为此,参考许涤龙和陈双莲

(2015)以及陶玲和朱迎(2016)等在研究金融压力风险时的做法,依据风险的不同影响因素将变量分类,并构建分类指标,从而达到降维的目的。这里,我们依据地方政府债务的特点将风险因素分成四类:债务负担(X_1)、财政收支(X_2)、经济状况(X_3)以及发展潜力(X_4)。由于在上一步中已经把所有变量标准化,使它们具有相同的均值和标准差,因而将类别内的变量简单加权平均以得到子指标:

$$X_i = \frac{1}{m}\sum_{j=1}^{m} X_{i,j}, i=1,2,\cdots,N \tag{5.8}$$

其中 N 和 m 分别为子指标的数量以及每个子指标内变量的数量。

3. 综合指标

接下来是地方政府债务风险预警模型的核心步骤,即确定子指标的权重,并构建综合风险指标。指标的权重确定方式可以划分为两类:一类是主观赋权法,以德尔菲法为代表。这类方法利用专家的知识和经验为变量确定权重,容易受到组织者和专家的主观意识影响,随意性较大。另一类是客观赋权法,包括相关系数法、主成分分析法、熵权法、标准离差法以及 CRITIC 法等,此类方法依赖统计手段进行赋权,比较客观,因而更受学术界的认可。相关系数法依照变量之间的相关性强弱进行赋权,如果某个变量与其他变量之间的相关性弱,则说明该变量包含的重复信息少,独立性强,因而赋予其较大的权重。主成分分析法同样认为变量之间的相关性意味着信息的重复,因而通过探讨变量之间的内部相关性结构,删去重复的冗余信息,把主要的重要信息置于主成分上,通过再现变量与主成分的关系的方式进行权重的确定。熵权法和标准离差法比较类似,都是根据变量的变异性来确定权重,通常某个变量的标准差越大,表明其变异程度越大,包含的信息量越多,权重也应该越大。CRITIC 法既考虑了变量的变异性程度,也考虑了变量与其他变量的冲突性程度(即相对其他变量的独立性),因而本节选取该方法来确定子指标的权重。

假定子指标之间的相关性系数矩阵为 R:

$$R = \begin{pmatrix} 1 & r_{1,2} & \cdots & r_{1,N} \\ r_{2,1} & 1 & \cdots & r_{2,N} \\ \cdots & \cdots & \cdots & \cdots \\ r_{N,1} & r_{N,2} & \cdots & 1 \end{pmatrix} \tag{5.9}$$

其中 $r_{i,j}$ 为子指标 i 和 j 的相关性系数。那么第 j 个子指标的权重 w_j 如下所示:

$$w_j = \frac{C_j}{\sum_{i=1}^{N} C_i}, j=1,2,\cdots,N \tag{5.10}$$

其中,C_j 表示为:

$$C_j = \sigma_j \sum_{i=1}^{N}(1-r_{i,j}), j=1,2,\cdots,N \tag{5.11}$$

这里 σ_j 为子指标 X_j 的标准差,它和第二个因子分别刻画了 X_j 的变异性程度以及与其他指标的冲突性程度,并通过式(5.10)对权重进行了归一化处理。

综合风险指标 I 如下所示:

$$I = \sum_{i=1}^{N} w_i X_i \tag{5.12}$$

4. 债务风险识别

在上面通过综合风险指标,我们得到了地方政府的相对债务风险水平。接下来我们希望对地方政府债务风险进行分级,以对各地的具体风险程度进行辨别,并判断是否应当引起足够的关注,并进行预警。现有研究中(包括大量的金融风险研究)大多依靠历史数据对风险指数进行分级,比如依据指数与历史均值的偏离程度进行分级,或者参考过往发生危机或者风险事件时的指数进行分级。由于地方政府债务风险事件非常罕见,且所选取的变量大多以横截面观测为主,本节依据风险指标与其均值的偏离程度对地方政府债务风险进行分级:

$$CRIT = \frac{I_i - m}{\sigma}, i = 1, 2, \cdots, n \tag{5.13}$$

这里 $CRIT$ 为分级标准,I 为综合指标,m 为指标的均值,σ 为指标的标准差。

按照指标偏离均值的程度(标准差个数),我们将风险分为五级:安全、较安全、较危险、危险、非常危险。为了更容易辨识,分别对应绿色、浅绿色、黄色、橙色和红色五种颜色,并将详细的风险划分标准报告于表5-2中。具体来说,当指数低于均值时,风险级别为"安全";当指数高于均值但超出部分小于1倍标准差时,风险级别为"较安全";当指数超出均值部分介于1倍和1.5倍标准差之间时,风险级别为"较危险";当指数超出均值部分介于1.5倍标准差和2倍标准差之间时,风险级别为"危险";当指标超出均值部分大于2倍标准差时,风险级别为"非常危险"。

表 5-2　　　　　　　　　　地方政府债务风险的分级标准

标准区间	$(-\infty, 0]$	$(0, 1]$	$(1, 1.5]$	$(1.5, 2]$	$(2, +\infty]$
风险程度	安全	较安全	较危险	危险	非常危险
颜色级别	绿色	浅绿色	黄色	橙色	红色

二、实证分析

本部分将利用前文构建的风险预警模型对中国地方政府的债务风险进行实证分析。

(一)数据信息

我们收集了2014年中国27个省的320个地级行政区的财政、金融、教育以及宏观经济数据以构造风险预警模型所需的变量。[1] 这些数据包括：一般公共服务支出、人民币各项贷款余额、普通中等学校招生人数、居民消费分类价格指数、FDI外商直接投资、GDP及增速、一般公共预算收入、一般公共预算支出、年末户籍人口、城镇单位人员从业期末人数、整个社会的固定资产投资、地方政府债务余额。部分数据来源于：《中国城市统计年鉴》《中国财政年鉴》《中国教育统计年鉴》、各省统计年鉴、各城市年鉴，以及各城市统计公报、财政预决算等相关资料。另外，由于大部分数据无法通过公开渠道收集，这些数据通过向地级政府及各办公室等依申请公开方式获取。详细的数据说明及收集情况请参考第二章的内容及朱军和宋成校(2019)的反馈总结。表5－3报告了模型变量的简要统计信息。从表中可以看出多个变量表现出偏态分布的特征，如全市负债水平($X_{1,1}$)、贷款余额/GDP($X_{1,3}$)以及支出/GDP($X_{2,2}$)等。此外，通过比较变量最值与中值可以明显看出多个变量存在极端观测，如市本级负债水平($X_{1,2}$)、城镇就业率($X_{3,2}$)以及外资利用/GDP($X_{4,3}$)等。此外，为了更宏观地分析中国地方政府的债务风险状况，我们将地级行政区数据加总以获得省级数据，对除新疆外的26个省的综合风险水平进行实证分析。[2]

表5－3   变量的简要统计信息

变量	均值	标准差	最小值	25%	中值	75%	最大值
$X_{1,1}$	0.21	0.15	0.00	0.11	0.18	0.25	1.04
$X_{1,2}$	0.09	0.07	0.00	0.04	0.07	0.11	0.50
$X_{1,3}$	0.89	0.47	0.08	0.59	0.77	0.98	3.14
$X_{2,1}$	0.08	0.03	0.03	0.06	0.08	0.10	0.19
$X_{2,2}$	0.25	0.21	0.04	0.13	0.18	0.28	1.63
$X_{2,3}$	0.10	0.04	0.02	0.08	0.10	0.12	0.30
$X_{3,1}$	0.08	0.03	−0.11	0.07	0.09	0.10	0.15
$X_{3,2}$	0.16	0.16	0.03	0.07	0.11	0.19	1.30
$X_{3,3}$	102.27	1.53	98.60	101.60	102.00	102.40	112.14
$X_{4,1}$	0.02	0.01	0.00	0.02	0.02	0.02	0.06
$X_{4,2}$	0.85	0.28	0.17	0.69	0.83	0.99	2.25
$X_{4,3}$	0.02	0.03	0.00	0.00	0.01	0.02	0.36

---

[1]   我们共收集了333个地级行政区的数据，但新疆除乌鲁木齐外的13个地级行政区由于存在数据缺失，在最终样本中被剔除。

[2]   其中GDP增速数据和居民消费价格指数数据均取平均数。由于并未收集省直管县的数据，因而本节分析的省级债务风险水平与真实情况存在一定的差异，但仍有助于我们以省为单位分析地级行政区的综合风险状况。

（二）实证结果

在对模型变量进行标准化后，得到了四个子指标，表5—4和表5—5分别报告了它们的简要统计信息以及相关性信息。通过表5—4可以看出经过变量标准化后，子指标没有出现偏态分布的情况，从标准差可以看出债务负担指标（X_1）的变异程度最强（标准差最大，0.22）。从表5—5中可以看出，四个子指标之间的相关性并不强，但相对来说债务负担指标（X_1）的独立性最强（与其他三个指标均为负相关），包含更多的有效信息。因而，债务负担指标在综合风险指标中的权重应当最大。利用CRITIC方法计算的四个子指标的权重向量为：$w = (0.37, 0.22, 0.21, 0.20)$。

表5—4　　　　　　　　　　　　子指标的简要统计信息

子指标	均值	标准差	最小值	0.25	中值	0.75	最大值
X_1	0.50	0.22	0.02	0.34	0.52	0.65	0.99
X_2	0.50	0.16	0.14	0.38	0.51	0.60	0.95
X_3	0.50	0.17	0.11	0.38	0.51	0.63	0.85
X_4	0.50	0.16	0.08	0.39	0.50	0.61	0.90

表5—5　　　　　　　　　　　　子指标的相关性矩阵

1.00	−0.35	−0.11	−0.20
−0.35	1.00	0.17	0.18
−0.11	0.17	1.00	0.25
−0.20	0.18	0.25	1.00

表5—6、表5—7、表5—8报告了2014年中国320个地级行政区的债务风险的估计结果，其中第三列为综合风险指标的估计值，第二列地级行政区的颜色代表该市的风险级别（详见表5—2）。总体来看，在所考察的地级行政区中分别有5个地级行政区达到红色预警级别、15个地级行政区达到橙色预警级别、34个地级行政区达到了黄色预警级别，其余266个地级行政区为浅绿色或者绿色所代表的安全级别。这表明我国地方政府债务风险总体可控，但仍然有部分地级行政区的债务安全需要引起关注，尤其是达到红色和橙色预警级别的20个地级行政区。

表 5—6　　　　　　　　　各地级行政区的综合债务风险指标(西南地区)

省	地级行政区	指数	省	地级行政区	指数	省	地级行政区	指数
云南省	临沧市	0.51	四川省	乐山市	0.62	贵州省	六盘水市	0.55
	丽江市	0.64		内江市	0.60		毕节市	0.57
	保山市	0.59		凉山彝族自治州	0.27		遵义市	0.59
	大理白族自治州	0.49		南充市	0.58		铜仁市	0.61
	德宏傣族景颇族自治州	0.58		宜宾市	0.58		黔东南苗族侗族自治州	0.54
	怒江傈僳族自治州	0.51		巴中市	0.57		黔西南布依族苗族自治州	0.54
	文山壮族苗族自治州	0.45		广元市	0.64		黔南布依族苗族自治州	0.50
	昆明市	0.57		广安市	0.45		贵阳市	0.57
	昭通市	0.58		德阳市	0.51		安顺市	0.62
	普洱市	0.67		成都市	0.51	湖南省	娄底市	0.52
	曲靖市	0.47		攀枝花市	0.48		岳阳市	0.52
	楚雄彝族自治州	0.51		泸州市	0.48		常德市	0.52
	玉溪市	0.61		甘孜藏族自治州	0.43		张家界市	0.67
	红河哈尼族彝族自治州	0.51		眉山市	0.57		怀化市	0.70
	西双版纳傣族自治州	0.44		绵阳市	0.58		株洲市	0.47
	迪庆藏族自治州	0.58		自贡市	0.53		永州市	0.50
广西壮族自治区	北海市	0.52		资阳市	0.53		湘潭市	0.48
	南宁市	0.69		达州市	0.51		湘西土家族苗族自治州	0.65
	崇左市	0.50		遂宁市	0.55		益阳市	0.50
	来宾市	0.72		阿坝藏族羌族自治州	0.57		衡阳市	0.44
	柳州市	0.62		雅安市	0.52		邵阳市	0.60
	桂林市	0.62	湖北省	十堰市	0.52		郴州市	0.46
	梧州市	0.53		咸宁市	0.49		长沙市	0.45
	河池市	0.69		孝感市	0.38	西藏自治区	山南市	0.43
	玉林市	0.52		宜昌市	0.33		拉萨市	0.41
	百色市	0.63		恩施土家族苗族自治州	0.55		日喀则市	0.50
	贵港市	0.58		武汉市	0.51		昌都市	0.44
	贺州市	0.60		荆州市	0.44		林芝市	0.45
	钦州市	0.61		荆门市	0.40		那曲市	0.42
	防城港市	0.59		襄阳市	0.46		阿里地区	0.40
海南省	三亚市	0.61		鄂州市	0.30	新疆维吾尔自治区	乌鲁木齐市	0.41
	儋州市	0.61		随州市	0.45			
	海口市	0.57		黄冈市	0.52			
				黄石市	0.33			

注：■=红色；■=橙色；■=黄色；□=浅绿色；□=绿色；表5—7～5—12同。

表 5－7　　　　　　　　　各地级行政区的综合债务风险指标(北部地区)

省	地级行政区	指数	省	地级行政区	指数	省	地级行政区	指数
陕西省	咸阳市	0.31	黑龙江省	七台河市	0.62	内蒙古自治区	乌兰察布市	0.62
	商洛市	0.51		伊春市	0.64		乌海市	0.55
	安康市	0.59		佳木斯市	0.55		兴安盟	0.62
	宝鸡市	0.33		双鸭山市	0.66		包头市	0.41
	延安市	0.57		哈尔滨市	0.65		呼伦贝尔市	0.52
	榆林市	0.47		大兴安岭地区	0.62		呼和浩特市	0.59
	汉中市	0.55		大庆市	0.43		巴彦淖尔市	0.54
	渭南市	0.51		牡丹江市	0.44		赤峰市	0.47
	西安市	0.53		绥化市	0.50		通辽市	0.46
	铜川市	0.53		鸡西市	0.57		鄂尔多斯市	0.44
甘肃省	临夏回族自治州	0.59		鹤岗市	0.66		锡林郭勒盟	0.54
	兰州市	0.60		黑河市	0.54		阿拉善盟	0.56
	嘉峪关市	0.55		齐齐哈尔市	0.54	山西省	临汾市	0.48
	天水市	0.46	吉林省	吉林市	0.42		吕梁市	0.45
	定西市	0.49		四平市	0.48		大同市	0.58
	平凉市	0.50		延边朝鲜族自治州	0.43		太原市	0.44
	庆阳市	0.44		松原市	0.38		忻州市	0.61
	张掖市	0.52		白城市	0.51		晋中市	0.49
	武威市	0.51		白山市	0.45		晋城市	0.31
	甘南藏族自治州	0.54		辽源市	0.51		朔州市	0.34
	白银市	0.59		通化市	0.44		运城市	0.46
	酒泉市	0.49		长春市	0.60		长治市	0.38
	金昌市	0.54	辽宁省	丹东市	0.51		阳泉市	0.46
	陇南市	0.46		大连市	0.47	河北省	保定市	0.53
宁夏回族自治区	中卫市	0.68		抚顺市	0.53		唐山市	0.60
	吴忠市	0.64		朝阳市	0.53		廊坊市	0.50
	固原市	0.63		本溪市	0.58		张家口市	0.61
	石嘴山市	0.57		沈阳市	0.51		承德市	0.54
	银川市	0.49		盘锦市	0.50		沧州市	0.41
青海省	果洛藏族自治州	0.43		营口市	0.51		石家庄市	0.52
	海东市	0.61		葫芦岛市	0.67		秦皇岛市	0.65
	海北藏族自治州	0.43		辽阳市	0.52		衡水市	0.46
	海南藏族自治州	0.38		铁岭市	0.69		邢台市	0.56
	海西蒙古族藏族自治州	0.49		锦州市	0.58		邯郸市	0.50
	玉树藏族自治州	0.49		阜新市	0.64			
	西宁市	0.53		鞍山市	0.54			
	黄南藏族自治州	0.42						

表 5—8　　　　　　　　各地级行政区的综合债务风险指标（东部地区）

省	地级行政区	指数	省	地级行政区	指数	省	地级行政区	指数
江苏省	南京市	0.56	广东省	东莞市	0.33	河南省	三门峡市	0.31
	南通市	0.45		中山市	0.32		信阳市	0.46
	宿迁市	0.39		云浮市	0.58		南阳市	0.40
	常州市	0.41		佛山市	0.45		周口市	0.43
	徐州市	0.32		广州市	0.44		商丘市	0.39
	扬州市	0.42		惠州市	0.43		安阳市	0.39
	无锡市	0.41		揭阳市	0.35		平顶山市	0.42
	泰州市	0.44		梅州市	0.59		开封市	0.49
	淮安市	0.40		汕头市	0.37		新乡市	0.39
	盐城市	0.43		汕尾市	0.36		洛阳市	0.36
	苏州市	0.43		江门市	0.56		漯河市	0.28
	连云港市	0.36		河源市	0.55		濮阳市	0.41
	镇江市	0.42		深圳市	0.29		焦作市	0.28
安徽省	合肥市	0.43		清远市	0.56		许昌市	0.40
	芜湖市	0.47		湛江市	0.53		郑州市	0.50
	蚌埠市	0.46		潮州市	0.45		驻马店市	0.45
	淮南市	0.62		珠海市	0.49		鹤壁市	0.40
	马鞍山市	0.45		肇庆市	0.47	福建省	三明市	0.53
	淮北市	0.44		茂名市	0.42		南平市	0.46
	铜陵市	0.55		阳江市	0.47		厦门市	0.37
	安庆市	0.59		韶关市	0.49		宁德市	0.49
	黄山市	0.56	山东省	东营市	0.38		泉州市	0.44
	滁州市	0.54		临沂市	0.59		漳州市	0.34
	阜阳市	0.60		威海市	0.44		福州市	0.39
	宿州市	0.55		德州市	0.54		莆田市	0.46
	六安市	0.58		日照市	0.43		龙岩市	0.55
	亳州市	0.62		枣庄市	0.43	江西省	上饶市	0.50
	池州市	0.60		泰安市	0.42		九江市	0.42
	宣城市	0.51		济南市	0.57		南昌市	0.37
浙江省	丽水市	0.68		济宁市	0.48		吉安市	0.41
	台州市	0.49		淄博市	0.46		宜春市	0.39
	嘉兴市	0.52		滨州市	0.51		抚州市	0.44
	宁波市	0.52		潍坊市	0.50		新余市	0.43
	杭州市	0.47		烟台市	0.44		景德镇市	0.47
	温州市	0.56		聊城市	0.52		萍乡市	0.34
	湖州市	0.56		莱芜市	0.53		赣州市	0.50
	绍兴市	0.49		菏泽市	0.48		鹰潭市	0.49
	舟山市	0.61		青岛市	0.51			
	衢州市	0.61						
	金华市	0.44						

为了便于分析,我们将全部地级行政区按地理位置大致分为三个区域,分别为西南地区(表5—6)、北部地区(表5—7)以及东部地区(表5—8)。分地区来看,西南地区包含了4个红色预警地级行政区、5个橙色预警地级行政区以及14个黄色预警地级行政区,表明该地区风险水平较高,尤其是广西壮族自治区(3个红色预警地级行政区)、湖南省(1个红色预警地级行政区以及2个橙色预警地级行政区)、贵州省(全省风险指标均高于平均值)以及云南省(2个橙色预警地级行政区)。北部地区包括了1个红色预警地级行政区、9个橙色预警地级行政区以及13个黄色预警地级行政区。表明该地区风险水平同样较高,具体来看风险主要集中于以宁夏回族自治区、甘肃省和青海省为代表的西北部,以及以黑龙江省、吉林省、辽宁省和河北省为代表的东北地区。前者处于经济欠发达地区,一直以来经济发展速度较慢,后者则为老重工业基地,同样受到近年来经济转型的影响,经济发展遭遇困境。

东部地区仅包括1个橙色预警地级行政区以及7个黄色预警地级行政区,表明该地区地方政府债务风险水平较低,明显优于其余两个地区。具体来看,浙江省(1个橙色预警市,2个黄色预警市)和安徽省(4个黄色预警市)在该地区内的风险水平相对较高。

通过以上分析发现,地方政府债务风险具有一定的聚集现象。接下来,我们从更大的视角,利用省级数据,考察省内地方政府债务风险的综合水平。省级政府债务风险指标结果报告在表5—9中。从表中可以看到各省份债务风险水平中没有出现红色预警,只有两个省份达到橙色预警级别,另有四个省份达到黄色预警级别。这一结果与前面地级行政区的结果基本一致,中国地方政府债务风险总体水平不高,但是个别省份的债务风险需引起关注。另外,从表中可以比较清晰地看出风险在西南地区(广西、贵州、云南)、西北地区(青海、甘肃、宁夏)以及东北地区(黑龙江、吉林、辽宁)三个区域明显较高。

表5—9　　　　　　　　　　各省的综合风险指标

省	指数	省	指数	省	指数	省	指数
云南省	0.61	宁夏回族自治区	0.63	河北省	0.55	广东省	0.36
广西壮族自治区	0.67	甘肃省	0.55	山西省	0.47	福建省	0.42
贵州省	0.62	青海省	0.66	陕西省	0.52	江西省	0.40
湖南省	0.54	内蒙古自治区	0.54	河南省	0.43	湖北省	0.42
海南省	0.57	吉林省	0.53	安徽省	0.55	浙江省	0.48
四川省	0.51	辽宁省	0.57	山东省	0.44		
西藏自治区	0.46	黑龙江省	0.64	江苏省	0.37		

接下来,我们聚焦于风险聚集的三个区域,分别对它们所属地级行政区的债务风险情况进行分析。图5—1刻画了西南地区四省份(云南、贵州、湖南、广西)地方政府债务风险水平,从中我们可以非常清楚地看到在广西、贵州以及湖南三省交界处的几个地级市的债务风险水平明显较高。图5—2刻画了西北地区三省份(青海、甘肃、宁夏)的地方政府债务风险水平,从中可以清楚地看出从宁夏南部向西横穿甘肃到青海海东市和西宁市的风险带。图5—3刻画了东北地区四省(传统东三省加河北)的地方政府债务风险水平,从中可以明显看出从黑龙江中部横穿吉林直到辽宁铁岭的风险带,以及河北北部与辽宁交界处风险水平明显较高。

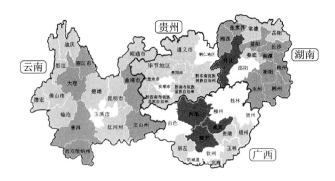

图5—1　西南四省的地方政府债务风险水平

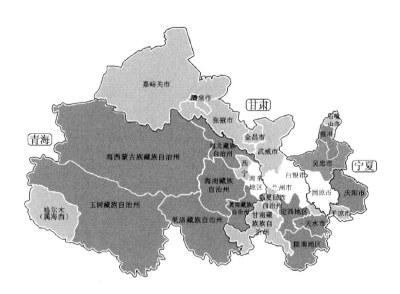

图5—2　西北三省的地方政府债务风险水平

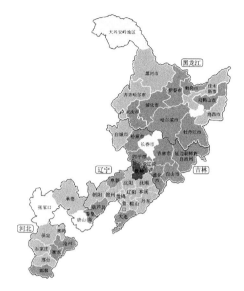

图 5－3　东北四省的地方政府债务风险水平

第四节　2015—2017 年我国各地级行政区债务风险预警结果

一、2015 年我国各地级行政区政府的风险预警结果

我们采用同样的方法,表 5－10 报告了 2015 年中国 320 个地级行政区的债务风险的估计结果,表格中指数值为综合风险指标的估计值。总体来看,在所考察的地级行政区中分别有 7 个达到红色预警级别、15 个达到橙色预警级别、33 个达到黄色预警级别,其余 265 个为浅绿色或者绿色所代表的安全级别,整体结果与 2014 年大致一致。根据表 5－10 可以看出我国地方政府债务预警级别大多数处于安全级别,但仍然有部分地级行政区的债务安全需要引起关注,尤其是达到红色和橙色预警级别的 20 个地级行政区,其中,达到红色预警的城市为来宾市、河池市、葫芦岛市、铁岭市、锦州市、阜新市、双鸭山市,分别位于经济欠发达的广西壮族自治区和东北地区的辽宁省和黑龙江省,这三个省份的城市债务风险相对较大。

达到黄色预警的地级行政区有 33 个,而且分布比较广泛,东北、西部、北部、南部以及中部地区都有城市达到黄色预警级别,这说明政府债务风险存在于中国每个地区,只是债务风险大小还存在差异。另外,同一省份内的不同地级政府债务风险存在差异,例如广西壮族自治区,玉林市政府债务预警为最安全级别,钦州市政府债务预警为安全级别,百色市政府债务预警则为黄色预警级别,而来宾市则变为红色预警级别,这体现了同一省份不同地级行政区政府债务状态的不平衡性。

表 5－10　　　　　　　　　2015 年各地级行政区的综合债务风险指标

省	地级行政区	指数	省	地级行政区	指数	省	地级行政区	指数
云南省	临沧市	0.53	广西壮族自治区	北海市	0.52	广东省	东莞市	0.30
	丽江市	0.60		南宁市	0.63		中山市	0.33
	保山市	0.58		崇左市	0.57		云浮市	0.54
	大理白族自治州	0.47		来宾市	0.71		佛山市	0.40
	德宏傣族景颇族自治州	0.60		柳州市	0.59		广州市	0.40
	怒江傈僳族自治州	0.52		桂林市	0.56		惠州市	0.44
	文山壮族苗族自治州	0.47		梧州市	0.55		揭阳市	0.39
	昆明市	0.56		河池市	0.76		梅州市	0.57
	昭通市	0.56		玉林市	0.48		汕头市	0.37
	普洱市	0.68		百色市	0.64		汕尾市	0.40
	曲靖市	0.46		贵港市	0.56		江门市	0.51
	楚雄彝族自治州	0.52		贺州市	0.60		河源市	0.60
	玉溪市	0.62		钦州市	0.59		深圳市	0.31
	红河哈尼族彝族自治州	0.50		防城港市	0.57		清远市	0.55
	西双版纳傣族自治州	0.44	新疆维吾尔自治区	乌鲁木齐市	0.56		湛江市	0.48
	迪庆藏族自治州	0.58					潮州市	0.41
内蒙古自治区	乌兰察布市	0.62					珠海市	0.41
	乌海市	0.57					肇庆市	0.50
	兴安盟	0.61					茂名市	0.41
	包头市	0.44					阳江市	0.47
	呼伦贝尔市	0.48					韶关市	0.53
	呼和浩特市	0.56	江苏省	南京市	0.58	甘肃省	临夏回族自治州	0.61
	巴彦淖尔市	0.55		南通市	0.46		兰州市	0.59
	赤峰市	0.44		宿迁市	0.44		嘉峪关市	0.50
	通辽市	0.49		常州市	0.44		天水市	0.50
	鄂尔多斯市	0.41		徐州市	0.31		定西市	0.47
	锡林郭勒盟	0.51		扬州市	0.44		平凉市	0.53
	阿拉善盟	0.58		无锡市	0.39		庆阳市	0.47
吉林省	吉林市	0.42		泰州市	0.41		张掖市	0.53
	四平市	0.50		淮安市	0.34		武威市	0.46
	延边朝鲜族自治州	0.45		盐城市	0.40		甘南藏族自治州	0.51
	松原市	0.39		苏州市	0.44		白银市	0.65
	白城市	0.55		连云港市	0.40		酒泉市	0.50
	白山市	0.43		镇江市	0.40		金昌市	0.56
	辽源市	0.51					陇南市	0.45
	通化市	0.45						
	长春市	0.60						

续表

省	地级行政区	指数	省	地级行政区	指数	省	地级行政区	指数
四川省	乐山市	0.54	江西省	上饶市	0.49	福建省	三明市	0.51
	内江市	0.53		九江市	0.42		南平市	0.42
	凉山彝族自治州	0.33		南昌市	0.35		厦门市	0.39
	南充市	0.60		吉安市	0.40		宁德市	0.46
	宜宾市	0.47		宜春市	0.38		泉州市	0.42
	巴中市	0.56		抚州市	0.45		漳州市	0.36
	广元市	0.63		新余市	0.40		福州市	0.34
	广安市	0.43		景德镇市	0.45		莆田市	0.43
	德阳市	0.50		萍乡市	0.33		龙岩市	0.49
	成都市	0.49		赣州市	0.48	西藏自治区	山南市	0.43
	攀枝花市	0.48		鹰潭市	0.48		拉萨市	0.40
	泸州市	0.45	河北省	保定市	0.52		日喀则市	0.49
	甘孜藏族自治州	0.51		唐山市	0.60		昌都市	0.49
	眉山市	0.56		廊坊市	0.45		林芝市	0.44
	绵阳市	0.54		张家口市	0.60		那曲市	0.43
	自贡市	0.48		承德市	0.56		阿里地区	0.38
	资阳市	0.51		沧州市	0.39	辽宁省	丹东市	0.61
	达州市	0.54		石家庄市	0.53		大连市	0.53
	遂宁市	0.47		秦皇岛市	0.63		抚顺市	0.65
	阿坝藏族羌族自治州	0.55		衡水市	0.49		朝阳市	0.67
	雅安市	0.57		邢台市	0.58		本溪市	0.67
宁夏回族自治区	中卫市	0.67		邯郸市	0.49		沈阳市	0.58
	吴忠市	0.62	河南省	三门峡市	0.35		盘锦市	0.60
	固原市	0.64		信阳市	0.44		营口市	0.63
	石嘴山市	0.60		南阳市	0.37		葫芦岛市	0.74
	银川市	0.54		周口市	0.40		辽阳市	0.61
山东省	东营市	0.41		商丘市	0.37		铁岭市	0.74
	临沂市	0.60		安阳市	0.41		锦州市	0.69
	威海市	0.41		平顶山市	0.43		阜新市	0.76
	德州市	0.55		开封市	0.47		鞍山市	0.68
	日照市	0.48		新乡市	0.38	陕西省	咸阳市	0.37
	枣庄市	0.44		洛阳市	0.30		商洛市	0.57
	泰安市	0.45		漯河市	0.26		安康市	0.58
	济南市	0.55		濮阳市	0.36		宝鸡市	0.38
	济宁市	0.45		焦作市	0.29		延安市	0.63
	淄博市	0.43		许昌市	0.39		榆林市	0.51
	滨州市	0.48		郑州市	0.48		汉中市	0.56
	潍坊市	0.51		驻马店市	0.43		渭南市	0.54
	烟台市	0.40		鹤壁市	0.39		西安市	0.51
	聊城市	0.51					铜川市	0.57
	莱芜市	0.53						
	菏泽市	0.48						
	青岛市	0.46						

续表

省	地级行政区	指数	省	地级行政区	指数	省	地级行政区	指数
山西省	临汾市	0.55	浙江省	丽水市	0.67	青海省	果洛藏族自治州	0.43
	吕梁市	0.55		台州市	0.52		海东市	0.64
	大同市	0.58		嘉兴市	0.51		海北藏族自治州	0.45
	太原市	0.43		宁波市	0.45		海南藏族自治州	0.37
	忻州市	0.64		杭州市	0.39		海西蒙古族藏族自治州	0.56
	晋中市	0.50		温州市	0.53		玉树藏族自治州	0.41
	晋城市	0.37		湖州市	0.58		西宁市	0.54
	朔州市	0.39		绍兴市	0.46		黄南藏族自治州	0.44
	运城市	0.51		舟山市	0.61	黑龙江省	七台河市	0.65
	长治市	0.44		衢州市	0.61		伊春市	0.67
	阳泉市	0.51		金华市	0.46		佳木斯市	0.56
安徽省	合肥市	0.38	海南省	三亚市	0.59		双鸭山市	0.75
	芜湖市	0.47		儋州市	0.53		哈尔滨市	0.62
	蚌埠市	0.49		海口市	0.59		大兴安岭地区	0.62
	淮南市	0.58	湖北省	十堰市	0.47		大庆市	0.43
	马鞍山市	0.44		咸宁市	0.46		牡丹江市	0.45
	淮北市	0.48		孝感市	0.39		绥化市	0.49
	铜陵市	0.47		宜昌市	0.36		鸡西市	0.60
	安庆市	0.59		恩施土家族苗族自治州	0.50		鹤岗市	0.67
	黄山市	0.62		武汉市	0.50		黑河市	0.53
	滁州市	0.51		荆州市	0.44		齐齐哈尔市	0.54
	阜阳市	0.54		荆门市	0.36	贵州省	六盘水市	0.50
	宿州市	0.54		襄阳市	0.38		毕节市	0.56
	六安市	0.56		鄂州市	0.37		遵义市	0.47
	亳州市	0.53		随州市	0.49		铜仁市	0.64
	池州市	0.57		黄冈市	0.47		黔东南苗族侗族自治州	0.53
	宣城市	0.49		黄石市	0.44		黔西南布依族苗族自治州	0.53
				娄底市	0.46		黔南布依族苗族自治州	0.53
				岳阳市	0.44		贵阳市	0.57
			湖南省	常德市	0.49		安顺市	0.60
				张家界市	0.65			
				怀化市	0.68			
				株洲市	0.44			
				永州市	0.45			
				湘潭市	0.48			
				湘西土家族苗族自治州	0.56			
				益阳市	0.46			
				衡阳市	0.39			
				邵阳市	0.58			
				郴州市	0.47			
				长沙市	0.42			

二、2016 年我国各地级行政区政府的风险预警结果

同样地,表 5-11 报告了 2016 年中国 320 个地级行政区的债务风险评估结果。总体来看,在所考察的地级行政区中分别有 11 个达到红色预警级别、11 个达到橙色预警级别、32 个达到黄色预警级别,其余 266 个为浅绿色或者绿色所代表的安全级别。其中,达到红色预警级别的城市为来宾市、河池市、朝阳市、本溪市、葫芦岛市、辽阳市、铁岭市、阜新市、鞍山市、七台河市、双鸭山市,分别属于广西壮族自治区、辽宁省和黑龙江省,与 2014 年和 2015 年基本一致,这 3 个省份的城市债务风险相对较高。而且,达到橙色预警级别的地级行政区也是多数集中在广西壮族自治区、辽宁省和黑龙江省。另外,达到黄色预警的地级行政区有 32 个,分布在中国各个地区,经济发达和经济欠发达的省份都存在达到黄色预警级别的地级行政区,需要更加关注这一部分地级行政区,防止债务预警级别的提升。

表 5-11　　　　　　　　　2016 年各地级行政区的综合债务风险指标

省	地级行政区	指数	省	地级行政区	指数	省	地级行政区	指数
云南省	临沧市	0.51	广西壮族自治区	北海市	0.53	广东省	东莞市	0.42
	丽江市	0.64		南宁市	0.66		中山市	0.31
	保山市	0.58		崇左市	0.53		云浮市	0.62
	大理白族自治州	0.45		来宾市	0.75		佛山市	0.42
	德宏傣族景颇族自治州	0.54		柳州市	0.58		广州市	0.44
	怒江傈僳族自治州	0.50		桂林市	0.63		惠州市	0.43
	文山壮族苗族自治州	0.43		梧州市	0.55		揭阳市	0.41
	昆明市	0.58		河池市	0.77		梅州市	0.67
	昭通市	0.52		玉林市	0.54		汕头市	0.36
	普洱市	0.68		百色市	0.65		汕尾市	0.48
	曲靖市	0.40		贵港市	0.56		江门市	0.55
	楚雄彝族自治州	0.46		贺州市	0.62		河源市	0.59
	玉溪市	0.60		钦州市	0.57		深圳市	0.31
	红河哈尼族彝族自治州	0.46		防城港市	0.57		清远市	0.61
	西双版纳傣族自治州	0.45	新疆维吾尔自治区	乌鲁木齐市	0.58		湛江市	0.50
	迪庆藏族自治州	0.60					潮州市	0.46
							珠海市	0.38
							肇庆市	0.51
							茂名市	0.45
							阳江市	0.55
							韶关市	0.55

续表

省	地级行政区	指数	省	地级行政区	指数	省	地级行政区	指数
内蒙古自治区	乌兰察布市	0.63	江苏省	南京市	0.53	甘肃省	临夏回族自治州	0.63
	乌海市	0.61		南通市	0.45		兰州市	0.61
	兴安盟	0.62		宿迁市	0.43		嘉峪关市	0.53
	包头市	0.45		常州市	0.44		天水市	0.50
	呼伦贝尔市	0.50		徐州市	0.29		定西市	0.52
	呼和浩特市	0.55		扬州市	0.39		平凉市	0.52
	巴彦淖尔市	0.57		无锡市	0.39		庆阳市	0.54
	赤峰市	0.46		泰州市	0.38		张掖市	0.53
	通辽市	0.48		淮安市	0.36		武威市	0.47
	鄂尔多斯市	0.43		盐城市	0.47		甘南藏族自治州	0.54
	锡林郭勒盟	0.46		苏州市	0.38		白银市	0.59
	阿拉善盟	0.58		连云港市	0.42		酒泉市	0.50
吉林省	吉林市	0.42		镇江市	0.40		金昌市	0.61
	四平市	0.54		上饶市	0.48		陇南市	0.52
	延边朝鲜族自治州	0.44	江西省	九江市	0.40	福建省	三明市	0.52
	松原市	0.41		南昌市	0.36		南平市	0.49
	白城市	0.62		吉安市	0.39		厦门市	0.39
	白山市	0.42		宜春市	0.33		宁德市	0.52
	辽源市	0.53		抚州市	0.45		泉州市	0.37
	通化市	0.48		新余市	0.33		漳州市	0.37
	长春市	0.56		景德镇市	0.42		福州市	0.38
四川省	乐山市	0.54		萍乡市	0.31		莆田市	0.44
	内江市	0.54		赣州市	0.46		龙岩市	0.50
	凉山彝族自治州	0.37		鹰潭市	0.46	西藏自治区	山南市	0.46
	南充市	0.58	河北省	保定市	0.47		拉萨市	0.42
	宜宾市	0.47		唐山市	0.51		日喀则市	0.49
	巴中市	0.58		廊坊市	0.40		昌都市	0.46
	广元市	0.63		张家口市	0.59		林芝市	0.45
	广安市	0.45		承德市	0.56		那曲市	0.40
	德阳市	0.42		沧州市	0.35		阿里地区	0.46
	成都市	0.49		石家庄市	0.51	辽宁省	丹东市	0.70
	攀枝花市	0.46		秦皇岛市	0.62		大连市	0.54
	泸州市	0.45		衡水市	0.45		抚顺市	0.65
	甘孜藏族自治州	0.55		邢台市	0.53		朝阳市	0.72
	眉山市	0.54		邯郸市	0.51		本溪市	0.71
	绵阳市	0.50					沈阳市	0.61
	自贡市	0.59					盘锦市	0.60
	资阳市	0.60					营口市	0.64
	达州市	0.53					葫芦岛市	0.77
	遂宁市	0.47					辽阳市	0.73
	阿坝藏族羌族自治州	0.48					铁岭市	0.82
	雅安市	0.55					锦州市	0.67
							阜新市	0.79
							鞍山市	0.73

续表

省	地级行政区	指数	省	地级行政区	指数	省	地级行政区	指数
宁夏回族自治区	中卫市	0.63	河南省	三门峡市	0.32	陕西省	咸阳市	0.34
	吴忠市	0.58		信阳市	0.44		商洛市	0.56
	固原市	0.65		南阳市	0.37		安康市	0.58
	石嘴山市	0.59		周口市	0.44		宝鸡市	0.39
	银川市	0.54		商丘市	0.42		延安市	0.61
山东省	东营市	0.44		安阳市	0.40		榆林市	0.49
	临沂市	0.55		平顶山市	0.41		汉中市	0.53
	威海市	0.34		开封市	0.49		渭南市	0.54
	德州市	0.54		新乡市	0.36		西安市	0.51
	日照市	0.44		洛阳市	0.32		铜川市	0.62
	枣庄市	0.43		漯河市	0.32	青海省	果洛藏族自治州	0.41
	泰安市	0.45		濮阳市	0.31		海东市	0.56
	济南市	0.52		焦作市	0.29		海北藏族自治州	0.43
	济宁市	0.43		许昌市	0.39		海南藏族自治州	0.36
	淄博市	0.41		郑州市	0.44		海西蒙古族藏族自治州	0.45
	滨州市	0.43		驻马店市	0.39		玉树藏族自治州	0.48
	潍坊市	0.47		鹤壁市	0.36		西宁市	0.52
	烟台市	0.37	浙江省	丽水市	0.60		黄南藏族自治州	0.40
	聊城市	0.53		台州市	0.44	黑龙江省	七台河市	0.71
	莱芜市	0.51		嘉兴市	0.44		伊春市	0.69
	菏泽市	0.41		宁波市	0.46		佳木斯市	0.63
	青岛市	0.40		杭州市	0.41		双鸭山市	0.75
山西省	临汾市	0.56		温州市	0.45		哈尔滨市	0.62
	吕梁市	0.51		湖州市	0.54		大兴安岭地区	0.66
	大同市	0.62		绍兴市	0.42		大庆市	0.43
	太原市	0.49		舟山市	0.52		牡丹江市	0.49
	忻州市	0.65		衢州市	0.55		绥化市	0.51
	晋中市	0.52		金华市	0.43		鸡西市	0.59
	晋城市	0.39	海南省	三亚市	0.59		鹤岗市	0.68
	朔州市	0.45		儋州市	0.53		黑河市	0.57
	运城市	0.46		海口市	0.63		齐齐哈尔市	0.56
	长治市	0.43	湖北省	十堰市	0.45			
	阳泉市	0.53		咸宁市	0.44			
				孝感市	0.41			
				宜昌市	0.40			
				恩施土家族苗族自治州	0.55			
				武汉市	0.51			
				荆州市	0.47			
				荆门市	0.38			
				襄阳市	0.40			
				鄂州市	0.36			
				随州市	0.43			
				黄冈市	0.50			
				黄石市	0.46			

续表

省	地级行政区	指数	省	地级行政区	指数	省	地级行政区	指数
安徽省	合肥市	0.39	湖南省	娄底市	0.46	贵州省	六盘水市	0.47
	芜湖市	0.41		岳阳市	0.43		毕节市	0.55
	蚌埠市	0.44		常德市	0.47		遵义市	0.58
	淮南市	0.60		张家界市	0.64		铜仁市	0.62
	马鞍山市	0.36		怀化市	0.66		黔东南苗族侗族自治州	0.48
	淮北市	0.48		株洲市	0.42		黔西南布依族苗族自治州	0.51
	铜陵市	0.50		永州市	0.44		黔南布依族苗族自治州	0.58
	安庆市	0.53		湘潭市	0.45		贵阳市	0.56
	黄山市	0.54		湘西土家族苗族自治州	0.63		安顺市	0.59
	滁州市	0.45		益阳市	0.45			
	阜阳市	0.53		衡阳市	0.44			
	宿州市	0.51		邵阳市	0.59			
	六安市	0.54		郴州市	0.43			
	亳州市	0.54		长沙市	0.39			
	池州市	0.51						
	宣城市	0.47						

三、2017 年我国各地区城市政府的风险预警结果

　　同样地,表 5—12 报告了 2017 年中国 320 个地级行政区的债务风险的估计结果,其中,在所考察的地级行政区中分别有 7 个达到红色预警级别、16 个达到橙色预警级别、35 个达到黄色预警级别,其余 262 个为浅绿色或者绿色所代表的安全级别。根据表 5—12 可知,2014—2017 年债务风险比较高的城市个数大致相同,而且红色预警级别的地级行政区多数集中在黑龙江省、辽宁省和广西壮族自治区。政府债务风险级别达到红色预警的地级行政区个数降低为 7 个,而且仍然集中在辽宁省和广西壮族自治区,2014—2017 年呈现出相同现象。而达到黄色预警级别的地级行政区分布仍然比较广泛,经济较为发达的省份如广东省和经济欠发达的省份如云南省,都存在达到黄色预警级别的地级行政区。但是总体来看,2014—2017 年中国各地级行政区政府债务风险级别相对稳定。

表 5－12 2017 年各地级行政区的综合债务风险指标

省	地级行政区	指数	省	地级行政区	指数	省	地级行政区	指数
云南省	临沧市	0.55	广西壮族自治区	北海市	0.47	广东省	东莞市	0.37
	丽江市	0.62		南宁市	0.63		中山市	0.34
	保山市	0.62		崇左市	0.50		云浮市	0.64
	大理白族自治州	0.51		来宾市	0.69		佛山市	0.36
	德宏傣族景颇族自治州	0.58		柳州市	0.60		广州市	0.43
	怒江傈僳族自治州	0.49		桂林市	0.64		惠州市	0.41
	文山壮族苗族自治州	0.45		梧州市	0.54		揭阳市	0.45
	昆明市	0.57		河池市	0.71		梅州市	0.64
	昭通市	0.48		玉林市	0.53		汕头市	0.35
	普洱市	0.68		百色市	0.62		汕尾市	0.52
	曲靖市	0.38		贵港市	0.51		江门市	0.43
	楚雄彝族自治州	0.49		贺州市	0.67		河源市	0.67
	玉溪市	0.59		钦州市	0.55		深圳市	0.30
	红河哈尼族彝族自治州	0.52		防城港市	0.62		清远市	0.60
	西双版纳傣族自治州	0.46	新疆维吾尔自治区	乌鲁木齐市	0.58		湛江市	0.51
	迪庆藏族自治州	0.65					潮州市	0.51
内蒙古自治区	乌兰察布市	0.63					珠海市	0.43
	乌海市	0.59					肇庆市	0.53
	兴安盟	0.62					茂名市	0.43
	包头市	0.59					阳江市	0.53
	呼伦贝尔市	0.53					韶关市	0.54
	呼和浩特市	0.58	江苏省	南京市	0.49	甘肃省	临夏回族自治州	0.70
	巴彦淖尔市	0.62		南通市	0.47		兰州市	0.64
	赤峰市	0.50		宿迁市	0.48		嘉峪关市	0.58
	通辽市	0.62		常州市	0.44		天水市	0.57
	鄂尔多斯市	0.47		徐州市	0.33		定西市	0.60
	锡林郭勒盟	0.51		扬州市	0.44		平凉市	0.59
	阿拉善盟	0.58		无锡市	0.37		庆阳市	0.66
吉林省	吉林市	0.49		泰州市	0.38		张掖市	0.62
	四平市	0.49		淮安市	0.39		武威市	0.61
	延边朝鲜族自治州	0.49		盐城市	0.51		甘南藏族自治州	0.61
	松原市	0.37		苏州市	0.40		白银市	0.68
	白城市	0.63		连云港市	0.46		酒泉市	0.54
	白山市	0.47		镇江市	0.50		金昌市	0.67
	辽源市	0.54					陇南市	0.60
	通化市	0.60						
	长春市	0.56						

续表

省	地级行政区	指数	省	地级行政区	指数	省	地级行政区	指数
四川省	乐山市	0.55	江西省	上饶市	0.42	福建省	三明市	0.48
	内江市	0.58		九江市	0.37		南平市	0.48
	凉山彝族自治州	0.41		南昌市	0.36		厦门市	0.41
	南充市	0.54		吉安市	0.33		宁德市	0.57
	宜宾市	0.44		宜春市	0.30		泉州市	0.39
	巴中市	0.64		抚州市	0.41		漳州市	0.38
	广元市	0.63		新余市	0.28		福州市	0.39
	广安市	0.47		景德镇市	0.42		莆田市	0.36
	德阳市	0.48		萍乡市	0.27		龙岩市	0.51
	成都市	0.44		赣州市	0.38	西藏自治区	山南市	0.41
	攀枝花市	0.50		鹰潭市	0.37		拉萨市	0.37
	泸州市	0.45	河北省	保定市	0.50		日喀则市	0.41
	甘孜藏族自治州	0.57		唐山市	0.50		昌都市	0.41
	眉山市	0.54		廊坊市	0.46		林芝市	0.47
	绵阳市	0.51		张家口市	0.55		那曲市	0.45
	自贡市	0.59		承德市	0.54		阿里地区	0.42
	资阳市	0.60		沧州市	0.37	辽宁省	丹东市	0.68
	达州市	0.51		石家庄市	0.51		大连市	0.52
	遂宁市	0.48		秦皇岛市	0.57		抚顺市	0.65
	阿坝藏族羌族自治州	0.50		衡水市	0.63		朝阳市	0.66
	雅安市	0.62		邢台市	0.50		本溪市	0.73
宁夏回族自治区	中卫市	0.58		邯郸市	0.47		沈阳市	0.60
	吴忠市	0.52	河南省	三门峡市	0.34		盘锦市	0.56
	固原市	0.62		信阳市	0.41		营口市	0.62
	石嘴山市	0.51		南阳市	0.39		葫芦岛市	0.74
	银川市	0.53		周口市	0.37		辽阳市	0.71
山东省	东营市	0.43		商丘市	0.41		铁岭市	0.80
	临沂市	0.56		安阳市	0.35		锦州市	0.68
	威海市	0.34		平顶山市	0.39		阜新市	0.71
	德州市	0.52		开封市	0.48		鞍山市	0.74
	日照市	0.38		新乡市	0.36	陕西省	咸阳市	0.38
	枣庄市	0.42		洛阳市	0.31		商洛市	0.52
	泰安市	0.45		漯河市	0.31		安康市	0.53
	济南市	0.51		濮阳市	0.35		宝鸡市	0.39
	济宁市	0.44		焦作市	0.30		延安市	0.58
	淄博市	0.39		许昌市	0.38		榆林市	0.41
	滨州市	0.45		郑州市	0.44		汉中市	0.44
	潍坊市	0.46		驻马店市	0.38		渭南市	0.39
	烟台市	0.38		鹤壁市	0.35		西安市	0.52
	聊城市	0.48					铜川市	0.60
	莱芜市	0.51						
	菏泽市	0.43						
	青岛市	0.43						

续表

省	地级行政区	指数	省	地级行政区	指数	省	地级行政区	指数
山西省	临汾市	0.55	浙江省	丽水市	0.62	青海省	果洛藏族自治州	0.51
	吕梁市	0.40		台州市	0.46		海东市	0.57
	大同市	0.57		嘉兴市	0.40		海北藏族自治州	0.51
	太原市	0.50		宁波市	0.42		海南藏族自治州	0.45
	忻州市	0.59		杭州市	0.44		海西蒙古族藏族自治州	0.45
	晋中市	0.47		温州市	0.53		玉树藏族自治州	0.40
	晋城市	0.40		湖州市	0.46		西宁市	0.56
	朔州市	0.42		绍兴市	0.39		黄南藏族自治州	0.46
	运城市	0.49		舟山市	0.58	黑龙江省	七台河市	0.66
	长治市	0.37		衢州市	0.49		伊春市	0.66
	阳泉市	0.50		金华市	0.45		佳木斯市	0.57
安徽省	合肥市	0.37	海南省	三亚市	0.61		双鸭山市	0.70
	芜湖市	0.37		儋州市	0.50		哈尔滨市	0.60
	蚌埠市	0.40		海口市	0.60		大兴安岭地区	0.66
	淮南市	0.57	湖北省	十堰市	0.45		大庆市	0.40
	马鞍山市	0.34		咸宁市	0.41		牡丹江市	0.45
	淮北市	0.41		孝感市	0.44		绥化市	0.47
	铜陵市	0.51		宜昌市	0.48		鸡西市	0.60
	安庆市	0.47		恩施土家族苗族自治州	0.54		鹤岗市	0.66
	黄山市	0.55		武汉市	0.46		黑河市	0.52
	滁州市	0.43		荆州市	0.45		齐齐哈尔市	0.54
	阜阳市	0.52		荆门市	0.39	贵州省	六盘水市	0.50
	宿州市	0.50		襄阳市	0.42		毕节市	0.56
	六安市	0.53		鄂州市	0.38		遵义市	0.57
	亳州市	0.50		随州市	0.47		铜仁市	0.65
	池州市	0.51		黄冈市	0.52		黔东南苗族侗族自治州	0.63
	宣城市	0.43		黄石市	0.41		黔西南布依族苗族自治州	0.51
			湖南省	娄底市	0.47		黔南布依族苗族自治州	0.61
				岳阳市	0.47		贵阳市	0.57
				常德市	0.44		安顺市	0.61
				张家界市	0.64			
				怀化市	0.63			
				株洲市	0.41			
				永州市	0.38			
				湘潭市	0.43			
				湘西土家族苗族自治州	0.59			
				益阳市	0.46			
				衡阳市	0.42			
				邵阳市	0.58			
				郴州市	0.43			
				长沙市	0.43			

第五节　结果总概

本章对中国地方政府债务风险预警进行了研究。首先,对地方政府债务风险预警状况进行分析,包括当前风险预警现状、导致当前预警机制不完善的原因,并在此基础上提出了本章构建债务风险预警模型的目标。随后,对现有地方政府债务风险预警方法进行了比较分析,确定本章将采用的方法类型。最后,基于地方政府债务风险研究以及我国具体情况,构建地方政府债务风险预警模型,实证分析我国的地方政府债务风险情况。

具体来说,本章采用综合指标预警法。首先,将地方政府债务风险影响因素分为四类,分别选取变量。其次,根据所用数据为横截面数据或者短面板数据的特点,采用样本累计分布函数对变量进行标准化处理,并构建债务风险子指标。再次,同时考虑子指标自身的变异程度及其独立性,利用 CRITIC 法来确定子指标的权重以构建地方政府债务风险预警的综合指标。最后,依据指标偏离样本均值的程度将风险划分为五级:安全、较安全、较危险、危险以及非常危险,并用五种颜色进行对应。

利用中国 2014 年的财政、金融以及教育等相关领域的数据,对中国地方政府债务风险进行实证分析。本章得出如下结论:(1)总体来看地方政府债务风险水平不高,但仍有部分地级行政区需要引起重点关注。在全部 320 个地级行政区中有5 个达到红色预警级别、15 个达到橙色预警级别、34 个达到黄色预警级别。(2)地方政府债务风险呈现出区域集聚的特征。利用省级数据分析的结果发现西南地区(广西、贵州、云南、湖南)、西北地区(宁夏、甘肃、青海)以及东北部分地区(黑龙江、吉林、辽宁、河北北部)地方政府债务风险水平较高。对三个区域进一步分析,分别发现在广西、贵州和湖南交界处、宁夏南部横穿甘肃直到青海西宁、黑龙江中部纵穿吉林直到辽宁北部以及河北北部与辽宁交界处,均出现了明显的债务风险聚集情况。

利用中国 2015 年的财政、金融以及教育等相关领域的数据,我们对中国地方政府债务风险状况进行了分析。结果发现:(1)在所考察的地级行政区中分别有 7个达到红色预警级别、15 个达到橙色预警级别、33 个达到黄色预警级别,其余 265个为安全级别,整体结果与 2014 年基本一致。这意味着 2015 年中国政府债务总体可控。(2)达到红色预警的地级行政区集中在广西壮族自治区和东北地区的辽宁省、黑龙江省,这三个省份经济发展水平相对落后,城市债务风险相对较大。(3)达到黄色预警的地级行政区有 33 个,而且分布比较广泛,东北、西部、北部、南部以及中部地区都有达到黄色预警级别的地级行政区。其中,辽宁省、黑龙江省和广西壮族自治区达到黄色预警的地级行政区相对较多,这表明同一省份内不同地级行政区债务可能存在相互影响的情况。

　　利用中国 2016 年的财政、金融以及教育等相关领域的数据,我们对中国地方政府债务风险状况进行了分析。结果发现:(1)在所考察的地级行政区中分别有 11 个达到红色预警级别、11 个达到橙色预警级别、32 个达到黄色预警级别,其余 266 个为浅绿色或者绿色所代表的安全级别。这意味着 2016 年中国政府债务总体可控。(2)达到红色预警的地级行政区仍然集中在广西壮族自治区、辽宁省和黑龙江省,表明这些地区仍然存在较大的债务风险。(3)达到黄色预警的地级行政区分布与 2014 年和 2015 年大致相同,经济发达的省份和经济欠发达的省份都有达到黄色预警级别的地级行政区。

　　利用中国 2017 年的财政、金融以及教育等相关领域的数据,我们对中国地方政府债务风险状况进行了分析。结果发现:(1)在所考察的地级行政区中分别有 7 个达到红色预警级别、16 个达到橙色预警级别、35 个达到黄色预警级别,其余 262 个为浅绿色或者绿色所代表的安全级别,意味着 2017 年中国政府债务总体可控。(2)在 2017 年政府债务风险级别达到红色预警的地级行政区相对减少,但是仍然是集中在广西壮族自治区和辽宁省,而且辽宁省政府债务风险高的地级行政区相对较多。近几年辽宁省地级行政区债务风险级别并未有改善,需要多加关注。(3) 2014—2017 年达到黄色预警级别的地级行政区数目相对上升,而且同样分布在中国各个地区。虽然中国政府债务总体可控,但是需要更多关注达到黄色预警级别的地级行政区,这些地级行政区债务风险级别存在提升的风险。

第六章

国外地方政府债务管理的经验借鉴

第一节　国外地方政府债务的法律监管

一、工业化国家地方政府债务的法律监管

（一）美国地方政府债务的法律监管

1. 通过法律法规进行约束

美国拥有比较健全的债务监控相关的法律法规，并且其中明确规定：州及以下政府包括一些公共部门等，有权力发行政府债券；但是，对于政府部门或者公共部门发行债券而言，如公共事业单位包括医院、学校等，需要经过纳税人投票同意方可执行。例如，加利福尼亚州有严格的法律要求，政府假如需要发行一般责任债，需要经过当地 2/3 的选民投票通过才可以实行。另外，相关的法律法规还对政府发行债券的使用途径以及举债额度等方面进行限制，并规定债务资金必须用于公共设施或者公共服务等。另外，相关法律法规也对政府或者公共部门发债制定了严格的约束，主要体现在两个方面：一是政府或者公共部门必须要取得律师意见书，得到法律的许可与授权。因此，律师或者律师事务所成为制约地方政府随意发债的一道屏障。二是通过市场对政府或者公共部门发债进行约束。因为政府或者公共部门要确保自身的偿债能力，以保证信用评级的稳定，避免持续融资的高成本。因此，美国二级市场也在一定程度上对地方政府或者公共部门发债形成了一种约束。

2. 建立健全信用评级体系

标准普尔、惠誉和穆迪作为世界上最具影响力的私营信用评级机构，在美国地方政府债务监管中也发挥着重要作用。美国政府通过以上三家信用评级机构，对地方政府的债务情况进行分析，判断其偿债能力以及可能产生的违约概率，对其进行信用评级。这样，投资者能够对美国政府债券情况有基本的了解，也决定了投资者愿意承担的风险以及成本。这样导致地方政府会努力保证自身的信用评级，降

低自身的举债成本。另外,美国地方政府往往可以采取一定的措施提高信用评级,其中最常见的措施是债券保险制度。其原理较为简单,即债券发行主体发行债券,通过保险公司为其债券投保,向保险公司支付一定的保险费用,如果发债人不能按时偿还债务,将由保险公司进行偿还。因此,地方政府往往可以通过这种制度,将地方政府风险转移到保险公司。

3. 提高债务相关信息的透明度

美国证券交易委员会(SEC)于1989年通过修订《证券法》,该法律旨在进一步加强政府债务相关信息的透明度。并且,该法律在之后经过不断修订与完善,使得政府债务信息公开程度不断提高,给政府自身、投资者、科研工作者等都提供了更为重要的信息来源与依据。尤其是对于私人投资者,通过政府债务信息透明度的不断提高,其获取的政府债务信息更具可靠性、时效性等,对于私人投资者做出更为精准的决策具有重要作用。另外,美国还成立一些与政府债券相关的自律性组织,在政府债务信息公开程度提高方面也发挥了重要的作用,例如政府财务官员协会等,对美国政府债务信息的公开与披露措施等产生了重要的作用。

4. 完善债务偿还机制

美国地方政府债务的偿还具有很强的灵活性。这主要体现在以下三点:一是选择性提前偿还。债券发行人以合同为依据,可以在合同规定的日期以及之前赎回,并且相关细则、条件等会有详细的、专项的说明。二是如果超过债券的宽限期限,政府可以通过偿债基金,从二级市场上回购债券,但是需要根据当年的市场价格或者面值等进行购买。三是针对突发情况而言,例如,债券发行人资金超额或者债券担保资金遭受损失等突发情况,政府可以依法提前收回债券。此时这种做法也被称为"特别提前赎回"。

(二)英国地方政府债务的法律监管[①]

1. 制定严格的债务规则

英国作为典型的单一制国家,地方政府很少发行债券,而是通过商业银行贷款获得政府融资,而且地方政府债券也多是用于城市基础设施建设。另外,英国地方政府还可以通过公共工程贷款委员会获得贷款。相关部门依据《1968年国家贷款法案》决定公共工程的贷款利率,严格按照法案规定上下浮动。在2004年,英国政府开始构建地方政府融资谨慎性监管框架,控制贷款的用途与规模。地方政府应将贷款规模控制在限额之内,使地方政府债务余额占GDP比重的4%以内,以此限制政府举债额度或者规模,适应《欧洲联盟条约》的基本要求。另外,对于规模庞大的地方政府的重大贷款项目,相关部门需要在《支出审查报告》中达成共识。

2. 加强监管

英国为应对地方政府债务,设定三个层次的监管机构。第一层次是欧盟的证

---

① 根据任佳宝:《地方政府债券的法律问题研究》硕士论文整理形成,复旦大学,2014年。

券监管委员会,通过该机构按照严格的法律要求制定债券发行人的资格条件,并要求严格执行。第二层次是英国金融服务局。经过该机构进一步加强对地方政府债务的监管。并且该机构的产生来源于欧盟统一金融法,根据欧盟法律并结合本国实际情况灵活运用,目的就是为了进一步加强对政府债务的监管。第三层次是行业自律组织。债券行业协会对债务的发行和交易进行严格的控制与监管,对于违反规定的将给予相应的惩罚。

(三)法国地方政府债务的法律监管①

1. 全面的监管措施

法国加强中央政府对各地方政府的债务监管,主要有五个方面:第一是加强对资金的监管。其中一方面是加强对预算法案的规范性审查和事前性的监控;另一方面是成立专门的机构对其进行监管与核查。第二是体现在法律的监管与监督方面。主要通过法院发挥作用,其中最为重要的则是审计法院,协助议会和政府相关部门的法律法规的执行,并对相关部门的会计账目进行审计检查。各级部门也要配合其检查并提交相关材料。第三是加强财政部门的监控和监督,对各级政府的债务以及财政情况等进行常规的管理。而这主要是通过财政部下的国库司具体执行,确保各地方政府的债务控制在一定规模内,并且针对债务情况提出具体的政策与措施等。第四是加强财政部门派驻机构对债务的监管。地方政府在自主行动的同时,如果和派驻机构发生意见分歧,需要向派驻机构或者相关部门提交分歧意见说明,并自行承担全部责任。这些派驻机构在监督与管理地方政府债务情况方面发挥着独特作用,如果这些派驻机构查出问题,会及时向上级汇报,并向地方政府提供反馈。通过这种方式,有利于使地方政府债务运行处于良性状态。第五是加强金融监管。地方政府在银行设有专门的资金账户,地方政府债务的现状及其运行等都受到银行系统的监测。如果银行系统认为地方政府债务超过预期规模或者面临债务风险以及偿债能力风险时,银行系统会及时发出信号,并反馈给地方政府相关负责部门。

2. 地方分权与债务发行

1982年3月,法国作为单一制国家颁布《关于市镇、省和大区的权利和自由法案》,在维护单一制的基础上开始实施地方分权改革。分权改革以1982年3月出台的《权力下放法案》为标志,在中央集权的框架下扩大了地方的自主权。主要包括以下几点内容:一是重新调整地方行政区域的划分;二是扩大地方自主权;三是加强中央对地方的监督;四是合理划分各级政府的支出责任。1982年法国又颁布《地方分权法》,赋予地方政府发行债券一定的自主权。规定一般不需经中央政府批准同意,除了规定借款只能用于资本支出外,中央政府既不在事先也不在事后对

---

① 根据敬志红:《地方政府性债务管理研究——兼论地方投融资平台管理》相关内容整理形成,中国农业出版社2011年版,第100—102页。

地方政府的举债行为进行监控。

（四）南非地方政府债务的法律监管①

南非政府于 2003 年出台《市政财政管理法案》,旨在确保政府财政收入以及政府债务的可持续管理,通过明确责任人以及强化各自的责任,确保地方政府举债的谨慎性以及政府财务的透明度。该法案提出一系列措施力图解决政府债务难题、调控政府债务危机,保证政府债务的稳定性以及可持续性。《市政财政管理法案》主要从两个方面实现对政府债务的有效管理,包括制定管理政府借贷的法律条款以及解决金融困境的法律条款。

在管理政府借贷措施方面,应该高度重视以下几个方面:第一,《市政财政管理法案》要求政府提高政府税收以及资本支出的信息公开程度,并且要求将项目的总费用对外公开,保证政府财政收支的稳健性;第二,该法案规定了政府获得资金或者贷款的程序,包括政府长期贷款以及短期贷款,并需要经过市政委员以及会计师的同意才可以获得贷款;第三,该法案明确了政府债务的定义,债务被定义为由融资协议、纸币、公司债券、债券、透支引起的货币债务。并且,该法案据此提出政府短期债务和长期债务的管理与监控措施;第四,在严格的背景下将证券本身作为政府债务的抵押品。并且,该法案第五十一章规定禁止中央政府或者省级政府担保实证债务。

在解决金融困境方面,该法案的出台提高了地方政府进入资本市场的能力以及政府监管效率。具体而言:第一,在财务困境以及紧急情况的触发指标方面,《市政财政管理法案》规定了会计师以及市政委员的具体工作内容,起到了强有力的监督效果。并且,该法案还规定了市政府在何种情况下需要向省级政府报告。第二,该法案制定了相应的预警识别系统,对市政府的金融问题进行定期监管和报告,对存在的疑问需要向上级政府做出合理解释。但是对市政府存在的金融问题,省级政府和中央政府会采取较少的手段进行干预。第三,《市政金融复苏服务》作为《市政财政管理法案》配套措施,有助于识别市政府的金融问题并提供相应的解决措施。第四,该法案第三部分的债务减免和债务重组措施为市政府财政问题、债务问题提供了解决方案,并且这是一种自愿方式的债务清算方式,同时兼顾了市政府以及债权人的利益。第五,中央政府自 2009 年开始对地方财政及债务进行系统法人监管,加强了中央政府对地方政府的金融监管,在一定程度上保证了市政府债务、财政的稳定性。

二、发展中国家地方政府债务的法律监管

（一）巴西地方政府债务的法律监管

巴西政府曾经历三轮地方政府债务危机,原因在于中央政府对地方政府的债

---

① 本部分内容根据奥塔维亚诺·卡努托、刘琍琍:《地方政府债务应急处置的国际比较——世界银行专家谈地方政府债务》相关内容整理形成,中国财政经济出版社 2015 年版,第 367—370 页。

务兜底政策。巴西中央政府在地方政府出现债务危机时实行干预措施,由中央政府负责地方政府的相关债务。但是进入 21 世纪后,为了避免类似的危机再次发生,并限制地方政府的债务规模等,巴西政府于 2000 年颁布《财政责任法》,对地方政府举债行为进行法律上的规定。另外,巴西政府还颁布一系列配套法案措施等,形成了巴西三级政府管理模式,从债务发行的目的、债务信息披露以及问责机制等方面对地方政府的举债行为进行了更切合实际的约束。

具体而言,《财政责任法》的规定突出体现在以下几个方面:(1)采用量化的方式,规定巴西地方政府的举债额度、债务资金使用、债务规模等重要的指标,并对联邦政府的相关行为做出规定;(2)地方政府债务如果转移到中央政府,则地方政府在债务还清之前不能够再次发债;(3)地方政府需要定期汇报财政收支情况,并且以 4 个月为周期,向民众发布地方政府债务报告,并需经地方行政长官签字批准;(4)对于不遵从《财政责任法》的行为,对其进行行政或者法律上的惩处;(5)审计法院对地方政府债务进行监管,努力保证《财政责任法》的高效实施与切合实际。

(二)印度地方政府债务的法律监管[①]

1. 分类管理

印度将邦政府债务分为三种类别:邦政府债务、政府再贷款或者透支以及公共账户债务。具体而言,邦政府债务主要是以发行证券的方式获取公开市场借款、特别证券或者是邦政府向中央政府借款。再贷款或者透支主要是从印度储备银行获取。印度共有 26 个储备银行,而储备银行的作用相当于各邦政府的中央银行,因此,各邦政府拥有独立的再贷款权利。而且,根据《中央政府计划法案》规定,中央政府也可以向邦政府提供借款。公共账户债务主要是指邦政府公积金以及养老基金。

2. 强化管理

地方政府的举债行为需要经过邦政府的批准和同意。一旦获批,地方政府便可以展开举债行为,不需要强制性地提供担保便可以发行债券。但是地方政府发行的债券需要经过信用评估环节。目前,一些地方政府也正采取一系列措施,以获取私人融资市场的信用评级,应对借债种类以及额度有限的约束。另外,邦政府举债行为有严格的时间限制,如果逾期 5 天不偿还债务,印度储备银行将发出第一次警告;如果逾期 12 天仍不能偿还债务,银行将会发出第二次警告;但是,如果 14 个工作日未偿还逾期债务,将对邦政府的资金账户进行冻结,实行自动扣款措施。

(三)秘鲁地方政府债务的法律监管[②]

秘鲁地方政府债务管理拥有相对完善的法律体系。2002 年 7 月,秘鲁颁布

① 根据彭润中、赵敏:《发展中国家地方债务市场监管经验借鉴及启示》文章整理形成,《财政研究》,2009 年第 10 期。

② 根据李萍:《地方政府债务管理:国际比较与借鉴》相关内容整理形成,中国财政经济出版社 2009 年版,第 303-306 页。

《分权组织法》，强调了硬预算约束和财政中立程序的重要性。2003 年秘鲁政府颁布《自治区组织法》，通过法律的形式允许自治区举借内债，但是对于外债则要求拥有官方授权或者政府提供的担保。1999 年秘鲁颁布《财政责任透明法》，并于 2003 年进行第一次修订，将使用范围延伸到地区和当地政府。秘鲁通过该法律建立了一套地方政府适用的财政规则，其中规定地方政府仅能向中央政府借款，且必须是为了基础设施建设。2004 年秘鲁政府颁布《财政分权法》，适用于国家、地区和当地政府。该部法律要求地区和当地政府的实际支出的年增长上限为 3%。2005 年秘鲁政府颁布《一般债务法》，要求总未偿付债务的还本付息小于或等于现期收入的 25%等规定。总之，秘鲁地方政府债务管理的法律依据总共有四项：《自治区组织法》《财政责任透明法》《财政分权法》《一般债务法》。其中，《一般债务法》是迄今为止关于地方政府债务管理最综合的立法。

三、转型中国家地方政府债务的法律监管

（一）波兰地方政府债务的法律监管

波兰地方政府债务的法律监管比较严格，以立法的形式确定了地方政府债务的发行与管理。具体而言：1991 年波兰发布的《债券与共同基金公开交易法案》，对公开发行的债券做出明确界定。在 1993 年，波兰政府推出第 25 项法案，对地方政府融资行为做出规定，地方政府可以自行发行债券，但必须将其举债额度控制在一定范围内；而 1995 年通过的《债券法》，对此做出进一步的明确规定。1996 年，波兰一些地方政府开始发行债券。例如，比较著名的是格丁尼亚政府发行债券 3 000 万兹罗提，具体用于购买公共交通工具等。根据相关资料显示，波兰政府于 1996 年新发行的政府债券高达 2.5 亿兹罗提。

但是，波兰地方政府债务制度以及法律监管方面还存在较大的缺陷，例如波兰地方政府在进入债券市场时出现许多问题。而为摆脱这些难题，波兰政府接受了欧洲以及美国等一些组织的相关帮助。波兰各银行也参与了这一新兴债券市场的建设，特别是在债券发行制度和结构的设计方面。此外，市政发展机构（MDA）通过确定市政对债券的需求程度以及举债能力等提供针对性的帮助，以此弥补法律监管或者制度方面存在的一些不足。

（二）保加利亚地方政府债务的法律监管

1. 强化制度的约束[1]

保加利亚地方政府的债务管理主要特色是通过制度对其进行制约。中央政府允许地方政府自行举债，但与此同时，中央政府会通过制度等方式对地方政府的发债行为实行管控与约束。根据债务风险，将这种约束或者管控分为中期和短期。

---

[1]　根据李萍：《地方政府债务管理：国际比较与借鉴》相关内容整理形成，中国财政经济出版社 2009 年版，第 346—347 页。

对于中期而言,保加利亚政府做出如下规定:一是要明确具体的债务风险责任人或者部门,并增强债务风险管理的能力;二是要对债务风险进行管理与监测,弥补法律体系下存在的弊端;三是在公共投资计划中,要体现出经常性成本。而对于短期而言:一是设立严格限制政府用于担保用途的储备基金;二是要定期汇报并分析政府债务现状与风险;三是要注重政府举债行为的可持续性与谨慎性。

2. 加强债务的监控①

首先是加强对政府债务的规模控制。该国现行法律规定地方政府借款不得高于其收入的 10%,严格将规模控制在一定范围之内。其次是加强政府债务的担保管理,新担保批准审批权被保加利亚政府控制起来。无论是行政部门还是司法部门,又或是其他相关部门,其审核的每笔担保都需要交由内阁以及国会的同意批准,这是保加利亚政府的强制性要求。最后是加强金融方面的管控。保加利亚政府通过货币协调委员会,规定国家银行不得从事准财政的相关活动,并进一步强化了对借贷以及担保方面的约束,力图保障财政的稳定以及安全。

第二节　国外地方政府债务的透明度要求

公开包括债务在内的政府财政状况,已成为全球财政风险管理的一种趋势。为了解决预算外的政府公信力和财政纪律问题,向公众披露信息和提高财政透明度,不仅可以满足公民的"知情权",而且可以加强对政府监管的基本要求。财政透明度是一种监督和评估机制,在政府的重组行动中强调授权。因此,地方政府债务管理的高透明度有利于提高政府的债务控制能力,防止地方政府债务恶性膨胀。

一、工业化国家地方政府债务透明度要求

(一)美国地方政府债务的透明度要求

美国各州和地方政府必须遵循政府会计准则委员会在《政府会计、审计和财务报告》(1983)中制定的政府债务报告基本准则来记录和报告政府债务。20 世纪 70 年代,纽约发生金融危机后不久,纽约市政债券协会和公共证券业协会共同制定并实施了资源披露准则。现在,在市政债券的任何期限内,如果城市的法律法规以及财政状态等转变较大,则市政府需要保证相关信息的公开透明以及时效性。这一举措在改善实证债券信用评级方面发挥着重要的作用,可以根据相关信息更准确地对风险做出评估。加利福尼亚州、得克萨斯州和路易斯安那州要求所有地方政府报告所有债务活动。债务总额以及收入和支出,都是可以在互联网上查询的公开信息。目前,已有 14 个州公布了每周的债务统计数据。

---

① 　根据傅永嫣:《保加利亚地方政府债务管理》文章整理形成,《现代经济信息》,2014 年第 16 期。

向投资者提供相关信息,以保证投资者对政府债券基本信息有更加清晰的了解,从而保证自身的投资决策能够更加准确。这是市政债券发行人的义务。随着对市政债券风险的不断认识,为了提高市政债券信息披露的质量和及时性,美国证券交易委员会(SEC)于1989年通过修订《证券法》,该法律旨在进一步加强政府债务相关信息的透明度。美国政府还拥有专门的审计机构,对债券发行人的基本信息以及财务状况等进行核查与监管。并且,为了确保债券发行的合法性、不存在税务问题等,美国地方政府必须由专门的律师或者律师事务所对债券发行进行评估等。为了进一步防止市政债券市场的欺诈行为,美国证券交易委员会公布了两项新的市场交易公开信息准则,分别于1990年和1995年实行,并且还要求债券发行主体定期公开相关信息。

此外,一些行业自律组织还推出了各种规范信息公开制度的相关措施与文件。例如,美国政府注册专业人员协会以及市政债务分析师协会等,制定了一些相关信息公开准则等,发布了一系列规范信息披露的规范性文件。而且这成为美国市政信息公开透明的规则。目前,美国政府通过全面的年度财务报告、债券发行的官方声明、国家年度信息声明等方式加强了地方金融信息的披露,以保障公民的知情权和问责权。根据现行规定,美国地方政府必须向公众披露债务规模、借款金额、还款金额、利息等信息,接受公众的问责和监督。

(二)澳大利亚地方政府债务的透明度要求

澳大利亚建立了较为完善的地方政府债务报告制度。地方政府债务预算报告必须全面、准确反映借款委员会批准的贷款分配情况及其调整情况。报告方法遵循澳大利亚会计准则体系和政府财务准则体系共同框架所确立的原则。前者要求预算报告必须充分反映政府债务、贷款、租赁、抵押贷款、透支和其他负债情况;后者要求政府反映一定时间点的资产、负债和净资产情况,并向政府报告资产、负债和净资产的数量、构成和价值的变化。

面对地方政府债务,澳大利亚州政府不仅要求公开直接债务,而且还要对或有债务进行公开。例如,在维多利亚州,州政府要求国库在提交给议会和公众的年度和半年度预算审查草案中包含一份关于风险的报告。这份报告必须详细解释影响国家财政状况的主要因素,如:(1)主要经济指标的变化,如GDP、就业、工资、物价和利率的变化;(2)来自可量化的事件风险(例如对收入和支出的影响),虽然这种风险具有不确定性等;(3)政府承诺的非量化财政风险,包括政府担保、法律程序、政府环境破产、承担的法律责任以及当地公共服务需求可能发生的变化。

各州政府还需要定期向贷款委员会提交资金战略和平衡计划,并由贷款委员会进行资金审查和平衡。如果需要调整,州政府将与贷款委员会协商。允许各州在一致原则的基础上并在所有各方可接受的范围内具有一定的灵活性。此外,各州还将严格按照借款委员会确定的统一框架要求,执行关于借款融资及其使用的季度报告和年度报告。

（三）德国地方政府债务的透明度要求①

1. 加强州政府信息的公开

由于德国特殊的体制，其州政府相对独立自由。但是在政府债务信息公开方面基本与联邦政府保持一致，各项相关工作的依据和法律基础与联邦政府相同。并且，在《联邦信息公开法》批准通过之后，各州政府也先后通过《信息公开法》，而且保持与联邦的基本内容相一致，并要求在网上进行公开。另外，与联邦政府相一致，州政府参股的公共企业也是通过《州参股企业年报》公开信息的，资本金构成、财务、人事等方面的信息内容也与联邦政府公开的信息内容类似。

2. 加强市镇政府预算信息公开

这主要包括两个方面：一是市镇信息公开基本制度。市镇地方的财务相关信息由市镇相关部门具体制定并规定基本原则。这些规定中也包括完整性、年度有效性、全覆盖等基本原则。这也确保了市镇地方政府预算信息的完整性。二是加强公民的积极参与度。公民参与在德国已经有相当长的历史，市镇财政部门预算草案完成以后，必须在市镇政府公示两周。在公示期间市民可以直接浏览，可以了解到关于市镇财政收入和财政开支、税收的详细信息以及一些固定的开支（如人员、管理等）的信息，并可以在此基础上对预算报告提出改进意见。另外，互联网的普及与应用，进一步为公民的积极参与提供了便利的条件。

二、发展中国家地方政府债务的透明度要求

（一）巴西地方政府债务信息的公开准则

巴西地方政府需要定期向邦政府进行信息汇报，具体地方政府的债务报告要求以 4 个月为周期进行公开，公开的相关报告必须经当地行政长官签字。另外，如果地方政府债务超过规定额度，需要在 8 个月内进行处理。如果地方政府在规定的时限内仍未将债务规模下调至限额之内，地方政府将不能再次发行债券。相关信息的公开主要依靠一个信息系统，而该信息系统将报告等信息与各银行进行联网。地方政府如果要实行举债行为需要在该系统中进行登记。如果不进行登记将违反法律，也会被认作是不合法交易。另外，财政部通过仅提供技术服务的方式，建立和维护国家财政信息系统。

巴西《财政责任法》第 48 条规定：实现财政管理透明度的工具应广泛公布。这些工具包括：计划、预算和预算原则等；提供账户和各自的意见陈述等；预算执行报告和财政管理报告摘要，以及这些文件的简化版。通过鼓励公众参与，以及在计划、预算指导原则、预算的准备期和讨论期举行公共听讼的方式，也可用于保证透明度。《财政责任法》第 49 条规定：行政部门长官提交的账户，在相应的立法机构和为其准备工作负责的技术部门内，每年都必须做到可供公民和机构进行查询和

---

① 根据朱秋霞：《德国政府预算制度》相关内容整理形成，经济科学出版社 2017 年版，第 257—258 页。

评估。联邦政府提供的账户必须包含国库和官方金融发展机构的陈述报告,报告应当提示来源于财政和社会保障体系资金的详细贷款情况,以及该年度对融资机构的财政影响的评估简述。具体内容如下:

1. 对州市政府的账户进行调整与记录

巴西《财政责任法》第 50 条规定:州在每年 5 月 30 日前、市在每年 4 月 30 日前,向联邦政府行政部门提交其账户,并向各自所属州的行政部门提交一份副本。若州市政府不能在规定期限内提交账户,将不能获得自动转移支付和介入信贷业务,直到情况恢复正常为止。

2. 预算执行报告体系

巴西的预算执行报告体系主要包括下列内容:

(1)预算资产平衡表,要求对每一经济分类提供详细说明,包括收入开源和各类支出。

(2)预算执行报告,包括按照经济性质和来源分别列出的收入、按照经济分类和支出性质分别列出的支出。

(3)预算执行报告摘要。

3. 财政管理报告

财政管理报告是由部门和机构长官发布的、按照模板制定的标准化报告,财政管理报告的主要内容涵盖:

(1)财政责任法设置的限制事项,包括总人事支出、有价证券、担保、信贷业务。

(2)超过限制时采取的或将要采取的修正措施的说明。

(3)其他需要陈述的内容。

财政管理报告应在基准期末之后的 30 天内公布,并向公众广泛公开,包括发布在电子媒体上。若不能满足上述规定的最后期限,该联邦成员将不能得到自动转移支付和介入信贷业务,直到情况恢复正常。

(二)哥伦比亚地方政府债务的透明度要求[①]

哥伦比亚政府专门设定法定框架与行政框架,并以法律为基础。通过此设定对外公布大量的公共财政信息。另外还有一些机构整理汇编非公共财政的相关信息。社会各界能够及时准确地获取政府当前的以及过去的财政信息与债务信息。哥伦比亚政府通过的《第 617 号法律》,建立起地方政府债务以及或有债务的电子数据库。但是,虽然建立了比较便捷的数据库系统,但社会各界能够获取的信息仍然是不完善的,存在一些不足之处。另外,哥伦比亚政府还建立了"综合财政信息系统",该系统是利用互联网建立的公共部门信息系统,用于连接许多地方的相关财政信息。截至 2018 年,该系统并未向社会开放。与此同时,哥伦比亚政府也启

---

① 　根据李萍:《地方政府债务管理:国际比较与借鉴》相关内容整理形成,中国财政经济出版社 2009 年版,第 302 页。

动了 FOSIT 系统,对地方财政信息做出进一步完善。

三、转型中国家地方政府债务的透明度要求

(一)俄罗斯地方政府债务透明度要求

2000 年俄罗斯第 116-FZ 号法律和《预算代码法案》第 100 条增加了对现有政府债务的披露规定。《预算代码法案》第 109 条和第 110 条规定:新的借款债务必须附有关于预算和计划借款的详细资料。

俄罗斯政府以国际标准为目标,努力实现财政信息的公开与透明,但仍存在一些问题。例如,预算无法在不同的实体中维持,执行不连贯;当政府之间的体制变化时,情况会恶化,支出和收入分配规则缺乏稳定性。权责发生制已经有了一些发展,但由于管理水平低而受到了破坏。

俄罗斯一些地方政府通过互联网公布更详细、更准确的财政、金融相关信息,并加快实践长期债务管理。其中,圣彼得堡市就是一个典型例子。该市已开始在其网站上公布并更新具体的财政信息。联邦立法机关对这种不断提高财政金融透明度的趋势表示支持。到 2003 年,俄罗斯政府制定了更加规范的财政预算的报告标准以及政府之间财务流转的适用性规则,进一步提升财政的公开程度。

在 2004 年,针对政府的账目以及相关报告,俄罗斯政府进行了一系列改革措施,主要包括:将财政支出强制性分类、预算外基金与账目进行合并以及中期预算计划。《预算代码法案》预置了一套简单的账目系统。除此之外,结合联邦和地方政府的预算所做的对过去经济发展情况进行分析的信息,每月出版一次。

所有地区性预算向联邦财政系统进行转账过户的工作在 2006 年之前完成。由于大部分地区的财政部门将继续保留有关该地区预算的所有执行权力,这次转账过户是唯一正式的。这次改革削弱了地方财政权力的独立性,但是,改革进一步提高了地方财政的透明度和地方政府的责任义务。然而,因为联邦财政部没有足够的能力,这次改革收效甚微。包括自治市在内的地区性债务数据,由联邦财政部每月出版一次,但是,出版的报告内容不完整依旧是一个十分普遍的问题。

(二)波兰地方政府债务的透明度要求①

2000 年以来,波兰政府在会计核算中引入权责发生制。权责发生制取代了收付实现制,但是预算编制以及财务报告仍然保持原有方式。在透明度方面,第一,波兰政府颁布《公共财政法》,要求所有公共团体财务状况必须进行公开和实现透明度管理,并要求地方政府预算信息、投资规划方案等向公众公开。第二,地区议会以及地区管理委员会需要对政府财政、债务信息进行监控,通过成立预算管理委员会,向其提供预算报告。并且,这两个部门都可以要求预算管理委员会随时提供

---

① 根据李萍:《地方政府债务管理:国际比较与借鉴》相关内容整理形成,中国财政经济出版社 2009 年版,第 356—362 页。

所需信息。第三,为保证预算管理以及财政管理的良性运行以及不违背相关法律法规,地方政府需要向中央政府相关部门定期提供财政报告,如向国家统计局、财政部等部门提供。第四,关于财政预算报告等的合法性审查,由地区会计局负责。会计局主要是审核地方政府的债务额度是否超出规定、相关的预算方案是否符合法律要求等。

此外,波兰政府于1993年修改《债券法》,要求地方政府严格遵守并执行复式预算法。这一举措有利于地方政府更加了解自身的财务信息,有利于提高政府的财政透明度。

第三节 国外地方政府债务的预警机制分析

一、工业化国家地方政府债务的预警机制分析

(一)美国地方政府债务的预警机制分析

在美国地方政府的债务风险预警机制中,比较典型的为俄亥俄州模式,主要体现在财政监控计划以及地方财政紧急状态法。在20世纪70年代和80年代,美国几起债务违约事件引起了广泛的关注。譬如,纽约在1975年期间发生了债务违约事件,克利夫于1978年发生债务违约事件,以及在1983年供电系统发生债务违约等。因此,美国政府间关系咨询委员会(ACIR)就地方金融突发事件采取一系列措施应对,加强对地方政府金融运行情况的管控,以防债务风险发生。其中,俄亥俄州更多地接受了政府间关系咨询委员会的建议,并制定了适用于当地的财政监管计划。另外,俄亥俄州于1979年通过了《地方财政紧急法案》,该法案规定了实施金融监管计划的程序。

仅在1945至1969年间,美国地方政府债务违约事件就发生了400多起。20世纪70年代早期,美国城市的财务稳定性引起了公众的关注。为此,美国政府于1973年制定了一些应对城市财政的紧急状态的办法,并通过了一些预警信号指标的制定。另外,在1985年的相关报告《破产、违约和其他地方财政紧急状态》中,这些指标得到了修改和应用。表6—1是8项在1985年报告中得到发展的指标。

表6—1　　　　　　　政府间关系咨询委员会建议的财政安全指标

安全预警指标	指标的门槛值或判断标准
财政赤字	一般性支出超过收入的5%
财政赤字持续时间	一般性支出连续两年超过收入,且第二年的超出程度更大
财政赤字增长趋势	支出增长率超过收入增长率

安全预警指标	指标的门槛值或判断标准
政府资产负债表差额	一般累积性赤字占一般性收入的百分比
政府资产的流动性	净流动资产占一般性支出的百分比
政府债务到期情况	财政年度末存在的短期债务
政府的税收遵从	地方财产税征收率
政府未融资养老金的负债	对养老金受益和提取的净支付,表现为收款的百分比;地方基金对受益和提取的支付,表现为基金总资产的百分比

根据《财政状态紧急法》,中央政府建立了专门的监督机构,以对处于财政危机状态的地方政府实行管控与监测。同时,在该机构第一次会议后的120天之内,地方政府需要向该机构提交具体的财政改革措施。具体内容包括以下几点:一是化解面临的财政危机;二是追缴不当用途的资金,包括投资基金以及专项基金;三是弥补预算赤字;四是采取措施防止财政危机的进一步恶化;五是允许地方政府可以继续发行长期债券。而监督机构的责任主要是以下三个方面:一是审核财政收支以及贷款的政策,要求地方政府按照规定进行;二是保证会计相关信息准则、制度、相关报告以及流程等符合要求;三是指导地方政府对债务结构进行调整,并指导其发行债券。

(二)日本地方政府债务的预警机制分析

日本地方财政风险预警系统主要包括指标的监测、恢复机制以及监督环节等,具体如图6—1所示。具体运行模式为:利用监测系统对相关指标进行监控,从而将财政运行欠佳的地方政府甄选出来。然后,根据地方政府的不同状态将其转入到相应的恢复阶段,通过该恢复机制,实现地方政府财政状况的良性运行。另外,日本政府的债务预警风险系统会依据地方政府财政运行的不同状态进行划分,分为初期预警阶段以及财政重建阶段。在实际的监测和恢复过程中,风险预警系统还需要利用政府的监督机制,维持其处于正常运行的状态。

日本政府对地方政府债务的预警与检测方法主要包括以下几点:(1)控制实际赤字率。都、道、府、县的实际赤字率规定在3.75%以内,而市、町、村根据地方财政收入情况不同,规定在11.25%～15%之间。(2)采用综合实际赤字率。都、道、府、县的实际赤字率规定不超过8.75%,而市、町、村根据地方财政收入情况不同,规定在16.25%～20%之间。(3)采用实际偿债率。规定都、道、府、县以及市、町、村实际偿债率都不得超过25%。(4)采用未来债务负担率。都、道、府、县以及政府指定的城市债务负担率不超过400%,而市、町、村规定为350%。

针对具体阶段而言:

(1)预警阶段判断准则。通过实际赤字率、综合实际赤字率、实际偿债率和未来负担率这4项指标进行判断。如果其中任一指标不符合规定,则判断地方政府

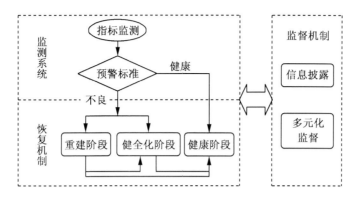

图 6—1　日本地方财政风险预警系统

财政运行不佳,发出预警信号,判断该地方政府进入预警阶段。

(2)财政重建阶段的判别。具体根据实际赤字比率、综合实际赤字率以及实际偿债率进行判断。如果其中任一指标不符合规定,便宣布地方政府进入财政重建阶段。

(3)国有企业运营情况的预警识别。日本国有企业的资金情况受到地方政府的监控,对出现的资金短缺情况经审核后进行公开公布。如果国有企业的财务亏损比超过 20%,则宣布该国有企业处于预警状态。另外,国有企业只有预警阶段,不设立财政重建阶段。

(三)澳大利亚地方政府债务的预警机制分析[①]

澳大利亚的地方政府建立了债务风险预警机制。例如,维多利亚州政府要求国库在其向议会和公众提交的年度和半年度预算中,提供一个关于预测区的风险评估,该评估应当包括与经济参数的重大变化相关的财政风险,由地方政府担保所产生的、不确定的、有可能转为现实负债的行为等,所有可能对财政成果产生显著影响的因素。在 1999—2000 年财政报告的风险陈述中,许多政府或有负债的事件被列入其中,涵盖了对政府的法律诉讼、政府担保、环境损害以及对公共服务需求的可能变化。例如,有些政府财产被视为潜在的污染源。尽管依据法律规定,该州政府无须承担相应的义务,但政府仍将支付治理环境可能发生的费用。由于人们对公共医院急救服务需求的急剧上升,政府应向公共医院等相关组织提供额外的资金支持。这也构成了预警的要素。

(四)法国地方政府债务的预警机制分析

法国并未实行破产制度,因此,其公共财产不能当作抵押品。这是发达国家中

---

① 根据毛晖:《地方政府性债务风险管控体系研究》相关内容整理形成,经济科学出版社 2018 年版,第216—217 页。

单一制国家的典型例子。法国政府于 20 世纪 90 年代开始逐步加强对地方政府举债行为的管控,并要求地方政府债务信息的公开。而且法国较早建立了地方政府债务风险预警系统,以此遏制地方政府债务危机的发生。主要内容包括以下几点:一是关于借款用途,法国政府规定新获得的债务资金只能用于资本投资项目,不可以用于政府经常性支出,并禁止参与投机行为。因此,法国已规定了地方政府对债务信息的公开与透明。二是关于担保的规定,将地方政府年度还本付息债务以及担保贷款额度控制在政府财政收入的 50% 以内;将借款人从政府获得的担保收入控制在政府财政收入的 5% 以内;将地方政府对贷款的担保额度限制在本金的 50% 以内。三是在保证金方面,法国地方政府发生举债行为需要向中央政府交纳规定的保证金。

以上几种举措对保障法国地方政府的财政稳定以及债务风险的控制等发挥了重要作用。但是,随着债券市场的不断发展,法国地方政府普遍通过金融产品进行融资,导致系统性风险进一步提升。为此,法国中央政府做出明确规定,要求银行部门应当向地方政府详细说明相关金融产品的风险情况。而且,法国各银行部门和政府部门之间达成了一些共识与协议。通过这些协议,实现了银行与地方政府之间的平衡发展与良性发展,也在很大程度上降低了地方政府面临的系统性风险。

二、发展中国家地方政府债务的预警机制分析

对于发展中国家的情况,本节以哥伦比亚为例进行介绍。1997 年,哥伦比亚《第 358 号法律》综合考量地方政府的借款行为与债务的偿还能力,制定出两个衡量指标以对地方政府债务进行限制和管控,即流动性指标和偿债能力指标。债务利息支出/经常性盈余代表流动性指标;债务余额/经常性收入则代表地方政府的偿债能力,用来评估中长期债务的可持续性。由于限制指标为 2 个,在实际评价中,分别确定 2 个指标的照明面积,最终综合考虑制定照明间隔。具体如表 6-2 所示。

表 6-2　　　　　《第 358 号法律》规定的哥伦比亚地方政府债务预警体系

预警指标	绿灯范围	黄灯范围	红灯范围
债务利息支出/经常性盈余(流动性指标)	低于 40%	介于 40% 至 60% 之间	超过 60%
债务余额/经常性收入(偿债能力指标)	低于 80%	—	超过 80%

资料来源:哥伦比亚《第 358 号法律》(1997 年)。

哥伦比亚政府在《第 358 号法律》基础上,于 2000 年实行《第 617 号法律》,严格规定地方政府债务管理行为。具体而言:一是进行分类,将所有省份分为 5 种类别,而城市被区分为 6 种类别,从而经常性支出/非专项收入的标准就会根据各地方所处的类别进行具体制定。二是规定中央政府(包括中央银行)不能够向其公共

实体进行转移支付。三是对直辖市做出明确规定,缺乏一定能力进行发展的直辖市需要进行合并,并且对新建直辖市行为做出更严格的限制。四是针对违反规则的地方政府,要求其进行整顿,期限为 2 年。该国通过这种方式恢复财政独立权。

另外,《第 358 号法律》在实际运行中并未发挥应有的作用。因此,在 2003 年政府颁布了《第 795 号法律》,规定了预警系统只保留红灯区和绿灯区两个范围,废除黄灯范围。因此,地方政府的举债行为也受到了更加严格的约束与限制。在实际运行过程中,如果有一个指示灯为红色,则结果为红色,如表 6—3 所示。

表 6—3 哥伦比亚地方政府债务新预警体系

预警指标	绿灯范围	红灯范围
债务利息支出/经常性盈余(流动性指标)	小于 40%	大于 40%
债务余额/经常性收入(偿债能力指标)	小于 80%	大于 80%
在借款要求方面	允许地方政府自行举债	严格禁止地方政府举债

2003 年,哥伦比亚《第 819 号法律》又增加了规定。除了上述两个指标外,又加入了另一个指标,即经常性盈余应当超过债务利息。这也代表财政赤字等于 0,即只可以为现有债务进行融资贷款。在这一法律机制下,中央和地方政府需要每年提出一个持续 10 年的框架,而且,中央和地方预算或者财政管理必须适应在该中期框架执行。

另外,《第 358 号法律》《第 617 号法律》《第 795 号法律》以及《第 819 号法律》等对地方政府的举债行为,包括国内和国外借债做了明确规定,并要求借债主体具备一定的偿还能力。对地方政府的国内和国外借款做出规定,这些借款要求借款实体保留其支付能力。

三、转型中国家地方政府债务的预警机制分析

(一)波兰地方政府债务预警机制分析

波兰政府在债务风险预警方面,设定了一系列重要的债务风险指标,从而实现对债务风险的分析,具体包括:

(1)依据《公共财政法》,建立债务余额/GDP 和债务成本/GDP 指标来反映政府的偿债能力。当债务余额/GDP 比例超过 50%~55%时,将用特别程序来纠正这个错误。

(2)将外债余额/总负债率作为汇率风险指标。

(3)建立内部债务期限结构指标,从而降低再融资风险以及利率风险。

(4)还包括一些其他相关数据,主要指统计描述报表,例如,浮动利率债券和固定利率债券份额以及期限结构等相关的数据信息。

波兰政府通过计量模型对地方政府债务风险的管理进行量化分析,但是模型在变量假设及利率的假设方面都存在很大的主观性,导致结果并不可靠。因此,债务管理部门希望通过进一步采取全面的债务风险管理系统来预警风险。另外,波兰政府建立了综合债务管理信息系统,旨在高效地评估与监测地方政府债务的风险。

　　(二)印度地方政府债务预警机制分析

　　对于印度各个邦政府,如果其举债超过限额,在 14 个工作日内逾期债务没有得到清偿的,印度中央政府将会冻结邦政府的债务资金账户。这是其风险预警管理的重要举措之一。在具体举措的应对方面,如果在债务逾期的 5 天之内,印度的储备银行将对邦政府提出警告;如果在债务逾期的 12 天之内,印度的储备银行将对邦政府提出第二次警告;如果在债务逾期的 14 天之内还没有偿还欠款,印度的储备银行将实施自动扣款举措。

第四节　国外地方政府债务的危机化解

一、工业化国家地方政府债务的危机化解

(一)美国地方政府债务的危机化解

　　在美国几起比较严重的债务危机中,除了 1997 年华盛顿发生的债务危机,其他的地方政府债务危机并没有得到联邦政府强有力的帮助。而也就是通过这样几次债务危机,使得美国政府建立起约束力极强的财政规则。在债务危机化解方面,主要包含以下措施:

　　第一,债务危机产生的后果由地方政府自行承担。根据 2012 年人口统计资料,美国有 50 个州政府、3 031 个县政府、19 522 个市政府、16 364 个乡镇政府、37 203 个特别行政区政府和 12 884 个独立学区政府,地方政府总数为 89 004 个。在美国政治体制下,联邦政府无权干预州政府以及地方政府的举债行为,各地方政府也因此不需要经过联邦政府的批准便可以发行政府债券。但是,联邦政府会根据各项法律规定,充分利用市场机制,以立法的形式对地方政府的举债行为进行约束,防止地方政府债务危机的进一步恶化。因此,总体而言,地方政府虽然受到联邦政府的一些约束,但是如果地方政府发生了债务危机,则由其自身承担相关责任与风险。

　　第二,建立完善的司法问责机制。美国政府在法律允许的范围内,可以实行破产。这样既可以使地方政府更加明确自身债务情况,承担相应的偿还责任,对于不履行偿还责任的主体,将按照法律进行司法调查;而且,通过破产制度还可以进一步规范债务人的财政收支,保护债权人的相关权益。例如,美国底特律以及波多黎

各在宣布破产之后,美国政府成立专门机构,即债务危机管理小组,对不符合规定的债务展开司法审查,对相关责任人进行问责处理。并且对投资项目效率低下和再融资操作不当导致的债务危机进行司法调查。一些地方政府官员要为不负责任的举债行为负责。

第三,帮助地方政府逐步恢复经济发展。该措施设计范围比较广,包括债券发行、财政收入、人力资本以及法律法规等各个方面。每个环节都需要经过严格的法律流程,同时与债权人进行多次交流沟通。主要措施体现在两个方面:一是通过政策吸引的方式,例如给予一定的税收优惠等措施,招商引资,以此促进地方投资建设,带动当地就业,实现经济的进一步发展;二是充分利用量化宽松的货币政策,减少家庭储蓄,促进消费的增加,从而促进财政收入增加以及经济发展。

第四,进行债务重组。其主要内容是通过地方政府与债权人的沟通谈判等,达成共识,实现债务重组。一般而言,如果地方政府发生较为严重的债务危机时,此时政府往往需要通过更高层次政府的帮助进行债务重组。而更高层次政府往往将债务重组与财政整顿相结合,形成一种较长期的债务组合工具。

(二)德国地方政府债务的危机化解

在2008年欧美多国爆发债务危机之后,德国开始着手应对自己的债务问题。2009年,通过联邦制改革(第二阶段)修改《预算基本法》第109条和第115条,规定了对于联邦和联邦州的债务限制,即景气决定的债务必须偿还、结构决定的债务必须设限。而且,由于结构原因,举债的权力仅限于联邦。这就是俗称的德国"债务刹车",从2011年财政年开始启动。与作为政府政治目标的"黑零"政策不同的是,"债务刹车"在德国具有宪法约束力。

特别是在2011年,德国再次修改《预算基本法》,从宪法层面上规定国家的财政政策。其中,规定要限制政府的财政赤字。根据规定,宪法修改后,联邦政府的债务水平自2016年起每年不得超过GDP的0.35%;自2020年起各联邦州政府不得向银行借款。

(三)南非地方政府债务的危机化解[①]

1. 完善的法律法规

南非政府颁布的《市政财政管理法》对政府的债务还款期限等做出明确规定。如果市政府不能够按期偿还债务,导致其信用等级降低,此时市政府便被判定为进入债务危机状态,需要上级政府的干预,对其债务进行管控并要求地方政府制定财政恢复计划。该计划由市政府的专门机构进行编订,其内容主要包括财政支出的额度、财政收入的预期目标以及其他收入措施等。另外,如果地方政府出现债务危机,可以依据法律向法院提出申请,暂时停止或者终止债务的偿还。而法院也会对

① 根据敬志红:《地方政府性债务管理研究——兼论地方投融资平台管理》相关内容整理形成,中国农业出版社2011年版,第119—120页。

该地方政府的偿还能力进行审核与评估,在不影响其发挥公共管理职能的前提下,判断其偿债能力。如果判定有能力偿还,则要求 90 天内暂停偿还;但是如果判定没有能力偿还,则允许其终止偿还并经法院同意批准生效。

2. 严格惩罚措施

针对债务管理过程中出现的违规违法等问题,《市政财政管理法》制定了严厉的惩处措施。具体而言,"对于市政府会计长、财务总监以及财务管理高级官员或者政府高级官员,因为决策或者行为失误等造成的问题,将对其给予一定的行政处罚;如果因为失误而提供错误信息或者具有诱导性的信息,将对其给予一定的行政处罚。但是,如果是因为故意或者过分疏忽而导致的债务资金损失等,触及法律的,根据所犯情节严重程度进行罚款或者判处五年以下有期徒刑。其他相关的公职人员因故意或疏忽而违反债务管理规定的,要求承担一定的赔偿责任。"

二、发展中国家地方政府债务的危机化解

(一)巴西地方政府债务危机的化解

作为重要的发展中国家之一,巴西在 20 世纪 80—90 年代经历了三次较为严重的地方政府债务危机,主要是因为地方政府的举债融资行为缺乏一定的管控措施。因此,巴西政府在 20 世纪 80 年代就开始了财政联邦制改革运动,这也使得巴西政府在应对债务危机方面拥有比较丰富的经验。从三次债务危机的角度也可以看出巴西政府对债务危机的逐步应对措施,具体而言:

巴西政府第一次债务危机爆发于 20 世纪 80 年代后期,这次债务危机的产生主要是由于石油危机导致的。石油危机的爆发导致政府债券利率大幅度提高。而巴西有很大一部分债务是外债,这也是巴西政府陷入债务危机的主要原因。在处理本次债务危机的措施方面,巴西中央政府主要采用债务重组的方式进行危机的化解,并且需要与国外债权人进行沟通与商议,由中央政府具体负责地方政府外债危机的处理。

1993 年巴西政府又发生了第二次严重的债务危机。此次的主要原因在于当时巴西中央金融机构吸纳了地方政府的债,但是地方政府的违约行为比较严重,从而导致再一次的债务危机。因此,中央政府对地方政府的还款期限做出规定,延长至二十年,同时,用于偿还债务的资金在财政收入中的比例不能超过11%。另外,针对坏账项目,中央政府给予十年的额外贷款,协助地方政府摆脱债务危机。

1996 年巴西政府爆发了第三次债务危机。为应对此次危机,巴西中央政府采取了以中央债券置换地方政府债务的方式。这使得当时的地方政府债务得到一定的缓解。另外,为防止债务危机的进一步恶化,中央政府推出财政重建计划,通过更为严格的方式禁止地方政府通过举新债的方式应对危机带来的不良影响。

通过三次债务危机,财政责任法律制度应运而生。巴西《财政责任法》对各级政府制定预算计划、执行预算和报告预算信息等做出明确要求:如果地方政府的债

务规模超出规定范围,则要求超标的债务需在一年之内化去;财政指标从供求两方面严格限制地方政府债务额度;并且,规定地方政府在规定时间内公开债务的详细信息,对违反财政纪律的公职人员进行处分。他们可能面临行政甚至刑事处罚。财政责任制提高了巴西地方政府的债务控制绩效,使其政府财政盈余占国内生产总值的比重不断提高。并且,其债务在 GDP 中所占比重降低,从而实现了经济增长的稳定性与持续性。通过 2009 年爆发的金融危机我们可以看出,巴西地方政府受其影响较低,体现了巴西财政责任法律制度的重要作用。[①]

(二)印度地方政府债务的危机化解[②]

1. 印度地方政府债的运行机制

印度政府对市政债券的发行规模有着严格的规定,每年都会经过研究后给出邦政府当年可发行债券总额的上限。邦政府必须对其债务压力进行适时的测试,相应的测试标准为三条:第一,邦政府的债务余额不能超过地方 GDP 的 30%。第二,邦政府的债务余额不能超过地方财政收入的 3 倍,个别邦政府不能超过地方财政收入的 2 倍。第三,邦政府发行的市政债券的利息偿还总额不能超过地方财政收入的 20%。

2. 印度地方政府债的风险监控

在地方政府债务的监管和风控方面,印度推出专门的预警与纠错管理办法。如果经过监察发现邦政府发行的市政债券总额超过规定的上限时,那么将责令当地政府 14 天内清偿所有债务。其次,如果超过 5 天没有偿还,则印度储备银行会发出第一次警告信号;假如超过 12 天仍未偿还,则印度储备银行将发出第二次警告信号。最后,如果在上述规定期限内,邦政府依然没有偿还所有债务,那么印度储备银行将冻结该邦政府的资金账户,并启动自动扣款进行清偿。此外,在市政债券的清偿方面,印度与其他国家的不同之处是印度有 14 个邦政府通过协商,共同筹建了一个统一的偿债基金,该基金的融资方式具有多样性,并且基金总额逐年增加。

三、转型中国家地方政府债务的危机化解

(一)俄罗斯地方政府债务的危机化解

20 世纪 90 年代,俄罗斯关于地方政府的债务管理缺乏相应的规范措施。地方政府的债务普遍是通过协商谈判的方式获取,既缺乏法律法规方面的规范措施,也没有有效的约束机制限制政府举债。由于经验不足,地方政府很难实行有效的债务管理与风险管控等。因此,在 20 世纪 90 年代,俄罗斯地方政府陷入债务危

---

① 根据张志华、周娅、尹李峰等:《巴西整治地方政府债务危机的经验教训及启示》相关内容整理形成,《经济研究参考》,2008 年第 22 期,第 11—14 页。

② 根据李雪、李孟刚:《地方政府债及其信用评级研究》相关内容整理形成,经济科学出版社 2017 年版,第 234—235 页。

机。

对此,俄罗斯政府推出一系列财政方面的改革措施。例如,俄罗斯政府颁布了预算法案,以此对地方政府债务实行管控,控制地方政府的债务风险。该法案对地方政府的举债相关活动做出了明确的规定,包括财政赤字的解决办法、地方政府的举债额度与规模、担保服务以及地方政府的债务结构、举债形式等内容。由于预算法案的颁布时期处于俄罗斯经济上行时期,因此,地方政府的债务压力较低。但是,俄罗斯地方政府的债务压力分配不均衡仍然体现了其债务管理的经验不足。

2008年的金融危机之后,俄罗斯地方政府的债务资金主要来源于中央政府以及银行贷款。在2009年后期,地方政府大规模地减少发债行为,但是联邦政府向地方政府发放的贷款却不断增加。俄罗斯又产生了新的债务问题。因此,俄罗斯政府进一步加快了国债市场化进程。另外,俄罗斯政府制定了政府债务的相关指导政策,对各级政府间非财政关系做出规范。并且,要求联邦政府明确贷款使用条件及适用范围,只能在紧急状态时才可以向地方政府实行援助。这样进一步明确了俄罗斯地方政府的债务和财政责任。

(二)匈牙利地方政府债务的危机化解[①]

1. 合理审慎的发行

匈牙利政府在出售国有资产时始终坚持谨慎态度,要求在购买国有资产时必须使用现金,并且在政府提供担保的同时还要求保留一定的储备基金。通过这种方式匈牙利政府在改革过程中的财务状况始终保持良好。另外,匈牙利政府为谨慎起见,要求只在预算框架允许的范围内承担新的风险,并且重视对或有债务和隐性债务的预测与管理。

2. 加强审计与监督管理

匈牙利政府于1989年成立审计署,负责对公共部门财务的审计与监管。由于审计署下属各地区审计局无法应对地方政府日常所需的工作量,匈牙利政府为了缓解审计署在地方政府管理上的缺陷,于1995年在《地方政府法案》中加入了独立的外部审计条件。同时,匈牙利政府还实行内部审计,对地方政府日常的财务、预算、借款等进行检查,为外部审计提供协助等。另外,匈牙利政府于1996年6月通过了《市政破产法》,为陷入债务危机的地方政府提供选择:一是破产,二是与债权人达成债务解决协议。

2011年之前,匈牙利审计署仅有权对中央政府控股的企业进行审计,却无权对地方政府控股的企业进行审计。在匈牙利审计署的建议下,匈牙利议会修改了《匈牙利审计署法案》,该法案授权匈牙利审计署自2011年1月1日起可以对地方政府控股企业进行审计。

---

① 根据李萍:《地方政府债务管理:国际比较与借鉴》相关内容整理形成,中国财政经济出版社2009年版,第365—368页。

3. 完善债务担保体系

匈牙利政府建立了比较完善的担保管理体系,这在很大程度上降低了政府对或有负债的风险级别,政府将违约担保的支出控制在预算计划内。具体而言,匈牙利政府的担保体系包括:将预算授权的担保金额控制在财政收入的一定范围内;通过法律规定各政府部门的担保金额;在预算中为现有担保相关的支付留出资金;担保合同由财政部进行审阅;政府决议中发布关于新的担保的实质性信息;年度预算报告每个担保项目的违约概率和预期支付,向国家审计局报告担保的提供情况。

4. 加强法律的约束

匈牙利政府自 1995 年开始对单一市场机制控制下的地方借款风险产生警觉,开始采取措施控制地方政府的借款,并试图建立一套完整的程序对地方政府拖欠债务的后果进行清算。随后通过三部独立的法案对其进行约束。《地方政府法》对地方政府还本付息做出限制;《地方性债务调整法案》对债权人提供有效的法律保护并对地方政府偿付债务进行立法;《安全法》中对地方政府债券发行规则做出要求。

第五节　经验启示

总结国外地方政府债务管理的经验,对于完善中国地方债务管理和制度安排具有以下几个方面的启示。

一、法律监管上明确责任

在法律监管方面,国外的地方政府债务管理呈现出以下几个方面的可借鉴之处:(1)在地方政府债务的法律体系上,内容相对比较完备,涉及面比较广。有的国家制定了关于债券发行、信用评级、预警机制、危机应对、化解处理、财政整顿等方面的详细规定。(2)审计部门的有效或是强势介入,是部分国家加强法律监管的重要方面。这可以解决财政部门作为预算和执行单位处罚力度不够的问题。(3)制定详细的财政政策规则或是债务规则,并且将这些规则纳入法律监管体系中。这是部分国家债务管理的重要经验。借鉴国际经验,未来在更高的法律层次上监管,纳入我国如表 6—4 的实际规则、并上升到更高层次的法律要求较为必要。对于债务规则,李建强、朱军和张淑翠(2020)首次进行了理论总结和规则比较。

表 6—4　　　　对未来细化规则、提升法律层级的具体启示

	规则设计	具体内涵
1	无规则	财政支出规则考虑为"逆周期调节"或是盯住上一期的支出水平,税收规则关注债务总量变量。无规则时,缺乏对政府债务可持续性的考虑

续表

	规则设计	具体内涵
2	债务规则	财政支出规则同样考虑为"逆周期调节"或是盯住上一期的支出水平;设定政府债务规则,考虑政府债务的可持续性。政府债务盯住上一期的债务水平和总支出的变化
3	设定债务规则+债务上限	在政府债务盯住上一期的债务水平和总支出变化的背景下,考虑政府债务水平的总限额约束,将政府债务整顿的控制能力(如欧盟马斯特里赫条约的规定)落实到现实中,并以更高的法律固定下来
4	实施债务置换	将"短期、高利率债务"置换为"长期、低利率债务"的情景,并设置置换债务的前提条件——譬如债务置换有条件、展期和续借有前提
5	实施财政紧缩	财政支出规则为财政整顿背景下的压缩公共消费支出,政府债务规模通过财政预算平衡自动出清
6	打破刚性规则	中央办公厅、国务院《关于加强国有企业资产负债约束的指导意见》(下称《意见》),其中提出,"对严重资不抵债失去清偿能力的地方政府融资平台公司,依法实施破产重整或清算"。未来打破刚性规则,允许城投债、地方政府债务破产,并将其上升到法律层面,是硬化此类企业预算资金约束、强化地方政府债务管理的需要

此外,在法律监管方面,根据金融市场的需求,政府还应完善在债券信用评级、信用管理方面的法律规定和违规处理;需要通过更加明确的责任认定和更高层次的法律规范,强化第三方在中介发行、参与时的责任认定和违规时的责任认定。同时,通过更加明确的法律规定,满足关联需求方在政府债务监控中的信息共享需求和便利性需求。

二、透明度上满足监管市场化需求

在透明度方面,国外的地方政府债务管理呈现出以下几个方面的可借鉴之处:(1)透明度要满足政府监督的需求(如预算审查部门、审计部门的需求)。如一些国家通过议会或者地区管理委员会对地方政府财政、债务相关信息进行监控,并对监控结果的合法性进行审查,以实现财政管理的良性运行。(2)要满足金融投资者的需求。工业化国家普遍能够制定较为详细的债券发行和公开细则,能够满足投资者对市场进行科学判断、决策的信息需求。并且,在一些发展中国家,能够应用最新技术尽量确保投资者获取信息的便捷性以及信息内容的准确性。(3)有法律的规定保障公开。一些国家通过健全法律体系、提供相关法律法规的信息公开细则,并且有的明确到具体责任人。(4)有统计、审计、财政部门共同参与的透明和公开。一些国家在保证信息透明的实际工作运行中,要求公共团体对信息等进行公开,地方议会以及管理委员会对其进行监控;同时,地方政府向统计部、财政部、审计部等提供财政报告,而政府会计或是审计部门负责对其进行合法性审查。而目前中国只有财政部门参与公开推动的工作。

借鉴国际上关于政府透明度的现有成功经验,中国政府应当及时制定并完善符合中国实际的财政信息及其包含的政府债务信息的公开制度。将政府债务信息公开细则、提供路径等相关规定进一步细化,并制定出统一的统计口径以奠定政府信息公开的基础。另外,实现各部门之间的协调与配合、建立长效责任机制并充分发挥社会媒介的监督作用,对于提高中国政府债务信息透明度也会具有积极的推动作用,见表 6-5。

表 6-5　　　　　　　　　　未来提高政府信息透明度的具体启示

	制度完善	具体内涵
1	细化细则	制定完善的信息公开细则,并对其做出明确解读,防止地方政府对信息公开规则的误读,通过信息公开细则的细化,进一步增强政府信息透明度
2	统一口径	对地区之间实行统一的统计口径,保证不同政府间的可比较,以推动债务信息透明化结果的可比性
3	协同配合	地方政府财政部门、统计部门、审计部门以及司法部门等需要进行密切配合,确保信息出台、审核、公开、处置等环节的顺畅性;同时,通过司法部门辅以完善的法律法规体系进行约束与处罚
4	责任制	明确信息透明相关责任人,并建立长效的问责机制进行约束
5	便捷性	完善信息公开渠道:官方网站、社交平台、数据库等;提升公布的及时性以及信息内容的精确性;减少依申请公开的审核环节并缩短审核时间,提升社会公众获取政府相关信息的便捷性与时效性
6	社会监督	充分发挥社会媒体的监督功能,对政府信息透明度、政府信息公开质量等进行有效监督并完善社会媒体的质询、应答和问责机制

三、充分发挥预警机制的作用

在债务预警机制方面,国外的地方政府债务管理呈现出以下几个方面的可借鉴之处:(1)预警机制的法律层级很高。一些国家直接通过法律进行明确规定,并根据地方政府财政运行的基本情况划分债务风险等级,充分起到债务预警的作用。(2)预警机制与其他政府监督机制共同发挥作用。经验上,一些国家建立了专门的监督机构进行债务监测,也有借助银行部门评估风险的情况。(3)预警的结果公开、并应用到财政整顿中,不是摆设。如一些国家根据实际赤字比率等指标进行预警识别,并将结果进行公布,对于陷入危机的地方政府,宣布其进入财政重建阶段、实施财政整顿方案。并且,有些国家强调预警结果应用的法律级次很高。

借鉴国际上关于债务预警机制的现有成功经验,中国政府需要制定出具有适用性的地方政府债务预警模型(对未来债务预警机制建立的具体启示见表 6-6)。并且,根据相关数据进行数值运算和实证检验,识别出中国地方政府债务风险的等级。最后,在各部门协同配合的基础上,中国需要强调发挥债务预警模型的作用,而不是作为内部评估的内容。

表 6—6　　　　　　　　　　　对未来债务预警机制建立的具体启示

	制度完善	具体内涵
1	预警机制设立	充分考虑中国现实特征,以及影响政府债务的相关变量与指标,制定符合中国现实的政府债务预警模型,先试点、后推广
2	部门协同	债务预警机制的有效运行需要各部门的高效配合:银保监局系统对政府债务情况进行监测与报告、审计部门进行穿透式审核、预算评估部门对预警模型不断研究完善等。通过各部门的有效配合,实现预警模型不断地完善、充分发挥预警机制的作用
3	内部监督	对政府债务预警模型的运行情况以及应对措施进行有效的推动,或是归口绩效评价部门实施
4	法律约束	完善法律法规关于预警结果的使用和结果公开
5	危机应对	划分债务预警结果的等级,并针对不同的债务预警等级制定相应的反馈措施

四、化解危机上有"不兜底"的可置信威胁

在化解危机方面,国外的地方政府债务管理呈现出以下几个方面的可借鉴之处:(1)化解危机上有明确的司法责任。有些国家允许在法定的范围内破产,并且明确处罚的责任人,对具体责任人进行行政、甚至刑事问责。(2)化解危机上,有些国家中央政府的责任十分明确——不兜底。明确规定地方政府与中央政府的债务发行额度,通过出台法律对各级政府间的债务、财政关系进行规范;明确地方政府与中央政府的财政责任与债务责任。(3)化解危机时有些国家是司法、审计、财政部门等机构共同参与。司法部门制定严格的、操作性较高的法律法规对债务危机化解的措施、责任人等进行规定;财政部门制定适当的财政政策以及税收政策,并提交财政运行情况报告;而审计部门则负责对政府提交的相关报告进行审核,并将结果进行反馈,以此协同发力化解债务危机。(4)化解危机之后,除了财政整顿,恢复当地经济发展是重点。政府通过适当的财政政策与货币政策对市场进行刺激,以促进经济的快速恢复与发展。

在化解债务危机方面,中国应当借鉴国家现有经验,制定出有效化解债务危机的中国实践规则。但是,在制定相关措施与政策的同时,需要坚持中央政府"不兜底"的原则,以及坚持以恢复经济发展为政策出台的重点,见表 6—7。

表 6—7　　　　　　　　　　　对未来化解债务危机的具体启示

	制度完善	具体内涵
1	明确理念	在应对地方债务危机的过程中,首先应当明确应对理念,即要将经济的恢复与发展放在首位,制定相关政策以及采取措施需要以恢复经济为重点
2	"不兜底"原则	划清中央政府和地方政府应对财政危机的具体责任,中央政府坚持不充当地方政府债务"兜底者"的原则

续表

	制度完善	具体内涵
3	多部门协调、沟通	在债务危机发生后,政府各部门之间需要积极配合、协调,充分利用各部门的综合力量参与危机化解和责任追究
4	适时应用政策促发展	一方面,要对陷入危机的政府实施"大手术"式的财政整顿计划——削减人员、关闭低效的公共机构,甚至出售部分政府资产。另一方面,要审慎出台财政政策与货币政策,以确保金融市场的良性运转、助力地区经济恢复

　　总体而言,工业化国家关于政府债务相关规定与措施比较完善与成熟,无论是法律体系还是政府机构、社会组织等都能够有效发挥各自机制,确保政府债务良性运转。而其他类型国家同样存在一些成功经验。中国可以充分发挥后发优势,在借鉴国际经验的基础上,完善中国政府债务的相关运行规则。具体而言,应充分吸收国际上相关国家在法律监管、政府透明度、债务预警机制、债务危机化解等方面的启示意义,不断完善中国地方债务的宏观管理和制度设计。

第七章

总结与改革建议

第一节　结论与总结

一、地方政府债务风险不断加大

当前,我国地方政府债券市场仍处于不成熟的发展阶段。许多文件、政策的出台也在不断完善地方政府债券市场的发展。但是,地方政府债务风险的管控仍然存在许多问题,各类违法违规举债现象依然存在,从而导致地方政府债务的风险不断提升。这主要是由于以下几个原因造成的:第一,地方政府缺乏债务风险意识。由于缺乏长效问责机制,地方政府会盲目发债而不考虑自身偿还能力,从而导致地方政府债务增加。第二,为了实现政府调控目标,地方政府会通过土地财政的发展方式实现其目标。这也导致地方财政实际赤字不断扩大,迫使政府通过发行债务弥补财政亏空,导致地方政府债务规模扩大。第三,中国地方政府投融资机构还不够健全,缺乏责任与问责机制。各种监督管理不善导致的投融资失败和成本攀升,是形成政府债务风险的一个重要原因。第四,中国当前的政府债务风险管理不够规范。地方政府官员由于晋升的需要,不得不通过举债措施筹集经济发展所需要的资金,从而导致地方政府债务规模越来越大,提升了地方政府的债务风险。

二、中国财政透明存在弊端

当前,中国财政透明度还不够高,财政相关数据获取难度较大。尤其是地方政府债务的相关数据,许多地方政府并未主动公开。中国地方政府财政数据公开方式主要有两种:主动公开与依申请公开。但是,根据本书对 333 个地级行政区数据的采集过程,研究发现:第一,各地方政府之间财政数据统计口径并不统一,而且对于属于公开范围和不属于公开范围的数据并未做出详细的解释。数据公开的自主权与解释权完全归当地政府所有。第二,地方政府工作效率以及服务态度存在显著差异。一些地方政府能够以及时、高效的方式提供申请者所需相关数据。但是,也有一些政府单位歪曲解读《政府信息公开条例》,以各种理由、各种方式拒绝申请者依法申请的相关数据。第三,省级政府与地市级政府存在相互推诿的现象。一些省级政府会以没有地市级相关数据、一级政府公布一级等理由拒绝提供相关数据,但是地级行政区政府会告知所需信息需要向省级相关部门申请,从而导致省级政府与地级行政区政府之间协调困难,造成工作效率低下。但是,从总体来看,中国地方政府的工作效率以及服务态度是在不断提升的,大部分地方政府最终会在多次重复申请下依法提供研究者所需信息。

三、部分地方政府的债务水平与债务依存度仍较高

本书考察了中国各省级政府与 333 个地级行政区政府在 2014 年至 2017 年的债务水平(债务余额在 GDP 中所占的比重)以及债务依存度(债务余额在一般预算收入中所占的比重)。研究发现:在省级政府层面,2014—2017 年,中国省级政府中贵州省、青海省、云南省债务水平较高,近几年一直处于第一、第二、第三的排名位置,相对较为稳定;而排名处于末位的西藏自治区以及广东省近几年债务水平相对较低,而且稳定在 0.1 左右的水平。债务依存度较高的省份主要有贵州省、青海省、云南省、辽宁省和内蒙古自治区,债务依存度相对较高且排名相对稳定;而债务依存度相对较低的省份主要有广东省、北京市、天津市,始终处于 1.4 以下的水平。另外,在地级政府层面,总体而言,债务水平比较高的地级行政区还是出现了波动的趋势。例如,铜仁市在 2014—2016 年债务水平在地级行政区中排在第一位,债务水平最高,在 2017 年有所下降,但仍处于比较高的第三位置;绍兴市在 2014 年债务水平为 0.184 9,排名位于 155 位,而到了 2017 年债务水平仅为 0.023 7,排名仅次于深圳市,位于第 332 位,其债务水平显著下降。在债务依存度方面,同样呈现类似的特征。

四、债务置换的长期化债效应较小

本书通过 DSGE 模型“反事实”模拟的方法研究了债务置换的经济影响。总结研究发现:地方债务置换对中国经济的总体发展存在抑制效应,而且这种抑制效应在经济欠发达地区表现得更为明显。这是因为债务置换在提升消费和投资的同时降低了区域间贸易水平,从而对 GDP 的增长产生了一定的抑制作用。另外,本书还发现债务置换对总体 GDP 水平的影响在经济上升时期高于经济下行时期,对消费的抑制效应也是在经济上升时期表现明显。而债务置换对投资的影响在经济上升时期和经济下行时期的响应趋势几乎相同。总体而言,在短期内地方政府债务置换不仅可以减轻地方政府财政压力、改善债务可持续性,而且还可以通过多种渠道改善银行体系,对中国经济发展起着重要的作用。但在长期,债务置换不是长久之计,化债效应较小。

五、全面的地方政府债务的风险预警机制待建

本书采用综合指标预警法,将地方政府债务风险影响因素分为四类,采用样本累计分布函数对变量进行标准化处理,并构建债务风险子指标。随后,本书利用CRITIC法来确定子指标的权重以构建地方政府债务风险预警的综合指标,依据指标偏离样本均值的程度将风险划分为五级:安全、较安全、较危险、危险以及非常危险。研究结果发现:第一,在 2014—2017 年,达到红色预警级别(非常危险级别)的地级行政区有 5 个左右,达到橙色预警级别(危险级别)的有 15 个左右,而有260 多个处于安全与较安全级别,意味着中国政府债务风险总体可控。第二,达到非常危险级别的地级行政区集中在广西壮族自治区、辽宁省和黑龙江省,这三个省份债务风险相对较大,而 2017 年黑龙江省债务风险相对缓和。第三,达到黄色预警级别(较危险)的地级行政区分布相对广泛。经济发达和经济欠发达地区都存在黄色预警级别的地级行政区,这些地级行政区存在一定的债务风险而且容易出现债务风险上升的趋势,需要更加关注。

第二节　政策建议

一、改变中国地方政府参与经济发展的方式

在地方政府参与经济发展的过程中,既要服从中央政府的统筹安排,又要结合当地经济发展现状、资源禀赋、人文历史等因素,综合考虑如何协调好政府与市场的关系。政府要在尊重市场经济发展规律的基础上,加快推进全面深化改革,不断完善市场在资源配置中的决定性作用,提高资源利用效率与资源配置效率。即政府主要是在国家战略背景下,制定合理的政策与发展措施,通过转变经济发展方式、调整产业结构等,与市场相互协调、相互配合、相互补充,实现经济发展方式与产业结构的合理调整,确保宏观经济的平稳运行。另外,政府职责还有维护市场秩序,对市场进行合理的监管以防止市场失灵,凸显市场在促进经济发展与社会发展中的作用。并且,政府要始终以人民为中心和立足点,在实现经济发展的同时,确保社会整体利益合理分配,促进社会的公平与正义,建立与社会主义市场经济相适应的市场规则与公共服务、社会福利的分配体系。

在改革过程中,政府除了发挥调节市场与保证社会公平正义的作用之外,也要规范自身参与经济发展的行为,避免为盲目追求政绩而追逐当下利益。政府作为理性经济人这一角色,也应当建立对其长期有效的约束机制,在参与经济活动的同时要考虑社会公众所获福利的可持续性。

二、从政府投资驱动转向消费驱动——减少对债务的发展依赖

由于政府官员对政绩的追求,会导致地方政府盲目地进行投资活动,故需要限制政府的投资冲动行为(付文林,2015)。中国官员晋升机制很大程度上取决于经济发展水平,而政府的投资行为对经济的发展起着至关重要的作用。政府投资是在短期内提升经济发展水平较为有效的方式。因此,政府在以投资驱动为主时往往不考虑其投资能力,通过大量举债行为提升政府投资水平。这也导致政府债务规模不断扩大,地方政府债务风险不断上升。因此,政府的过度投资行为需要及时调整,经济发展由政府投资驱动向消费驱动、创新驱动转变。对此,首先,应该进一步提升居民收入水平。居民可支配收入是消费的基础与前提,并且要保证居民可支配收入的增加是可持续的。其次,加快推进供给侧结构性改革,加快高端、高质量产品的创新供给,满足居民消费水平不断升级的需求,实现供给与需求的平衡。最后,作为政府,应该优化其内部投资结构,建立投资长期问责机制,确保政府投资的质量与谨慎性。通过以上方式,实现政府行为方式的转变,实现由政府投资驱动向消费驱动经济、创新驱动经济转变。

三、关注债务对于经济增长的倒 U 型效应——要有一个合理的度

由于政府债务与经济增长之间存在倒 U 型关系,即政府负债对经济增长的促进作用存在一个阈值,中央政府与地方政府都要高度关注并寻找到这个阈值。在此阈值内,适度增加政府债务规模可以促进经济的发展,但是一旦政府债务规模超过这个阈值,政府债务规模继续扩大反而会抑制经济的发展。因此,在政府债务规模未超过阈值时,要保证政府债务融资渠道、保证资金的供给,从而促进经济的发展;而当政府债务超过这个阈值时,要注意降低政府债务存量、降低政府负债率,以保证经济处于合理的运行水平。具体而言,第一,必须从宏观上把控地方政府债务,实现资源的整合与调整,确保地方政府债务处于良性循环阶段。第二,确保政府债务的发行符合本地经济发展需要,将地方政府债务与地方资源禀赋相结合,实现政府债务带来的经济增长的可持续性。第三,实现债务规模阈值在技术上的创新,对相关宏观数据进行实时监测,并设定合理阈值。在政府债务即将达到该阈值时,通过技术及时向有关部门反馈,以采取相应的措施防止进入 U 型曲线的递减阶段。

四、从制度上完善地方政府的发债规模

为防止地方政府债务风险提升、提高政府债务的透明度,需要进一步完善相关制度建设。新《预算法》对地方政府举债的范围、额度、方式、用途、管理、偿还、风险识别、后期监督和问责等方面进行了全面规定。其中,在举债额度上,要求必须在国务院批准的限额内发行,对中国政府债务管理起到了重要作用。但是,目前中国

政府在债务管理的规则以及债务的限额管理方面还存在不足。因此,为进一步完善政府债务管理相关制度,建议:首先,对政府债务管理规则进一步明确,制定更为详细具体的规章制度,应当及时、全面地反映政府债务规模、偿还能力、期限等内容;其次,要强化政府债务限额管理制度,政府债务限额应当根据当地政府债务余额、经济发展水平、政府效率与能力、当地资源禀赋等因素综合考虑设定,并广泛吸纳社会各界建议;最后,要提高政府债务状况的监督力度,政府应该适时、全面地公开相关债务信息,接受社会各界的监督与问责。

五、建立大型债务项目的终身负责人制

目前,地方政府缺乏有效的债务问责机制,这也是导致政府债务规模扩大的一个重要原因。进一步地,政府举债行为的谨慎性相对会降低,而且相关负责人可能会存在违规甚至违法等问题。因此,我国亟须建立大型债务项目的终身问责机制。具体建议:第一,政府要提高信息公开透明度,进一步完善债务信息的公开,并公开相关债务负责人,确保相关债务资金的使用能够找到相关责任人。第二,建立专门的检查机构。中央政府派驻巡视组,或者高校、企业、民间组织等机构组建第三方评估检查组,不定期对地方政府债务状况进行核查、询问等,确保政府债务处于合理运行区间。第三,制定相关法律法规,对违反举债规定、不合理使用相关资金者进行严厉处罚,严重者交由司法机关依法处置,并对社会公开,形成警示效应。第四,建立长期问责机制,举债资金使用出现问题,要追究最初相关负责人是否存在违规违法问题。即使是离职、退休、调岗晋升等人员,也要根据相关规定对其是否存在违规违法问题进行检查,形成一种震慑效应。

六、重点关注各部门在建工程的隐性债务风险

化解政府债务风险不仅要看到表面上的债务,还要高度关注政府存在的隐性债务。隐性债务大致可以理解为地方政府违法违规举债或者变相举债,主要包括政府建设性债务、养老金这类消费性债务和地方政策性融资担保形成的债务。其中,各部门建设性债务中的在建工程形成的隐性债务需要高度关注。解决建议:(1)加强项目库立项和审批建设。所有政府与事业单位的工程项目建设,都要列入财政预算的项目库之中,并进行全程的跟踪审计和项目完工后的绩效评估。将审计结果和绩效评估结果作为该单位未来立项的前置依据。(2)完善在建工程项目的建设资金保障机制。各区县财政部门要成立建设资金筹措运作小组,同时联合区县发改委、国资委、金融监管局成立项目资金保障组,做好项目实施与资金需求的相互衔接,加强建设资金及资产资源统筹运作。其中,可以通过为地方融资平台注资、资产整合、并购、注入许可经营资源、提供特许经营许可等,提高融资平台的运转能力和资金收益能力,并由其为在建工程项目提供融资经营。(3)建立在建工程融资问题的清单台账,并逐一策划方案。针对在建工程中的融资困难问题,形成

清单式管理,逐一剖析症结和成因,依法依规完善资金策划方案,召集项目贷款银行就项目融资开展沟通协调。(4)梳理策划项目现金流覆盖,实现收益与融资自求平衡。一方面,做好融资政策的解释沟通,对需出具说明函件的,依法依规出具文字说明材料,争取获得金融机构支持,避免形成"半拉子"工程。另一方面,重新策划融资运作方案,增加在建工程的周边可运营业态。指导项目业主的业态包装,策划各个项目及周边可运营业态,譬如钓鱼台、停车场、广告位、商业店铺租赁位,以项目形成经营收入努力实现融资收益自求平衡。(5)对于预算评估效益差、预期评估无现金流的收益项目,在未开工或开进进度资金在10%以内的,可以要求坚决下马,撤销在建项目。

七、将政府融资平台转为独立的公司制运作——允许平台的市场化破产

地方政府融资平台在城市化建设进程中起到了至关重要的作用,为城市发展提供了必要的资金支持,在一定程度上抑制了地方政府的变相举债行为。因此,需要进一步规范地方政府债务融资平台。具体而言,第一,应该稳步推进地方融资平台的市场化改革,防止其进一步成为政府融资的工具。要推动政府融资平台尽快转型为市场化的财务自主决策的独立运营企业,地方政府不得干预融资平台的市场化运行,使其运行更为规范、平稳。第二,建立融资平台监督体系。融资平台的日常运行需要向社会开放,透明、规范地进行市场化运行,以独立公司的身份接受社会各界的监督,确保融资平台实现促进经济社会发展的良性循环目标。第三,对于严重丧失偿债能力的地方融资平台,按照市场化运行准则,允许其宣布破产或实行债务重组等。第四,大力培养、吸引专业人才,优化融资平台的人才结构,促进地方融资平台的可持续发展。

八、压缩取消隐性债务,全部纳入预算、人大的监督管理

政府隐性债务会进一步加重政府债务风险,为地方经济的持续稳定发展埋下隐患。因此,中央政府与地方政府应当协同发力,压缩或者取消政府隐性债务。第一,规范地方政府融资平台、规范地方政府融资行为,避免盲目举债或者为追求短期利益而产生不必要的隐性债务。第二,对于政府所有的债务,应当全部纳入预算体系中,预算体系应当能够及时、准确、全面地反映当地政府债务状况。并且,人大要对地方政府实行有效的监督与问责。第三,建立完善的信息披露制度,地方政府要定期向上级政府和人大汇报最新的债务动态,并接受来自社会各界的监督。第四,对于违规违法举债,并由此产生不必要的隐性债务的地方政府,应当对其责任人进行问责,追究相关责任人的责任。

九、提高债务发行、管理和资金流向的透明度,强化社会监督

信息透明是防止违规违法行为行之有效的办法之一。但是,根据研究调查发现,政府财政数据尤其是债务数据透明度很低,这也是导致地方政府债务风险不断上升的原因之一。因此,地方政府需要进一步提高债务发行、管理和资金流向的透明度,实行有效的社会监督。首先,政府应当以立法的形式对政府债务信息的公开做出明确要求,仅通过法规规定并不能实现政府信息的有效公开;同时,还要将各项规定进行详细说明,避免地方政府歪曲解读法律条文,确保债务信息公开的及时性、准确性与全面性。其次,应当建立第三方检查评估机构,对政府公开的债务信息的准确性进行核查,对于虚报政府债务的相关负责人,追究其法律责任,并建立长期问责机制。最后,建立地方政府信用机制,对于违规违法的地方政府举债行为,应当向社会予以公开,接受公众的监督与问责,形成警示效应。

十、建立地方各部门、各级政府的债务削减制度,明确化解任务

对照福利分析的增进结果,朱军等(2018)建议将债务规则纳入财政预算管理,并将其设置为大宏观审慎监管的范畴。这也是未来提高地方财政空间、缓解地方财政压力的重要举措。对应到微观操作层面,当前中国地方政府债务管控的主要任务是化解高风险地区的政府债务规模。在化解政府债务方面,需要建立地方各部门、各级政府的债务削减制度,明确化解债务的任务。在地方政府债务削减方面,首先,需要坚持统筹规划、分类化解的原则。中央政府需要统筹规划各地方政府的债务存量,省级政府需要统筹规划本省以及本省省级以下政府的债务现状,并将不同类型债务区别对待,从而明确各级政府的具体债务化解任务。其次,将债务化解任务分解执行,将具体责任落实到个人,并要求在规定时间内高质量地完成债务化解任务,并对其进行第三方的核查评估。最后,建立长效运行机制,将化解政府债务作为一项长期工作,应当坚持预防为主,并实行问责制,确保中国债务风险的持续性可控。

十一、利用好风险预警模型,强化债务的前端发行管控

地方政府债务风险建立一套预警系统是有效防范地方政府债务风险的措施之一,科学合理的债务风险预警模型可以及时、准确地反映政府债务风险现状以及未来的债务发展趋势。债务风险预警模型会给地方政府债务设置一个阈值。当政府债务规模接近这个阈值时,表明政府债务风险需要及时化解。因此,各地方政府根据地方综合财力、所有财力,利用本书的风险预警,判断各个地区所处的债务风险预警级别。具体而言,各地方政府可以利用互联网技术,对各项指标进行实时监测,并以此判断当前政府债务风险级别。同时,省级政府与中央政府同样要建立债务风险预警系统,对所辖地区实行动态监控,根据债务风险级别的不同,明确各个

城市的化债任务。(1)对于处于黄色预警级别的地方政府,其债务风险水平相对较低,但是有上升风险。因此,对这些地区可以继续维持现状或者善加利用。但是要采取更为谨慎的措施防止债务风险的进一步提升。(2)对于代表中等风险的橙色预警地区,其债务风险相对较高。因此,这些地方政府要防止债务规模的进一步扩大,维持目前的债务水平、提高债务的使用效率。(3)最后对于达到红色预警级别的城市,其债务风险最高。在防止其债务规模进一步扩大的基础上要实行有效的债务削减计划,降低该地区的债务风险。

附录 1

风险预警模型的具体操作和软件应用

一、数据准备与整理

(一)指标构建

利用 320 个地级行政区的财政、金融、教育以及宏观经济数据以构造风险预警模型所需的变量。具体包括:一般公共服务支出、人民币各项贷款余额、普通中等学校招生人数、居民消费分类价格指数、FDI 外商直接投资、GDP 及增速、一般公共预算收入、一般公共预算支出、年末户籍人口、城镇单位人员从业期末人数、整个社会的固定资产投资、地方政府债务余额。

主要包括四个方面的数据:一是反映政府债务负担情况的数据,全市负债、市本级负债以及贷款余额在 GDP 中的比重;二是反映地方政府收支状况的数据,全市一般公共预算收入、全市一般公共预算支出在 GDP 中所占比重以及全市一般公共服务支出在一般预算支出中所占比重;三是反映地方政府经济状况的数据,即 GDP 增速、城镇就业比以及物价水平;四是反映地方发展潜力的数据,即教育普及率、固定资产和外商投资分别在 GDP 中所占的比重。

具体指标如图附 1—1 所示。

	变量名称	计算方法
债务负担(0.37)	全市负债/GDP (X1)	全市地方债务余额与GDP之比
	市本级负债/GDP (X2)	市本级地方债务余额与GDP之比
	贷款余额/GDP (X3)	全市人民币各项贷款余额与GDP之比
收支状况(0.22)	收入/GDP (X4)	全市一般公共预算收入与GDP之比
	支出/GDP (X5)	全市一般公共预算支出与GDP之比
	一般公共服务支出占比 (X6)	全市一般公共服务支出与一般公共预算支出之比
经济状况(0.21)	GDP增速 (X7)	全市GDP增速
	城镇就业比 (X8)	城镇单位从业人员期末人数与年末常住人口之比
	物价水平 (X9)	以居民消费价格分类指数
发展潜力(0.20)	教育普及率 (X10)	普通中等学校招生人数与年末常住人口之比
	固定投资/GDP (X11)	整个社会固定资产投资与GDP之比
	外资利用/GDP (X12)	当年实际使用外资金额与GDP之比

图附 1—1　具体指标

(二)计算构建指标的数值

具体如图附 1－2 所示。

省级行政区划	地级行政区划	债务负担			财政收支		
		全市负债占GDP的比重	市本级负债	人民币贷款	一般公共预算收入	一般公共预算支出	一般公共服务支出
云南省	临沧市	0.279067767	0.076539388	0.81120055	0.080102339	0.418059426	0.07272768
	丽江市	0.336102047	0.159114506	1.420033373	0.170832468	0.474745624	0.092000744
	保山市	0.45459063	0.175912859	0.889278459	0.093777257	0.32645789	0.098655181
	大理白族自治州	0.277437555	0.021945623	0.949598597	0.090444896	0.292636334	0.093937677
	德宏傣族景颇族自治州	0.64726477	0.065426696	1.198152079	0.113056163	0.443909555	0.119454486
	怒江傈僳族自治州	0.160405513	0.079260887	0.90201658	0.093188174	0.632840591	0.094539141
	文山壮族苗族自治州	0.344017406	0.022585935	0.768891812	0.082322568	0.352720542	0.085643327
	昆明市	0.461024673	0.376679172	2.747468563	0.128730107	0.159886183	0.110496015
	昭通市	0.336455019	0.038610327	0.797254111	0.076205135	0.494224134	0.063888687
	普洱市	0.406383269	0.245596603	0.997309362	0.094326869	0.470397526	0.102159023
	曲靖市	0.170419578	0.026648541	0.734263978	0.074701574	0.215808674	0.074025851
	楚雄彝族自治州	0.310132217	0.098309384	0.707989683	0.090298444	0.29067823	0.110421704
	玉溪市	0.44583998	0.245456771	0.655989128	0.095878133	0.174988056	0.117783879
	红河哈尼族彝族自治州	0.277484495	0.124133831	0.794923387	0.098501451	0.305911684	0.10201543
	西双版纳傣族自治州	0.285929024	0.027476962	0.874807856	0.094078818	0.294327168	0.070847119
	迪庆藏族自治州	0.489849195	0.347756946	1.031044087	0.098430813	0.686977787	0.132839909

图附 1－2　计算构建指标的数值

二、数据输入的过程

(1)将相关数据在 Excel 中整理好,打开 Matlab 软件,并选择文件指定位置(见图附 1－3)。

图附 1－3　选择文件指定位置

（2）在 Matlab 中导入数据，根据提示选择数据文件存放的位置，并导入到 Matlab 中（见图附 1—4）。

图附 1—4　导入数据

（3）打开 index. m 文件，根据相应的文件名等调整 code，并点击运行（见图附 1—5）。

```matlab
data=xlsread('data.xlsx','2015');
n=size(data,1);
sta_data=[mean(data)',std(data)',min(data)',prctile(data,[25,50,75])',max(data)'];

A1=[data(:,1:3),data(:,5:6)]; % 正向变量
input1=zeros(n,5);
for i=1:5
    A11=A1(:,i);
    B=sort(A11);
    C=zeros(n,1);
    for j=1:n
        a=find(B(:)==A11(j));
        if length(a)>1,C(j)=sum(a)/length(a);
        else
            C(j)=a;
        end
    end
    input1(:,i)=C/n;
end
```

图附 1—5　运行程序

三、结果解读的过程

(1)工作区里的 A11 便是城市债务风险预警结果(见图附 1-6)。

图附 1-6 城市债务风险预警结果

(2)双击打开如图附 1-7 所示。

图附 1-7 双击打开显示结果

(3)Matlab 软件工作区中的 sta_data 文件描述变量的基本特征(mean、std、min、25%、median、75%、max)(见图附 1-8)。

(4)Matlab 软件工作区中的 sta_sub 文件描述子指标的基本特征(mean、std、min、25%、median、75%、max)(见图附 1-9)。

变量 - sta_data

sta_data

12x7 double

	1	2	3	4	5	6	7
1	0.1982	0.1312	0.0053	0.1134	0.1734	0.2421	0.8860
2	0.0853	0.0684	0.0036	0.0392	0.0675	0.1097	0.5070
3	0.9819	0.5326	0.3059	0.6398	0.8509	1.0983	3.6195
4	0.0812	0.0263	0.0307	0.0638	0.0754	0.0957	0.2040
5	0.2718	0.2414	0.0659	0.1451	0.1997	0.2930	1.8294
6	0.0928	0.0269	0.0270	0.0752	0.0906	0.1044	0.2344
7	0.0775	0.0301	-0.0640	0.0710	0.0839	0.0920	0.1360
8	0.1603	0.1560	0.0310	0.0724	0.1067	0.1855	1.2444
9	101.6447	1.4421	95.4000	101.1000	101.4000	101.8000	112.1000
10	0.0189	0.0066	0.0027	0.0153	0.0186	0.0215	0.0607
11	0.9076	0.3194	0.1857	0.7046	0.8671	1.0774	2.0551

图附 1—8　描述变量的基本特征

变量 - sta_sub

sta_sub

4x7 double

	1	2	3	4	5	6	7
1	0.5016	0.2193	0.0323	0.3365	0.5151	0.6458	0.9865
2	0.5016	0.1552	0.1542	0.3943	0.5135	0.5969	0.9531
3	0.5016	0.1579	0.0760	0.3984	0.4995	0.6143	0.8896
4	0.5016	0.1629	0.1115	0.3818	0.4854	0.6198	0.9052
5							
6							
7							
8							
9							
10							

图附 1—9　描述子指标的基本特征

(5)Matlab 软件工作区中的 R 文件描述相关性系数矩阵(见图附 1—10)。

(6)最终结果如图附 1—11 所示。

图附 1—10　描述相关性系数矩阵

省级行政区划	地级行政区划	指数
云南省	临沧市	0.507 279
	丽江市	0.638 481
	保山市	0.589 584
	大理白族自治州	0.488 39
	德宏傣族景颇族自治州	0.578 689
	怒江傈僳族自治州	0.511 005
	文山壮族苗族自治州	0.452 434
	昆明市	0.568
	昭通市	0.581 868
	普洱市	0.674 677
	曲靖市	0.468 59
	楚雄彝族自治州	0.513 812
	玉溪市	0.608 363
	红河哈尼族彝族自治州	0.508 017
	西双版纳傣族自治州	0.440 645
	迪庆藏族自治州	0.583 78
	乌兰察布市	0.617 563
	乌海市	0.547 619
	兴安盟	0.624 596
	包头市	0.414 246

图附 1—11　最终结果显示

附录 2

本次国家项目的部分实践调研情况

调研 1:《债务与增长、中国城市债务空间竞争、中国经济发展模式》英文论文项目中关于债务资金流向图的调研

时间:2018 年 11 月 10 日,地点:栖霞区财政局

朱　军　南京财经大学 公共财政研究中心主任、教授、副院长

寇方超　南京财经大学 公共财政研究中心 研究生

1. 地方政府债务的来源:来源于企业还是银行? 地方政府债券的买方有哪些?

2. 一般政府债务、专项政府债务的投资方的区别有哪些?

3. 投入的去向? 运行的主体是融资平台公司、直接的市政投资集团,还是其他?

4. 债务投资项目的收益情况如何? 有收益,还是无收益? 有收益的形式有哪些? 如何偿还? 无收益的形式有哪些? 将来如何偿还? 通过土地出让,还是其他?

5. 债务的偿还方式:支付利息,还是部分的本金、利息? 目前的债务利息为多少?

6. 政府债务的管理部门是省级,还是以财政部的制度文件为准?

7. 土地财政的模式如何进行? 开发区、其他政府投资项目的主体、投入模式有哪些?

8.(定性)对债务偿还的判断、看法;对中国地方政府债务运行模式、地方财政运行模式的看法;对当前财政支出压力的看法。

栖霞区财政局:副局长、科长等相关同志。

联系电话:025-85393170

调研 2:"地方举债融资的经济效应与风险预警机制研究"国家社会科学基金青年项目(15CJY077)的调研提纲

时间:2019 年 6 月 19 日,地点:南京市财政局

朱　军　南京财经大学 财政与税务学院 院长、教授

彭浪川　南京审计大学 经济与金融研究院 助理教授、(美国)田纳西大学博士

叶　兵　南京财经大学 财政与税务学院 讲师、上海交通大学博士

袁金建　南京财经大学 财政与税务学院 讲师、上海交通大学博士

寇方超、季亚雯　南京财经大学 公共财政研究中心 硕士研究生

1. 地方政府债务在 4 本预算表中的统计、流转,担保援助债务,是否公开?

2. 投入的去向在哪里? 地方政府债务运行的主体是融资平台公司、直接的市政投资集团,还是其他?

3. 债务如何偿还? 专项政府债券,近期的改革如何看待? 无收益的一般债券形式有哪些? 将来如何偿还,通过土地出让还是其他?

4. 债务的偿还方式是支付利息,还是部分的本金、利息? 目前的债务利息大概为多少?

5. 政府债务发行,目前是省级、市一级还是其他?

6. 国有融资平台、国有企业,差别在哪里?

7.(定性)对债务偿还的判断、看法;对中国地方政府债务运行模式、地方财政运行模式的看法;对当前财政支出压力的看法。

8. 其他自由发言与交流。

南京市财政局参与人员:债务处处长、科员等相关同志。

联系电话:025-51808561

附录 3

召开地方债的小型研讨会情况

参考文献

1. 奥塔维亚诺·卡努托,刘珂珂:《地方政府债务应急处置的国际比较——世界银行专家谈地方政府债务》,中国财政经济出版社 2016 年版。

2. 敬志红:《地方政府性债务管理研究——兼论地方投融资平台管理》,中国农业出版社 2011 年版。

3. 李萍:《地方政府债务管理:国际比较与借鉴》,中国财政经济出版社 2009 年版。

4. 李雪、李孟刚:《地方政府债及其信用评级研究》,中国财政经济出版社 2017 年版。

5. 毛晖:《地方政府性债务风险管控体系研究》,中国财政经济出版社 2018 年版。

6. 朱秋霞:《德国政府预算制度》,经济科学出版社 2017 年版。

7. 朱小黄、林嵩、王林、武文琦、秦权利:《中国债务拐点研究》,经济管理出版社 2017 年版。

8. 曹文炼、董运佳:《当前地方政府存量债务置换的优化方案及相关建议》,《经济理论与经济管理》,2016 年第 6 期。

9. 钞小静、沈坤荣:《城乡收入差距、劳动力质量与中国经济增长》,《经济研究》,2014 年第 6 期。

10. 陈磊、孟勇刚、咸金坤:《我国宏观经济景气的实时监测与预测》,《数量经济技术经济研究》,2019 年第 2 期。

11. 陈诗一、汪莉:《中国地方债务与区域经济增长》,《学术月刊》,2016 年第 6 期。

12. 陈诗一、陈登科:《中国财政支出乘数与经济周期》,《经济研究》,工作论文 2015WP940。

13. 陈思霞、陈志勇:《需求回应与地方政府性债务约束机制:经验启示与分析》,《财贸经济》,2015 年第 2 期。

14. 陈志刚、吴国维:《地方政府债务促进了区域经济增长吗——基于地方政府"招拍挂"工具变量视角》,《现代财经(天津财经大学学报)》,2018 年第 4 期。

15. 程宇丹、龚六堂:《政府债务对经济增长的影响及作用渠道》,《数量经济技术经济研究》,2014 年第 12 期。

16. 刁伟涛:《财政新常态下地方政府债务流动性风险研究:存量债务置换之后》,《经济管理》,2015 年第 11 期。

17. 刁伟涛:《纵向博弈、横向竞争与地方政府举债融资及其治理》,《当代经济科学》,2017 年第 5 期。

18. 刁伟涛:《中国地方政府债务透明度评估:2014—2015》,《上海财经大学学报》,2017 年第 5 期。

19. 伏润民、缪小林、师玉朋:《政府债务可持续性内涵与测度方法的文献综述——兼论我国地方政府债务可持续性》,《经济学动态》,2012 年第 11 期。

20. 付文林:《经济新常态、财政支出扩张与地方债务风险》,《中国财政》,2015 年第 14 期。

21. 傅永嬿:《保加利亚地方政府债务管理》,《现代经济信息》,2014 年第 16 期。

22. 龚强、王俊、贾坤:《财政分权视角下的地方政府债务研究:一个综述》,《经济研究》,2011 年第 7 期。

23. 郭步超、王博:《政府债务与经济增长:基于资本回报率的门槛效应分析》,《世界经济》,2014 年第 9 期。

24. 郭熙保、罗知:《外资特征对中国经济增长的影响》,《经济研究》,2009 年第 5 期。

25. 郭玉清:《逾期债务、风险状况与中国财政安全——兼论中国财政风险预警与控制理论框架的构建》,《经济研究》,2011 年第 8 期。

26. 郭玉清:《地方政府债务风险的量化预警评估方法及应用》,《财经智库》,2019 年第 3 期。

27. 郭玉清、毛捷:《新中国 70 年地方政府债务治理:回顾与展望》,《财贸经济》,2019 年第 9 期。

28. 韩健、程宇丹:《地方政府债务规模对经济增长的阈值效应及其区域差异》,《中国软科学》,2018 年第 9 期。

29. 何代欣:《国债适度负债规模理论——模型特征与非线性模拟》,《财贸经济》,2015 年第 5 期。

30. 洪源、王群群、苏知立:《地方政府债务风险非线性先导预警系统的构建与应用研究》,《数量经济技术经济研究》,2018 年第 6 期。

31. 胡奕明、顾祎雯:《地方政府债务与经济增长——基于审计署 2010—2013 年地方政府性债务审计结果》,《审计研究》,2016 年第 5 期。

32. 黄芳娜:《探讨我国地方债的风险成因及其防范措施》,《会计之友》,2010 年第 12 期。

33. 黄赜琳、朱保华:《中国的实际经济周期与税收政策效应》,《经济研究》,2015 年第 3 期。

34. 冀云阳、付文林、束磊:《地区竞争、支出责任下移与地方政府债务扩张》,《金融研究》,2019 年第 1 期。

35. 贾俊雪、郭庆旺:《财政规则、经济增长与政府债务规模》,《世界经济》,2011 年第 1 期。

36. 贾俊雪、郭庆旺:《财政支出类型、财政政策作用机理与最优财政货币政策规则》,《世界经济》,2012 年第 11 期。

37. 贾俊雪、郭庆旺、赵旭杰:《地方政府支出行为的周期性特征及其制度根源》,《管理世界》,2012 年第 2 期。

38. 李建强、朱军、张淑翠:《政府债务何去何从:中国财政整顿的逻辑与出路》,《管理世界》,2020 年第 7 期。

39. 李才:《地方政府性债务与区域经济发展关系研究》,《商业时代》,2009 年第 24 期。

40. 李成、王彬、马文涛:《资产价格、汇率波动与最优利率规则》,《经济研究》,2010 年第 3 期。

41. 梁琪、郝毅:《地方政府债务置换与宏观经济风险缓释研究》,《经济研究》,2019 年第 4 期。

42. 林细细、龚六堂:《中国债务的福利损失分析》,《经济研究》,2007 年第 1 期。

43. 林毅夫、孙希芳:《银行业结构与经济增长》,《经济研究》,2008 年第 9 期。

44. 刘尚希、赵晓静:《中国:市政收益债券的风险与防范》,《管理世界》,2005 年第 3 期。

45. 罗党论、佘国满：《地方官员变更与地方债发行》，《经济研究》，2015 年第 6 期。

46. 罗荣华、刘劲劲：《地方政府的隐性担保真的有效吗——基于城投债发行定价的检验》，《金融研究》，2016 年第 4 期。

47. 刘洪钟、杨攻研、尹雷：《政府债务、经济增长与非线性效应》，《统计研究》，2014 年第 4 期。

48. 吕函枰、马恩涛：《我国地方政府债务风险预警系统研究》，《东北财经大学学报》，2017 年第 6 期。

49. 吕健：《地方债务对经济增长的影响分析——基于流动性的视角》，《中国工业经济》，2015 年第 11 期。

50. 毛捷、黄春元：《地方债务、区域差异与经济增长——基于中国地级市数据的验证》，《金融研究》，2018 年第 5 期。

51. 毛捷、徐军伟：《中国地方政府债务问题研究的现实基础——制度变迁、统计方法与重要事实》，《财政研究》，2019 年第 1 期。

52. 缪小林、杨雅琴、师玉朋：《地方政府债务增长动因：从预算支出扩张到经济增长预期》，《云南财经大学学报》，2013 年第 1 期。

53. 缪小林、向莉、张蓉：《政府债务、财政赤字及其宏观经济效应》，《财政科学》，2017 年第 1 期。

54. 牛霖琳、洪智武、陈国进：《地方政府债务隐忧及其风险传导——基于国债收益率与城投债利差的分析》，《经济研究》，2016 年第 11 期。

55. 庞晓波、李丹：《中国经济景气变化与政府债务风险》，《经济研究》，2015 年第 10 期。

56. 彭润中、赵敏：《发展中国家地方债务市场监管经验借鉴及启示》，《财政研究》，2009 年第 10 期。

57. 饶晓辉、刘方：《政府生产性支出与中国的实际经济波动》，《经济研究》，2014 年第 11 期。

58. 任佳宝：《地方政府债券的法律问题研究》，复旦大学硕士学位论文，2014 年。

59. 陶玲、朱迎：《系统性金融风险的监测和度量——基于中国金融体系的研究》，《金融研究》，2016 年第 6 期。

60. 王国静、田国强：《金融冲击和中国经济波动》，《经济研究》，2014 年第 3 期。

61. 王国静、田国强：《政府支出乘数》，《经济研究》，2014 年第 9 期。

62. 王俊：《地方政府债务的风险成因、结构与预警实证》，《中国经济问题》，2015 年第 2 期。

63. 王满红：《基于金融稳定视角的地方政府融资平台风险问题的探讨》，《武汉金融》，2015 年第 10 期。

64. 王文甫：《价格黏性、流动性约束与中国财政政策的宏观效应——动态新凯恩斯主义视角》，《管理世界》，2010 年第 9 期。

65. 王雅龄、王力结：《地方债形成中的信号博弈：房地产价格——兼谈新预算法的影响》，《经济学动态》，2015 年第 4 期。

66. 王燕武、卢盛荣、李文溥：《地方政府债务置换及规模控制的宏观经济效应》，《数量经济研究》，2014 年第 2 期。

67. 王永钦、陈映辉、杜巨澜：《软预算约束与中国地方政府债务违约风险：来自金融市场的证据》,《经济研究》,2016 年第 11 期。

68. 王永钦、戴芸、包特:《财政分权下的地方政府债券设计:不同发行方式与最优信息准确度》,《经济研究》,2015 年第 11 期。

69. 温来成:《当前我国地方政府债务风险控制的政策选择》,《清华金融评论》,2019 年第 7 期。

70. 温来成、马昀:《我国地方政府债务透明度问题研究》,《财政监督》,2019 年第 12 期。

71. 武彦民、竹志奇:《地方政府债务置换的宏观效应分析》,《财贸经济》,2017 年第 3 期。

72. 吴化斌、许志伟、胡永刚、鄢萍:《消息冲击下的财政政策及其宏观影响》,《管理世界》,2011 年第 9 期。

73. 吴盼文、曹协和、肖毅等:《我国政府性债务扩张对金融稳定的影响——基于隐性债务视角》,《金融研究》,2013 年第 12 期。

74. 吴先红、冯科、张凉:《中国城投债发行规模实证研究》,《首都经济贸易大学学报》,2015 年第 1 期。

75. 吴友群、王立勇、廖信林:《政府债务与居民消费非线性关系的国际研究》,《统计与决策》,2015 年第 2 期。

76. 谢平、罗雄:《泰勒规则及其在中国货币政策中的检验》,《经济研究》,2002 年第 3 期。

77. 徐长生、程琳、庄佳强:《地方债务对地区经济增长的影响与机制——基于面板分位数模型的分析》,《经济学家》,2016 年第 5 期。

78. 许阳千:《基于景气指数理论框架的广西区域性经济预警系统构建》,《广西经济管理干部学院学报》,2013 年第 2 期。

79. 徐占东、时欣、迟国泰:《基于改进贝叶斯网络的省级政府债务风险预警模型》,《统计与信息论坛》,2017 年第 8 期。

80. 许涤龙、陈双莲:《基于金融压力指数的系统性金融风险测度研究》,《经济学动态》,2015 年第 4 期。

81. 杨凌云:《基于模糊综合评价的河南省企业债务融资预警研究》,《河南工程学院学报(社会科学版)》,2018 年第 3 期。

82. 尹恒:《政府债务妨碍长期经济增长:国际证据》,《统计研究》,2006 年第 1 期。

83. 张屹山、张代强:《前瞻性货币政策反应函数在我国货币政策中的检验》,《经济研究》,2007 年第 3 期。

84. 张卫平:《中国通货膨胀预测:基于 AR 和 VAR 模型的比较》,《统计与决策》,2012 年第 4 期。

85. 张小锋:《基于 PCA 方法的哈尔滨市地方政府债务风险预警分析》,《商业研究》,2018 年第 3 期。

86. 张佐敏:《财政规则与政策效果——基于 DSGE 分析》,《经济研究》,2013 年第 1 期。

87. 赵全厚:《健全地方政府债务风险的识别和预警机制》,《改革》,2017 年第 12 期。

88. 郑挺国、刘金全:《区制转移形式的"泰勒规则"及其在中国货币政策中的应用》,《经济研究》,2010 年第 3 期。

89. 周波:《基于我国省域面板的财政政策产出稳定效应研究》,《管理世界》,2014 年第 7 期。

90. 庄佳强、陈志勇、解洪涛：《我国地方政府性债务的非线性增长效应研究》，《当代财经》，2017 年第 10 期。

91. 朱军：《地方政府债务预算的困境摆脱与策略选择》，《改革》，2012 年第 10 期。

92. 朱军：《国外地方债务管理中的透明度要求：经验与启示》，《财政研究》，2014 年第 11 期。

93. 朱军、李建强、张淑翠：《财政整顿、"双支柱"政策与最优政策选择》，《中国工业经济》，2018 年第 8 期。

94. 朱军：《开放经济中的财政政策规则——基于中国宏观经济数据的 DSGE 模型》，《财经研究》，2013 年第 3 期。

95. 朱军：《中国财政政策不确定性的指数构建、特征与诱因》，《财贸经济》，2017 年第 10 期。

96. 朱军、宋成校：《中国城市财政与经济透明度的全方位评估——来自 333 个地级市政府信息主动与依申请公开的实证分析》，《财政监督》，2019 年第 9 期。

97. 朱军、寇方超：《中国地方政府债务对全要素生产率的影响——兼谈地方政府债务扩张的动力源：来自强者还是弱者》，《河北大学学报》，2019 年第 6 期。

98. 朱军、寇方超、宋成校：《中国城市财政压力的实证分析与空间分布特征》，《财贸经济》，2019 年第 12 期。

99. Aiyagari, S. R. , and Gertler, M. , 1985, "The Backing of Government Bonds and Monetarism", Journal of Monetary Economics, 16(1)：19—44.

100. Baker, S. , Bloom, N. and Davis, S. , 2016, "Measuring Economic Policy Uncertainty", Quarterly Journal of Economics, 131(4)：1593—1636.

101. Barro, R. J. , 1974, "Are Government Bonds Net Wealth?", Journal of Political Economy, 82(6)：1095—1117.

102. Barro, R. J. , 1990, "Government Spending in a Simple Model of Endogenous Growth", Journal of Political Economy, 98(5)：103—125.

103. Blanchard, O. J. , and Perotti, R. , 2002, "An Empirical Characterization of the Dynamic Effects of Changes in Government Spending and Taxes on Output", Quarterly Journal of Economics, 117(4)：1329—1368.

104. Born, B. , and Pfeifer, J. , 2013, "Policy Risk and the Business Cycle", Journal of Monetary Economics. 68(1)：68—85.

105. Bouakez, H. , and Rebei, N. , 2007, "Why Does Private Consumption Rise after a Government Spending Shock", Canadian Journal of Economics, 40(3)：954—979.

106. Battaglini, M. , Nunnari, S. , and Palfrey, T. R. , 2016, "The Political Economy of Public Debt：A Laboratory Study", Social Science Working Paper, No. 1415.

107. Cecchetti, S. , Mohanty, M. , and Zampolli, F. , 2011, "Ahieving Growth Amid Fiscal Imbalances：The Real Effects of Debt", Proceedings-Economic Policy Symposium-Jackson Hole, Federal Reserve Bank of Kansas City：145—196.

108. Chan, K. S. , 1993, "Inference When a Nuisance Parameter Is Not Identified under the Null Hypothesis", The Annals of Statistics, 21 (1)：520—533.

109. Checherita-Westphal, C. , and Rother, P. , 2012, "The Impact of High Government Debt

on Economic Growth and its Channels",European Economic Review,56(7):1392—1405.

110. Cochrane,J. H. ,2011,"Understanding Policy in the Great Recession:Some Unpleasant Fiscal Arithmetic",European Economic Review,55(1):2—30.

111. Caner,M. ,Grennes,T. ,and Koehler-Geib,F. ,2010,"Finding the Tipping Point:When Sovereign Debt Turns Bad",SSRN Electronic Journal.

112. Dornbusch,R. ,and Fischer,S. ,1993,"Moderate Inflation",World Bank Economic Review ,77(1):1—44.

113. DeLong,J. B. ,Summers,L. H. ,Fieldstein,M. ,and Ramey,V. A. ,2012,"Fiscal Policy in a Depressed Economy",Brookings Papers on Economic Activity:233—297.

114. Debortoli,D. ,Nunes,R. ,and Yared,P. ,2014,"Optimal Time-Consistent Government Debt Maturity",NBER Working Paper No. 20632.

115. Diamond,P. A. ,1965,"National Debt in a Neoclassical Growth Model",The American Economic Review,55(5):1126—1150.

116. Elmendorf,D. W. ,and Mankiw,G. N. ,1999,"Government Debt",in Taylor,J. B. ,and Woodford,M. ,(ed). Handbook of Macroeconomics,Elsevier Press:1615—1669.

117. Elmeskov,J. ,and Sutherland,D. ,2012,"Post-Crisis Debt Overhang:Growth Implications Across Countries",https://ssrn. com/abstract=1997093 or http://dx. doi. org/10. 2139/ssrn. 1997093.

118. Fernández-Villaverde,J. ,Guerrón-Quintana,P. A. ,Kuester,K. ,and Rubio-Ramírez,J. ,2015,"Fiscal Volatility Shocks and Economic Activity",American Economic Review. 105 (11):3352—3384.

119. Farhi,E. ,and Werning,I. ,2012,"Fiscal Multipliers:Liquidity Traps and Currency U-nions",NBER Working Paper No. 18381.

120. Greiner,A. ,2012,"Debt and Growth:Is there a Non-monotonic Relation?",Working Papers in Economics and Management,No. 04-2012.

121. Ghosh,A R. ,Kim,J. I. ,Mendoza,E. G. ,Ostry,J. D. ,Qureshi,M S. ,and Fatigue,F. ,2013,"Fiscal Space and Debt Sustainability in Advanced Economies",Economic Journal,122 (566):F4—F30.

122. Grauwe,P. D. ,2012,"The Governance of a Fragile Eurozone",Australian Economic Review,45(3):255—268.

123. Hansen,B. E. ,1999,"Threshold Effects in Non-dynamicpanels:Estimation,Testing and Inference",Journal of Economics,93(2):345—368.

124. Hausmann,R. ,and Panizza,U. ,2011,"Redemption or Abstinence? Original Sin,Currency Mismatches and Counter Cyclical Policies in the New Millennium",Journal of Globalization and Development,2(1):1—35.

125. Kormendi,R. C. ,1983,"Government Debt,Government Spending,and Private Sector Behavior",American Economic Review,73(5):994—1010.

126. Lucas,E. Jr. ,1987,"Models of Business Cycles",Oxford:Blackwell.

127. Leeper,E. M. ,Alexander,W. R. ,and Todd,B. W. ,2012,"Quantitative Effects of Fis-

cal Foresight", American Economic Journal: Economic Policy, 4(2): 115—144.

128. Leeper, E. M. , Leith, C. , and Ding, L. , 2016, "Optimal Time-Consistent Monetary, Fiscal and Debt Maturity Policy", NBER Working Paper No. 25658.

129. Leeper, E. M. , and Zhou, X. , 2013, "Inflations's Role in Optimal Monetary-Fiscal Policy", NBER Working Paper No. 19686.

130. Minea, A. , and Parent, A. , 2012, "Is High Public Debt Always Harmful to Economic Growth? Reinhart and Rogoff and some complex nonlinearities", Working Papers halshs-00700471.

131. Mountford, A. , and Uhlig, H. , 2009, "What are the Effects of Fiscal Policy Shocks", Journal of Applied Econometrics, 24(6): 960—992.

132. Owyang, M. T. , Ramey, V. A. , and Zubairy, S. , 2013, "Are Government Spending Multipliers Greater During Periods of Slack?", American Economic Review: Papers and Proceedings, 103(3): 129—134.

133. Panizza, U. , and Presbitero, A. F. , 2014, "Public Debt and Economic Growth: Is there a Causal Effect?", Journal of Macroeconomics, 41(9): 21—41.

134. Pescatori, A. , Sandri, D. , and Simon, J. , 2014, "Debt and growth: is there a magic threshold? ", IMF Working Paper No. 14/34.

135. Pattillo, C. , Poirson, H. , and Ricci, L. , 2002, "External Debt and Growth", IMF Working Paper No. 2002—2069.

136. Xi Qu, Zhiwei Xu, Jun Zhu, 2019, "Local Government Debt and Regional Competition in China", SSRN Working Paper 3420523, https://ssrn.com/abstract=3420523 or http://dx.doi.org/10.2139/ssrn.3420523.

137. Ramey, G. , and Ramey, V. A. , 1995, "Cross-Country Evidence on the Link Between Volatility and Growth", The American Economic Review, 85(5): 1138—1151.

138. Ramey, V. A. , and Zubairy, S. , 2014, "Government Spending Multipliers in Good Times and in Bad: Evidence from U. S. Historical Data", NBER Working Paper No. 20719.

139. Ramey, V. A. , 2011, "Identifying Government Spending Shocks: It's All in The Timing", The Quarterly Journal of Economics, 126(1): 1—50.

140. Reinhart, C. M. , and Rogoff, K. S. , 2010, "Growth in a Time of Debt", American Economic Review, 100(2): 573—578.

141. Sargent, T. J. , and Neil, W. , 1981, "Some Unpleasant Monetarist Arithmetic", Federal Reserve Bank of Minneapolis Quarterly Review, 5(3): 1—17.

142. Saxena, S. C. , and Cerra, V. , 2008, "Growth Dynamics: The Myth of Economic Recovery", American Economic Review, 98(1): 439—457.

143. Taylor, J. , 1993, "Discretion versus Policy Rules in Practice", Carnegie-Rochester Series on Public Policy, 39(1): 195—214.

144. Turnovsky, S. J. , 1996, "Optimal Tax, Debt, and Expenditure Policies in a Growing Economy", Journal of Public Economics, 60(1): 21—44.

145. Woodford, M. , 2001, "Control of the Public Debt: A Requirement for Price Stability",

Journal of Money, Credit and Banking, 33(3)：669—728.

　　146. Wen, Y. , and Wu, J. , 2014, "Withstanding Great Recession like China", Federal Reserve Bank of St. Louis Working Papers 2014—7.

后 记

本书是国家社会科学基金青年项目"地方举债融资的经济效应与风险预警机制研究"(15CJY077)的成果。本项目所涉及的地方债务问题非常重要,研究工作的完成得到了中国人民银行金融研究所李建强博士的支持,协助完成了第4～6章的初稿,并讨论指导了第1～3章的观点。

实际上,在当前中国地方政府的债务问题日益突出的背景下,研究如何有效化解地方政府债务风险具有很强的现实意义,这也成为学术界研究的焦点问题。本项目重在研究中国政府债务风险,对中国地方政府债务进行透彻、深入的分析,并考察了世界上其他国家在化解地方政府债务时采取的有效措施,作为中国经验的借鉴与参考。然后根据研究有针对性地提出中国在应对债务风险时应当关注的问题。作为财政领域的学者,我们也希望能在地方政府债务风险预警机制方面做出一点贡献。

本项目在研究开展期间遇到很多难题。具体包括以下几方面:

第一,在项目的整体框架构思方面,我们反复考虑,但在隐性债务方面困难十分大,因而体系还不完备。因此,本项目在前期花费了大量的心思在项目整体框架的构思与讨论上。

第二,在数据的采集方面,我们遇到了比较大的困难。数据是研究正常开展进行的基础,但是,在我们研究初期发现大部分政府相关债务数据并未公开。因此,我们采取各种方式采集研究所需的数据。首先是利用网络搜集,包括各省区市、各地级行政区的人民政府网站、财政局网站、统计局网站等官方网站,主要搜集各省市的统计年鉴、统计公报、最新债务相关的新闻动态等。但是,初期数据采集效果并不理想,大部分数据并未获取。其次,我们采取依申请公开的方式搜集债务数据。通过政府官网提交申请材料,包括研究团队相关证明信息、国家项目相关证明以及保密协议等资料。依申请公开同时采取两种方式,一是利用政府官方网站发送电子邮件或直接在网站上提交材料申请;二是采用纸质信件的方式,搜集各省级、各地级相关政府部门的通信地址,寄送纸质申请书。整体过程耗资较大、费时较长。但是,最终结果却不如人意,有些政府网站形同虚设,无法提交申请材料,又不提供其他申请方式;另外,纸质申请信的返回情况并不好,很多地方政府以各种理由拒绝提供相关数据。总之,最终结果与预期有差距。最后,我们有针对性地再次发送电子邮件以及纸质申请书,并多次电话联系。整体过程仍然是耗资较大、周期较长,但是最终数据采集基本达到本项目研究的需要。

第三,关于相关模型的设定,我们参考大量相关文献,并结合中国实际情况,才得以构建更加符合中国国情的模型与参数设定。但是结合中国债务依赖性问题、债务区域异质性问题,对于不同项目形式的隐性债务问题,本书还缺乏深入的探讨。

最后,本项目的顺利开展离不开学院各位领导、老师的支持,也感谢我的家人对我工作的理解与鼓舞。此外,还要感谢为本项目研究开展提供帮助的老师和研究生,他们是青岛理工大学商学院刁伟涛老师、南京财经大学财政与税务学院袁金建博士、硕士研究生宋成校、寇方超及其他相关助研的学生。衷心地感谢他们的出色工作!

本书还存在一定的不足之处,恳请专家批评指正!

朱　军

2020 年 3 月于德经楼专一 427